歴史から世界へ

20 世紀のプロテスタント神学におけるキリスト論の諸問題

八谷俊久

わたしは真理について証しをするために生まれ、

そのためにこの世に来た。

（ヨハ 18,37c）

目　　次

はじめに ……………………………………………………………………… 10
　　　　視点と概要

第Ⅰ部　「逆説から歴史へ」
キェルケゴールとバルト

第1章　「逆説から歴史へ」……………………………………………… 20
　　　　キェルケゴールにおけるキリスト論的思惟の変貌

　序　論 ……………………………………………………………………… 20

　1.「瞬間」と「逆説」………………………………………………………… 22
　　　　『哲学的断片』（1844年）における「逆説のキリスト論」の意義と限界

　2.　苦難のキリスト像 ……………………………………………………… 31
　　　　後期著作活動（1846年以後）における新しいキリスト論的思惟の構想

　結　論 ……………………………………………………………………… 40

第2章　キェルケゴールとバルト ……………………………………… 44

　序　論 ……………………………………………………………………… 44

　1.「逆説のキリスト論」からキリスト像の構築へ …………………………… 45
　　　　二人のキリスト論的な思惟の展開

　2.　イエス・キリストの歴史を物語ること ………………………………… 55
　　　　二人の共通したキリスト論の課題

3. バルトのキェルケゴール理解における二重の「誤解」………………60

結　論　………………………………………………………………68

第Ⅱ部　もう一つの「逆説から歴史へ」
ブルトマンとブルトマン学派における史的イエスの問題

第3章　ブルトマンの「宣教的な神学」における「逆説のキリスト論」の構造と限界　……………… 72

序　論　……………………………………………………………………72

1. 聖書の宣教（ケリグマ）との出会い　…………………………………76
   ブルトマンの「宣教的な神学」の基本構造

2. 聖書の宣教（ケリグマ）の現在化のための解釈学的な方法論の構想　…89
   新約聖書の「非神話化」のプログラム

3. 「啓示」と「歴史」の関係についての問い　…………………………95
   ブルトマンの「逆説のキリスト論」の構造

4. ブルトマンの「宣教的な神学」における「逆説のキリスト論」の限界　105

第4章　ブルトマン学派における史的イエスへの新しい問い………114

1. 史的イエスの再発見……………………………………………………… 114
   ブルトマン学派におけるブルトマン批判

2. 史的イエスの「事実」と「内容」の新しい関係規定……………… 121

3. キリスト教信仰の根拠としての史的イエス　………………………… 124
   神の啓示の歴史の回復

目　次　　5

結　論 ………………………………………………………………… 126

第Ⅲ部　「歴史から世界へ」
20 世紀プロテスタント神学におけるキリスト論の諸問題

第 5 章　「新しい存在」の開示としてのキリスト像 ……………… 130
『組織神学』Ⅱにおけるティリッヒのキリスト論の意義と限界

序　論 ……………………………………………………………… 130

1. 「肯定的な逆説」概念 ………………………………………… 132
　　ティリッヒ神学の始まり

2. 「問い」と「答え」の相関関係 ……………………………… 137
　　ティリッヒ神学の方法論

3. 「新しい存在」を巡っての「問い」と「答え」 …………… 143
　　ティリッヒのキリスト論的な思惟の基本構造

4. イエス・キリストにおける「新しい存在」の現出としての「逆説」…… 152
　　ティリッヒの「逆説のキリスト論」の構想

5. 「低さのキリスト論」 ………………………………………… 157
　　ティリッヒ神学におけるキリスト論の展開

6. イエス・キリストの「人格的な生」についての「形像」 …… 160
　　「形像の類比（Analogia Imaginis）」の提唱

7. 「十字架」と「復活」………………………………………… 166
　　新約聖書のキリスト像における 2 つの中心的な象徴

8. キリスト像における救済論的な機能 ……………………… 171
　　キリスト論から救済論へ

補　論 ………………………………………………………… 177
　　　従来のキリスト論についてのティリッヒの新しい解釈

結　論 ………………………………………………………… 185
　　　ティリッヒの「低さのキリスト論」の意義と限界

第6章　他者のためのキリスト ……………………………… 190
　　　ボンヘッファーにおけるキリスト論な思惟の構造と意義

序　論 ………………………………………………………… 190
　　　「イエス・キリストは誰か」の問いを巡って

1. ２つのキリスト論的な思惟モデル ……………………… 194
　　　ボンヘッファーのキリスト論の始まり

2. 「仲保者」として「真中」に臨在するイエス・キリスト ………… 202

3. 苦難の「代理者」としてのイエス・キリスト ……………………… 206
　　　「他者のためのキリスト」

結　論 ………………………………………………………… 212
　　　キリスト論から「まねびの神学」へ

第7章　他者のためのキリスト者 ……………………………… 215
　　　ボンヘッファーにおける「まねびの神学」の構造と意義

序　論 ………………………………………………………… 215

1. 「模範」としての苦難のキリスト像 ……………………… 219
　　　「まねびの神学」における「模範のキリスト論」

2. „Imitatio Christi“ ………………………………………… 224
　　　ボンヘッファーの「まねびの神学」の基本構造

3. パウロ＝宗教改革的な義認論についての新しい解釈としての「まねびの

目　次　　　　　　　　　　　　　　　　　　　　　　　　　　　　　7

　　　　　　神学」………………………………………………………………… 236

　　4.「他者のためのキリスト者（教会）」…………………………………… 242
　　　　「まねびの神学」によるキリスト教（社会）倫理学の構想

　結　論 ………………………………………………………………………… 245

付論　「聖書的な諸概念の非宗教的な解釈」の構想………………247
　　　　ボンヘッファーにおける「新しい神学」のための序説（プロレゴ
　　　　メナ）

　序　論 ………………………………………………………………………… 247

　1.　信仰義認論の解釈としての「まねび」モチーフ　………………………… 249

　2.「キリスト教の総点検」としての「新しい神学」…………………………… 251
　　　　ボンヘッファーの宗教批判

　3.　聖書的な諸概念についての「非宗教的＝この世的な解釈」………… 252

　結　論 ………………………………………………………………………… 256
　　　　「他者のための教会」概念の構築へ

第8章　20世紀のプロテスタント神学における「神」概念の転換
　　　　………………………………………………………………………258
　　　　ボンヘッファー＝バルトの線を辿って

　序　論 ………………………………………………………………………… 258

　1.　バルトとボンヘッファーの関係 …………………………………………… 261
　　　　いわゆるバルト＝ボンヘッファーの線

　2.「ただ苦しむ神だけが助けることができる」………………………………… 265
　　　　ボンヘッファーにおける苦難の「代理」としてのキリスト理解

　3.「私たちに代わって裁かれた人」としての神 …………………………… 269
　　　　バルトにおけるキリストの「卑下」と「高挙」の「和解の内的な弁証法」

結　論 ………………………………………………………………… 275
　　ボンヘッファー＝バルトの線の行方

第9章　十字架に付けられたキリスト ……………………………277
　　モルトマンの「十字架の神学」におけるキリスト論の射程

序　論 ………………………………………………………………… 277
　　「希望の神学」から「十字架の神学」へ

1.　十字架に付けられたキリスト ……………………………………… 281
　　モルトマンの「十字架の神学」の基本構造

2.　キリスト論と三一論 ………………………………………………… 293
　　モルトマンの「十字架の神学」の射程

3.「十字架の神学」の倫理学的な展開 ……………………………… 303
　　キリスト論からキリスト教（社会）倫理学へ

参考文献 …………………………………………………………………314

あとがき …………………………………………………………………328

歴史から世界へ

20 世紀のプロテスタント神学におけるキリスト論の諸問題

はじめに

視点と概要

（1）2015 年 10 月に上梓された拙著『逆説から歴史へ──バルトにおけるキリスト論的な思惟の変貌』（新教出版社）は、2005 年 2 月 9 日にドイツ・フランクフルト大学神学部で取得済みの神学博士資格（Dr. theol.）請 求 論 文 Toshihisa Hachiya: *Paradox, Vorbild und Versöhner* ── *S. Kierkegaards Christologie und deren Rezeption in der deutschen Theologie des 20. Jahrhunderts.*（2006 年 9 月出版）の中の、バルトのキリスト論に論及した箇所を独立させ、新しくバルト神学研究の視点から再構成したものである。そこではバルト神学全体をキリスト教真理へと向かって絶えず途上にある「旅人の神学（theologia viatorum = Pilgrimstheologie）」として位置付け、初期の代表的な著作である『ロマ書』第二版（1921/22 年）前後の「逆説のキリスト論」から出発して晩年の主著『教会教義学』Ⅳ「和解論」（1952 年－）における新しいキリスト論の構想に至るまでのキリスト論的な思惟の変貌を、「逆説から歴史へ」の聖軌として辿った。そしてバルト神学におけるキリスト論的な思惟の変貌とは、キリスト教真理についてより適切に語るために、絶えず繰り返される神学的な思索の「自己修正（Selbstkorrektur）」の作業であり、そこにバルト神学における認識対象に即事的に相応すること、即ち「神学的な即事性（Sachlichkeit）」（ユンゲル[1]）の本源が見出された。かつて第一次世界大戦による破滅と没落の時代の危機意識の中で火蓋を切った「初期バルトの神学的な格闘（das theologische

---

1　Eberhard Jüngel: *Barth-Studien*. S.17.

Ringen)」（バイントカー[2]）は、絶えずバルトの内面に独自の強靭な神学的な思惟を錬成して、それ以後も「全く始めからやり直すこと、即ちもう一度同じことをしかしもう一度その同じことを全く異なった仕方で語ること」をもって不断に継続されていた。はたしてバルトは、決して変わらないものを追い求めて絶えず変わり続けた神学の旅人であった。

　さてその続編として本書は——博士論文中で取り扱いながらも、先の拙著『逆説から歴史へ』では収録できなかった——ブルトマンやティリッヒ、ボンヘッファー、モルトマンの、20世紀のプロテスタント神学におけるキリスト論の諸問題について論及するものである。キリスト教教義学におけるキリスト論はイエス・キリストにおける神の啓示の出来事（歴史）についての教義であり、それがキリスト教教義学の中心に位置することは自明のことである。そしてキリスト教教理史において、（狭義の）キリスト論はキリストの「人格」を取り扱うところの教義であると伝統的に理解されてきた。しかしながらそこではキリスト論が思弁的な教理体系の一部門として固定的に位置付けられ、また哲学的・人間学的に彩色された理念構想の基礎付けへと変質することもしばしばであった。もとよりキリスト教教義学におけるキリスト論は「生きた神の言葉」としてのイエス・キリストを証しする神学的な思惟運動であり、決して完結したキリスト教教理体系を思弁的に提供するのではなかった。それだけにイエス・キリストにおける神の啓示についての古代の教義の奥底にあって絶えず脈打つ真理の鼓動を生きたキリスト教信仰の証しとして躍動的で斬新に再解釈しようとするところに、バルトをはじめブルトマンやティリッヒ、ボンヘッファー、モルトマンの20世紀のプロテスタント神学におけるキリスト論の使命と課題があったのである。

　（2）第一次世界大戦直後の瓦解した時代の危機意識の中で、歴史主義的・相対主義的な研究方法に基礎付けられた19世紀の「自由主義神学」

2　Michael Beintker: *Die Dialektik in der „dialektischen Theologie" Karl Barths*. S.11.

12

の徹底的な克服を目指して——その受容の視点や濃度は各々の思想的な背景によって異なるものの——キェルケゴールの前期仮名著作の影響のもとで「キリストをもはや肉によっては知るまい」とのパウロの信仰告白を旗印として、バルトとブルトマンの「弁証法神学」は共に「逆説のキリスト論」を 1920 年代に展開した。「今ではもはや肉によっては知らないところのキリストについてのパウロの言及（Ⅱコリ 5,16）は、バルトとブルトマンにおいて否定的なキリスト論の内容言明の機能を担った」（フィシャー）[3]。かくしてバルトとブルトマンの「弁証法神学」は、20 世紀における「逆説のキリスト論」の展開の場所となったのである[4]。

　これより「逆説のキリスト論」の排他的な「啓示」理解を基調としてバルトはイエス・キリストにおける自己啓示についての神の根源的な「選び」の決断の出来事に集中し[5]、またブルトマンは新約聖書の中で開示された実存理解を実存論的に再解釈することを試みた。かかるバルトとブルトマンのキリスト論的な思惟は、2 つの世界大戦の間の年代のドイツ語圏における時流の神学となった[6]。殊に「キリスト論的な集中」をもって解釈されたバルトの「啓示」理解は、ナチ独裁政権下のドイツ教会闘争の神学的な根拠となった「バルメン神学宣言」（1934 年）へと結実してゆき、それは反ヒトラー抵抗運動のための最も破壊力を湛えた神学的・倫理学的

3　Hermann Fischer: *Systematische Theologie*. S.188.

4　バルトの「弁証法神学」における「逆説のキリスト論」の意義や限界については、以下の拙論を参照。八谷俊久『逆説から歴史へ——バルトにおけるキリスト論的な思惟の変貌』48 頁以下。

5　八谷俊久、前掲書 159 頁以下。

6　ツァールントは、第一次世界大戦直後の瓦解した「時代の危機の中（in der Krise der Zeit）」（Heiz Zahrnt: Die Sache mit Gott. S.26）で 20 世紀の新しい神学運動である「弁証法神学」が台頭しまた分裂するまでの経過を、極めて躍動的な筆致をもって描述している。ただしそこでのバルトやブルトマンについてのツァールントの全体的な評価は、専らティリッヒの視点を借りて下されているので公正とは言えない。
　なお「弁証法神学」の定義や歴史、時代背景また個々の神学者の思想内容の共通点や相違点については、Wilfried Härle: Dialektische Theologie. In: TRE. 8. S.683ff. を参照。

な武装でもあった。[7]

　しかしながらバルトはすでに1935年の『信仰告白』（1935年のユトレヒト大学講義録）や1947年の『教義学要綱』（1946年のボン大学講義録）の中で、古代教会の「使徒信条」の第2項（キリスト論）における「処女マリアより生まれ」と「ポンテオ・ピラトのもとに苦しみを受け」の2つの告白文の間で捨象されてしまった、ヨルダン川からゲツセマネとゴルゴタまでのイエス・キリストの生涯が「私たちの救い」の「本来的な特質（(das) eigentliche(-) Wesen)[8]」あるいは「実体的なもの（(das) Substantielle)[9]」に属していないと見做したカルヴァンの「信仰問答」に対して異議を唱えている。

　　「イエスの他の（＝受難物語までの）生涯は、私たちの救いにとって実体的ではないと言ってよいのだろうか。それでは如何なる意味をそれ（＝イエスの他の生涯）は持ちまた持つべきなのだろうか。それは単に余分な歴史（eine bloße überflüssige Historie）なのであろうか。私（＝バルト）は、この『苦しみを受け』という条項で始まる事柄はイエスの生涯全体の中で問題なのであると思う」[10]。

　すでにバルトにとって、イエス・キリストの「苦難の歴史（受難物語）」

───────────────

7　八谷俊久、前掲書171頁以下。

8　Karl Barth: *Credo*. S.66.
　　1935年の『信仰告白』の中でバルトはパウロのキリスト理解を曖昧に弁護している。「パウロにおいて明らかにキリストの死と復活についてのみ聞くことができるという理由から、……4人の福音書記者たちと異なって、パウロは彼（＝キリスト）の他の（＝受難物語までの）生涯についてほとんどあるいは全く関心を抱いていないかのようなことではないであろう。キリストの死について語ることによって、パウロは全く無理やりな要約や省略において全ての他の生涯についても語ったということである」（a.a.O. S.66f.）。

9　Karl Barth: *Dogmatik im Grudriß*. S.119.

10　Ibid.
　　これと同様の「使徒信条」の第2項についての批判をすでにボンヘッファーがバルトに先駆けて下していることについては、本書の110頁注144を参照。

14

は福音書の「受難物語」（マコ14章以下を参照）の内容だけを指すのではなくて、ベツレヘムからゲツセマネとゴルゴタまでの、いわば「人間イエスの全歴史の特徴[11]」を映すものであった。即ちここには、「キリストをもはや肉によっては知るまい」とのパウロの信仰告白を基調とした、かつてのバルトの「逆説のキリスト論」とは異質の、新しいキリスト論的な思惟の萌芽が見られるのである。そしてこれよりバルトはイエス・キリストにおける神の啓示の出来事の歴史性を回復しつつ、ベツレヘムからゲツセマネとゴルゴタまでの道行きとしてのイエス・キリストの苦難の歴史を「主として自らを啓示する」ところの神の啓示の歴史として物語ることによって、これまでの「キリスト論の教理の伝統を歴史的に活性化する（dynamisieren）という課題」（ルディス[12]）を果敢に遂行することとなる。

続いて1950年頃から執筆された『教会教義学』IV「和解論（キリスト論）」における、いわゆる「イエスの実存と歴史の『史的』な問題（das „historische" Problem der Existenz und Geschichte）[13]」を巡るバルト自身の側からの究明をもって、バルトは初めて「キリスト論への序論」を越えて「明瞭な、全ての神学的な言明を統合するキリスト論」（バイントカー[14]）の構築へと向かうことができた。何故ならそこでは神の啓示の歴史である「人間イエス自身の時[15]」をベツレヘムからゲツセマネとゴルゴタまでのイエス・キリストの道として物語ることが、バルトにとっての焦眉の神学的な課題であったからである。

かくしてバルト神学において、それまでのキリスト論的な思惟についての自己批判的な修正作業、即ちこれまでの「キリスト論的な集中」を基調として形成された「啓示」理解（『教会教義学』I－III）から、さらにキリ

11　Karl Barth: *Kirchliche Dogmatik* IV/1. S.181.

12　Hartmut Ruddies: Christologie und Versöhnungslehre bei Karl Barth. In: Zeitschrift für dialektische Theologie 18. S.186. auch S.178 und 188.

13　Karl Barth: *Kirchliche Dogmatik* IV/2. S.174.

14　Michael Beintker: A.a.O. S.176.

15　本書の55頁以下を参照。

スト論それ自体を主題的に取り扱った和解論の神学（『教会教義学』IV）への展開が貫徹されることとなる。

　（3）以上のように1950年代には、それまでの（初期）バルトとブルトマンの神学に対する批判と関連して、イエス・キリストにおける神の啓示の現実的・具体的な歴史性についての問題が新しい神学的な主題となり始めた。そしてイエス・キリストにおける神の啓示の現実的・具体的な歴史性についての新しいキリスト論的な関心は——バルトの晩年の主著『教会教義学』IV「和解論」（1952年－）のキリスト論と歩調を合わせるようにして——主に以下の3つのプロテスタント神学の潮流から発生していた。
　（1）ブルトマン学派における「史的イエス」についての新しい問い。
　（2）ティリッヒの「弁証論的な神学（apologetische Theologie）」における
　　　「新しい存在」の開示としてのキリスト像。
　（3）ボンヘッファーの「まねびの神学」における「他者のためのキリス
　　　ト」理解についての問い。
　それとは逆に「逆説のキリスト論」のキリスト教神学への影響は——第二次世界大戦後のドイツ語圏におけるキェルケゴールの実存思想への関心の低下と軌道を合わせるようにして——次第に後退していった。
　そこで本書では、20世紀のプロテスタント神学におけるキリスト論の諸問題について論及するために、以下の3つの主題をもって考察したい。
　まず第I部では、「逆説から歴史へ」のキリスト論的な思惟の変貌の原型ともなったキェルケゴールのキリスト論について略述し（第1章）、続いて先の拙著『逆説から歴史へ』の要約としてキェルケゴールとバルトのキリスト論の2つのキリスト論的な思惟の変貌の軌跡を重ねて考察する（第2章）。
　第II部では、加えてもう一つの「逆説から歴史へ」のキリスト論的な思惟の変貌の軌跡として、ブルトマンの「逆説のキリスト論」（第3章）とそれを乗り越えるために尽力したブルトマン学派における「史的イエス」の問題を取り挙げる（第4章）。

16

さらに本書の論考の中心的な部分を形成する第Ⅲ部では、先の「逆説から歴史へ」の主題の展開をさらに伸長しながら、「歴史から世界へ」の軌跡に沿って20世紀のプロテスタント神学におけるキリスト論の諸問題について論究する。そこではまず（初期）バルトの弁証法神学のキリスト論を共有しながらもすでに批判的な視線を向けて独自のキリスト教神学の境地を拓いたティリッヒの「弁証論的な神学」におけるキリスト像を描述し（第5章）、続いて第二次世界大戦後のキリスト教神学の動向を大きく先取りしていたボンヘッファーの「まねびの神学」における「他者のためのキリスト（者）」理解を究明する（第6─7章）。さらに第8章では、キリストにおいて「苦しむ神」概念を巡って、バルト＝ボンヘッファー＝（後期）バルトの線を辿りながら、バルト神学以後の20世紀のプロテスタント神学におけるキリスト論の課題を遠望する。そして最後に、バルト神学以後の20世紀のプロテスタント神学においてキリスト論の展開に最大の貢献をなしたモルトマンの「十字架の神学」におけるキリスト論へと考察の射程を広げていく（第9章）。

　以上のようにして本書では、その軌跡が「逆説から歴史へ」そして「歴史から世界へ」と、いわば点（逆説）が線（歴史）となりさらに線が面（世界）へと広がっていく展開の中で、20世紀のプロテスタント神学におけるキリスト論の諸問題が集約して考察されることとなる。はたして20世紀のプロテスタント神学は、イエス・キリストにおける神の啓示の出来事を巡っての歩みの中で、決して変わらないものを追い求めて絶えず変わり続けた「旅人の神学（theologia viatorum = Pilgrimstheologie）」であった。

　（4）なお本書は、ドイツ・フランクフルト大学神学部で取得済みの神学博士資格（Dr. theol.）請求論文の中の、ブルトマンやティリッヒ、ボンヘッファー、モルトマンのキリスト論に論及した章節、即ち第1部3章3節（本書第3章）と第2部6章1節（同第4章）、2節（同第5章）、3節（同第6-7章）さらに「補論」（同第2章）と付論（同第8章）の箇所を独立させ、新しくそれぞれの視点から再構成したものである。従って本書は──先の

はじめに　　　　　　　　　　　　　　　　　　　　　　　　　17

拙著『逆説から歴史へ』においてもそうであったように——上記の博士論
文の抄訳ではない。
　加えてこれまで書き溜めてきた論文も、さらに若干の修正を施して本書
に収録した。国内での既出の論文は下記の通りである。

　　本書第1章　「「逆説」から「物語」へ——キェルケゴールにおけるキリ
　　　スト論的思惟の変貌について」『新キェルケゴール研究』第5号（2007
　　　年）1-20頁
　　本書第2章　『逆説から歴史へ——バルトにおけるキリスト論的な思惟
　　　の変貌』付論 325-350頁
　　本書第6章　「他者のためのキリスト——ボンヘッファーにおけるキリ
　　　スト論的な思惟の構造と意義」『ボンヘッファー研究』第25号（2009
　　　年）15-26頁
　　本書第7章　「他者のためのキリスト者——ボンヘッファーにおける「ま
　　　ねびの神学」の構造と意義」『ボンヘッファー研究』第26号（2010年）
　　　45-62頁
　　付論　「『聖書的な諸概念の非宗教的な解釈』の構想——ボンヘッファー
　　　における「新しい神学」のための序説（プロレゴメナ）」「福音と世界」
　　　2015年10月号 18-23頁
　　本書第8章　「20世紀のプロテスタント神学における『神』概念の転換
　　　——ボンヘッファー＝バルトの線を辿って」『ボンヘッファー研究』
　　　第29号（2013年）5-20頁

　（5）ところで本書では、„Nachfolge“ の単語を「まねび」として訳出した
が、ボンヘッファーの1937年の著書の題名の場合は特に区別して『服従』
とした。[16]しかしあくまで暫定的な訳語であって、さらに適訳があれば拘

16　新約聖書学の泰斗である松木治三郎は、（カタカナ書き）ラテン語「イミタ
　　ーチオ　クリスティ」に「キリストのまねび」の訳語を当てている（松木治
　　三郎　『ローマ人への手紙・翻訳と解釈』497頁）。

18

泥することなく差し替えることを意図しているのでご教示を頂きたい。本書では「図像」の訳語を当てた „Bild" は、関田寛雄の訳語である「画像」[17]の方が良訳かもしれない。いずれもご笑殺の上にご寛恕を請いたい。

　最後に本書では、聖書の語句を口語訳あるいは新共同訳から特に区別することなく引用していること、またキェルケゴールの著作からの引用をまずデンマーク語原典（第1版）から行ない続けてそれに該当するドイツ語訳の箇所を国際的な慣例による略号をもって指示していること（略号については巻末の文献表を参照）、ティリッヒの『組織神学』からの引用をまずドイツ語版から行ない続けてそれに該当する英語版の箇所を指示していることをご了解頂きたい。

　なお「まねび」（名詞）や「まねぶ」（動詞）の語義や用法については、『日本国語大辞典』18、418頁を参照した。

　さらに岸千年と徳善義和は、ボンヘッファーの1937年の著書の題名を『主に従う』（1963年）とし、概念の場合も同語の名詞形（「主に従うこと」）を主に用いながら、時に文脈によっては「服従」と訳出している。また森平太（森岡巌）は、ボンヘッファーの著書の題名を『キリストに従う』（1966年）とし、概念の場合は専ら「服従」と訳出している。以上のように、これまでボンヘッファーの著書の翻訳に従事した各氏が „Nachfolge" の単語の訳出に工夫しているが、同時にそれはこの訳語が未定でありさらに適訳を定めることの困難な実情を反映しているとも言えよう。

17　関田寛雄　『聖書解釈と説教』100頁。

第 I 部　「逆説から歴史へ」

キェルケゴールとバルト

第 1 章　「逆説から歴史へ」

キェルケゴールにおけるキリスト論的思惟の変貌

序　論

「それから彼（＝老人）は立ち上がり、その（＝老人の息子の子供であ
る）幼い少年を墓前へ連れて行き……言った。『……お前がその御名を
呼ぶことを学んだその神、救いはただそこにのみあるイエス・キリス
トの御名にかけて、お前は私に約束するか、生きている時も死ぬ時も
この信仰に確かに立つことを、この世の姿が絶えず揺れ動くような幻
影に決して惑わされないことを、それをお前は私に約束するか』と」[1]。

　本章はキェルケゴールの著作活動の枢軸を一貫して担うキリスト論的
な思惟の構造と内容を、前期著作（特に『哲学的断片』）から後期著作への
移行に沿って考察し、さらにその 20 世紀のプロテスタント神学への影響
を略述するものである。その際には『あれか＝これか』（1843 年）をもっ
て開始されるキェルケゴールの著作活動の全体を、『私の著作活動の視点』
などに基づく通説におよそ従って、1846 年に上梓された『後書』を分岐
点として、それ以前とまたそれ以後の著作群に二分する[2]。
　キェルケゴールのキリスト論については、従来のキェルケゴール研究史

1　　SV1 7. S.199f. = AUN-1. S.229f.

2　　Cf. Niles Jørgen Cappelørn: The Restrospective Understanding of Kierkegaard's
　　Total Production. In: *Kierkegaard – Resources and Results*. p.18ff.

第1章 「逆説から歴史へ」   21

において2つの包括的な研究書が挙げられる[3]。

（1）Hayo Gerdes: *Das Christusbild Sören Kierkegaards* (1960)

（2）Hermann Fischer: *Die Christologie des Paradoxes* (1970)

まずゲルデスは、『哲学的断片』におけるキリスト論を「キェルケゴールのキリスト論的な思惟の前駆[4]」に過ぎないとして、専らキェルケゴールの後期著作のキリスト論に着目した。それに対してフィシャーは、『哲学的断片』における「逆説のキリスト論」の思想的な背景（特にレッシング）とその意義について細述しつつも、しかしキェルケゴールの後期の代表作である『キリスト教への修練』におけるキリスト論を『哲学的断片』の「逆説のキリスト論」の単なる「変容[5]」であると看做した。

以上2つの包括的な研究書の相反する傾向は、従来のキェルケゴール研究史においてキェルケゴールのキリスト論についての評価が全く未決であることを証示している。そこで本稿は、ゲルデスとフィシャーの考察を批判的に組み合わせながら、キェルケゴールの著作活動におけるキリスト論的な思惟の変貌の軌跡を辿り、さらにその現代のプロテスタント神学における展開の可能性[6]についても素描を試みたい。

3　Cf. Wolfdietrich v. Kloeden: Kierkegaard Research. Die deutschsprachige Forschung. In: *Bibliotheca Kierkegaardiana* 15. S.78ff. und 86f.
　　またフィシャーは1970年頃までのキェルケゴールのキリスト論についての研究の状況を俯瞰して、5人のキェルケゴール研究者（ボーリン、ディーム、ヒルシュ、ゲルデス、レアストルップ）を紹介している（Hermann Fischer: Die Christologie des Paradoxes. S.11ff.）。

4　Hayo Gerdes: *Das Christusbild Sören Kierkegaards*. S.7.

5　Hermann Fischer: A.a.O. S.73.

6　フィシャーは現代のプロテスタント神学におけるキェルケゴールの「逆説のキリスト論」の意義を、ブルトマン（Hermann Fischer: A.a.O. S.96ff.）とティリッヒ（A.a.O. S.111ff.）を取り上げて論及している。ゲルデスは20世紀の弁証法神学（特にブルトマン）におけるキェルケゴールのキリスト論の受容を全く否定的に評価している（cf. Hayo Gerdes: Das Christusverständnis des jungen Kierkegaard. S.65ff.）。

1.「瞬間」と「逆説」

『哲学的断片』（1844 年）における「逆説のキリスト論」の意義と限界

(1)「瞬間」──神の啓示の出来事

　「永遠の意識のために歴史的な出発点は存在するか。如何にしてそのよ
うな出発点は単に歴史的なもの以上の関心を抱かせることができるのか。
歴史的な知識の上に永遠の意識を基礎付けることはできるのか」[7]。啓示と
歴史の関係に関する問い[8]を巡って、キェルケゴールの仮名（真のキリス
ト者であるとは自称しないフモリストのヨハネス・クリマクス[9]）の「思
想計画（Tanke-Projekt = Denkprojekt）[10]」は──真理を人間の内面において探求
するソクラテス＝プラトン的な「想起説[11]」とは異なって──「下僕の姿
（Tjeners Skikkelse = Knechtsgestalt）[12]」において人間と等しくなることについて
の神の「永遠の愛の決断」に、その論述の存在論的な出発点を措定する。

7　　SV1 4. S.173. = PB. S.1

8　　『哲学的断片』におけるキェルケゴールの啓示と歴史の関係に関する問い
　　が、レッシングの言明「偶然的な歴史の真理は必然的な理性の真理について
　　の証明とはなり得ない」（G.E. Lessing: Über den Beweis des Geistes und der Kraft.
　　In: Lessing Werke 8. S.12. cf. SV1 7. S.74. = AUN-1. S.86）を念頭に置いたもので
　　あることは自明である。しかしながら 1845 年に『後書』を起筆するまでキェ
　　ルケゴールは啓示と歴史の関係に関するレッシングの問いについての哲学史
　　的な知識を直接にそのドイツ語テキストからではなくて、専らシュトラウス
　　の『キリスト教信仰論』（Ktl. 803-24）から得たようである（cf. Niels Thulstrup:
　　Kommentar zu Sören Kierkegaard: Philosophische Brosamen. S.855f.）。それゆえにフ
　　ィッシャーのように『哲学的断片』におけるキェルケゴールの「逆説のキリス
　　ト論」の形成におけるレッシングの歴史哲学の影響を評価するのは過分のこ
　　とと思われる（cf. Hermann Fischer: A.a.O. S.28ff.）。

9　　Cf. SV1 7. S.537. = AUN-2. S.331.

10　　SV1 4. S.179. = PB. S.7.

11　　SV1 4. S.179. = PB. S.7.

12　　SV1 4. S.199. = PB. S.29.

第 1 章　「逆説から歴史へ」　　　　　　　　　　　　　　　　　　　23

そこで神は、その「永遠の決断[13]」に基づき、非真理の中にある人間（罪人）に真理を伝達するために、神と人間との「絶対的な差異[14]」を破棄して、人間の下へと下降し「下僕の姿[15]」において人間と等しくなる。神は天上の栄光においてではなくて、そのインコグニトーである「下僕の姿」において人間への愛を示す[16]。そしてここで神の永遠性が歴史の中に生起する。

　　　「……神は、神の永遠の存在が生成の弁証法的な諸規定（Tilblivelsens dialektiske Bestmmelser = dialektische(-) Bestimmungen des Werdens）へ結合させられるところのものになる……[17]」。

　　ヨハネス・クリマクスにとってキリスト教の神は、アリストテレス＝中世スコラ学における「不動の動者」としての神[18]とは全く異質の、自ら

13　SV1 4. S.194. = PB. S.23.

14　SV1 4. S.212. = PB. S.42.

15　Cf. SV1 4. S.199. = PB. S.29.

16　インコグニトーにおいてのみ愛を示すことができるという、愛の伝達の緊迫した状況を、キェルケゴールはレギーネ＝モチーフに彩色された 1842/43 年の日誌記述の中で「愛の弁証法」（Pap. IV A 33 = T-1. S.289）と呼称している。そしてこの頃からキェルケゴール独自のキリスト論的な思惟が形成され始め（cf. Pap. IV A 183 og 125 = T-1. S.321 und 309）、イロニーの否定性のために直接的には理解され得ないところのソクラテスに対してキリストを神的なものの直接的なしるし（cf. SV1 13. S.110f. = BI. S.12f.）と看做した『イロニーの概念について』（1841 年）のキリスト論的思惟から 1844 年の『哲学的断片』における「逆説のキリスト論」へと転換することとなる。

17　SV1 4. S.251 = PB. S.84.

18　1843 年の日誌記述（Pap. IV A 157. = PB. S.173）の中で、キェルケゴールは 1841/42 年のベルリン滞在中にシェリングの講義においてアリストテレスの運動論を学んだ（Pap. III C 27. In: Pap. XIII S.277f.）ことを回想している。また 1842/43 年の「哲学研究ノート」（Pap. IV C 45-49）を起筆した際には、アリストテレスの運動論についての知識を――直接にそのギリシャ語テキスト（Ktl.1074-75）からではなくて――まずはテンネンマンの『哲学史』（Ktl. 815-26）から得たようである。

第Ⅰ部 「逆説から歴史へ」

「下僕の姿」において人間と等しくなるところの生成（運動）する神[19]であり、またその生成において人間を愛しそして人間のために苦しむ神である[20]。神が人間と等しくなる啓示の出来事、即ち歴史における神の永遠な決断の成就の「瞬間（Øjeblik = Augenblick）[21]」は、キリスト教信仰の唯一の出発点あるいは「永遠な意識の歴史的な出発点[22]」に他ならない。

---

19 キェルケゴールにおける「生成（運動）する神」概念については、以下の拙論を参照。八谷俊久「生成する神――『哲学的断片』（1844年）におけるキェルケゴールの「啓示」概念の構想」『新キェルケゴール研究』第6号8頁以下。

20 Cf. SV1 7. S.200 og 237. = PB. S.30 und 70.
「生成（なること）」における神の「苦しみ」については、八谷俊久、前掲書12頁を参照。なおキェルケゴールにとってキリスト教の神は、神の至高な主権の属性（「全知」、「全能」、「遍在」）をもって不変的なのではなく、ただ人間への「愛において不変者」（SV1 14. S.286. = GU. S.262）である。

21 「瞬間は、そこで時間と永遠が相互に触れ合うところの両義的なものである」（SV1 4. S.359 = BA. S.90）。「……瞬間は……永遠性の決断である」（SV1 4. S.224 = PB. S.55）。
さてキェルケゴールの著作活動全体において「瞬間」概念は、（1）美的・感性的、（2）倫理的・実存弁証法的、（3）範疇的・歴史哲学的、（4）啓示論的・キリスト論的、（5）救済論的・終末論的、（6）最晩年の教会攻撃文書の表題として社会・政治批判的、の6つの意味内容をもって使用されている（かかる「瞬間」概念の意味内容の区分と分類の図式については、Jens Himmelstrup: Øieblikket. In: SV3 20. S.257f., Hermann Deuser: Kierkegaard. Die Philosophie des religiösen Schriftstellers. S.46. Anm.15, Gregor Malantschuk: Nøglebegreber i Søren Kierkegaards Tænkning. S.215f. を参考にして作成した。 なおそれぞれの該当するキェルケゴールのテキストの箇所については、Toshihisa Hachiya: Paradox, Vorbild und Versöhner ── S. Kierkegaards Christologie und deren Rezeption in der deutschen Theologie des 20. Jahrhunderts. S.61f. を参照）。
『不安の概念』においてプラトンの「突発的なもの」の概念をもって純粋に（3）範疇的・歴史哲学的に把握された「瞬間」概念（SV1 4. S.357. = BA. S.89）が、ここでは「時の成就」（SV1 4. S.188 = PB. S.16. ガラ4,4を参照）の出来事として（4）啓示論的・キリスト論的に転義して再解釈されている。八谷俊久、『逆説から歴史へ――バルトにおけるキリスト論的な思惟の変貌』75頁を参照。

22 本書の22頁を参照。
それゆえに「瞬間」における神の啓示の出来事は、しばしば歴史における永遠の生命の始まりとして「誕生のメタファー」（Dorothea Glöckner: Kierkegaards Begriff der Wiederholung. S.198）をもって理解される。

第 1 章　「逆説から歴史へ」　　25

(2)「絶対的な逆説」──神の啓示の認識

　ところで神が人間と等しくなること、即ち時間への永遠性の突入の「瞬間」を、人間の理性（あるいは悟性）は認識し得ない、あるいはただ「逆説」としてのみ認識するだけである。ここで神の啓示の出来事の逆説的な性格が論究される。神は「下僕の姿」で人間と等しくなることによって、(1) 神と人間との「絶対的な差異」において人間から全く異なった（遠い）者として、しかしまた他方で (2) 神と人間との「絶対的な同一」において人間に全く等しい（近い）者として自己を二重に啓示する。

　　「……人間が神を全く理解できるために、神は一人の人間と等しくなろうとした。かくして逆説はさらに恐ろしいものとなる、あるいはその同じ逆説が、罪過の絶対的な差異を明示することによって否定的に、またこの絶対的な差異を絶対的な同一において止揚（破棄）するとによって肯定的に、絶対的な逆説として二重性を内包するのである」[23]。

　ここで神が人間となる永遠性と時間性の弁証法としての「瞬間」は、(1)（神と人間との「絶対的な差異」において）神と人間を思弁的に綜合しようとする人間の試みが徹底的に拒絶される逆説（「ソクラテス的な逆説」）と、(2) かかる（「絶対的な差異」における）神と人間の否定的な関係を止揚（破棄）することによって、神の側から（「絶対的な同一」において）肯定的な関係が築かれる逆説（「キリスト論的な逆説」）の、弁証法的に二重に尖鋭化された「逆説」[24]をもって論述される。別言するならば、「瞬間」における神の側からの決定的な行為である「下僕の姿」において人間となる神の自己啓示は、ただ「絶対的な逆説」として認識され得るだけである。

23　SV1 4. S.214. = PB. S.45.

24　この 2 つの逆説の区分は、『後書』におけるいわゆる「ソクラテス的な逆説」（SV1 7. S.174. = AUN-1. S.199）と「絶対的な逆説」（SV1 7. S.175. = AUN-1. S.199）の関係に相当する。またシュレアーは、この 2 つを「人間論的な逆説」と「キリスト論的な逆説」と呼んで区別している（Henning Schröer: Die Denkform der Paradoxalität als theologisches Problem. S.69ff. und 72）。

(3)「信仰」──「下僕の姿」の神との「同時性」

　神が人間となることの「絶対的な逆説」に直面して、永遠性と時間性の弁証法としての「瞬間」に人間の側からの相応しい応答として2つの実存可能性が生じる。ヨハネス・クリマクスは「絶対的な逆説」を前にした「（悟性の）不幸な愛[25]」である「つまずき」に対して、「信仰（Tro = Glaube）」を「絶対的な逆説」に向かっての「幸福な情熱[26]」と呼称する。ここで内面的に尖鋭化された「情熱」である「信仰」は、ヨハネス・クリマクスによれば神が人間となることの「絶対的な逆説」との正しい関係を内面的に習得するための唯一の「永遠の条件[27]」である。

　神の啓示の出来事の「絶対的な逆説」につまずかない信仰者は、「信仰の実見（Troens Autopsi = Autopsi des Glaubens）[28]」をもって、「下僕の姿」において人間と等しくなる神と同時的となる。ここでキリスト教信仰は、（1）神と人間との存在論的な差異を越えて「下僕の姿」において人間と等しくなる神の「生成の規定」と（2）直接的な同時代と非同時代の時間的な差異に関わりなく「下僕の姿」の神と同時的となる人間の「生成の規定[29]」の、2つの「生成の規定」を絶えず反復する[30]。かくして「下僕の姿」において人間と等しくなる神と同時的となるところの「生成の規定」を絶えず反復する中で、非真理の中にある人間（罪人）は新しい実存への転換[31]、即ち

25　SV1 4 S.216. = PB. S.46.

26　SV1 4. S.220 og 226. = PB. S.51 und 58.

27　SV1 4. S.227. = PB. S.59

28　SV1 4. S.233 og 264. = PB. S.67 und 99.

29　「ここでの問いは、……神が神の永遠の存在が生成の弁証法的な規定へ結合させられるところのものになるということに、人が参与するかどうかである」（SV1 4. S.251. = PB. S.84）。本書の23頁を参照。

30　Cf. SV1 4. S.251 = PB. S.84.

31　それゆえにクレェーデンによれば、「同時性は（1）人間と神の間の質的な差異と（2）人間（単独者）と神の間の絶対的な関係の可能性を描出する」（Wolfdietrich von Kloeden: Der Begriff Gleichzeitigkeit in den Philosophischen Brocken. In: Liber Academiæ Kierkegaardiensis VI. S.42）。

第 1 章 「逆説から歴史へ」　　　　　27

「瞬間」における「再生」を実現することとなる。

(4)「この世界史的な注意書き」

　さてヨハネス・クリマクスによれば、「下僕の姿」において人間と等し
くなる神と同時的となることにおいて、キリスト教信仰の確かさは決して
「歴史記述者の正確さ」には依存しない。それゆえに神の啓示の出来事に
ついての「歴史的な知識」と神の啓示の出来事の「絶対的な逆説性」に相
応しく尖鋭化された「情熱」である「信仰」の逆対応的な関係が、あたか
も「聖画像破壊者（ikonoklast）」（ガルフ）のようなヨハネス・クリマクス
によって、以下のように規定された。

　　「下僕の姿の神がいたことが肝心であって、それ以外の歴史的な個々
　　のことはあまり重要ではない。……もし同時代の世代が、『神が某年
　　に下僕の卑賤の姿で現れ、私たちの間で生き教え、そして死んだ』と
　　いう言葉だけしか残さなかったとしても、それで十分である。同時代
　　の人々は、必要なことを行なったのである。何故ならこの小さな告知、
　　この世界史的な注意書き（dette verdenshistoriske NB. = dies weltgeschichtliche
　　N.B.）は、後の人々にとっての契機となるために十分だからであり、
　　またどんなに詳細な報告も、後の人々にとっては、決して永遠にそれ
　　以上のものとはなり得ないからである」。

　「下僕の姿」の神についての歴史的な報告はキリスト教信仰にとっての
単なる「契機」に過ぎず、キリスト教信仰は「下僕の姿」の神の「絶対的

32　　SV1 4. S.188. = PB. S.17.
　　　そしてここでも、神の啓示の出来事と同様に（本章の注 22 を参照）、「誕生
　　のメタファー」が用いられている（cf. Dorothea Glöckner: Ibid.）。
33　　SV1 4. S.265. = PB. S.100.
34　　Joakim Garff: *Den Søvenløse*. S.192.
35　　SV1 4. S.266. = PB. S.101.
36　　SV1 4. S.264. = PB. S.99.

な逆説性」との関係を内面的に習得するために「この世界史的な注意書き」より以上の内容を必要とはしない。「下僕の姿」の神の歴史は、時間への永遠性の突入の「瞬間」の出来事であり、決して「歴史的な知識」の上に基礎付けられることのできない、ただ「逆説」としてのみ認識され得る「信仰の対象」[37]だからである。

(5)「逆説のキリスト論」の意義と限界

　『哲学的断片』における仮名のキリスト論の「思想計画」は、信仰の対象の内容（「下僕の姿」の神の歴史）を描述することなく、ただ信仰の内面的な習得の様相（「下僕の姿」の神との同時性において「キリスト者となる」こと）を究明することによってキリスト教教義の実存的な宗教性を刷新し、人々を慫慂してキリスト教信仰に善導するための助産術であった。即ちヨハネス・クリマクスの「逆説のキリスト論」は、（1）「歴史家」[38]が神の啓示の出来事を単に学問的に観察するために史的批判的な研究をもってそれに「近似値的」に接近しようと試みる、（2）例えばヘーゲルのように「哲学者」[39]が神と人間を弁証法的に和解するための思弁的な体系を作り出す、あるいは（3）キリスト教信仰が教会の伝統や習慣[40]の中で「中性化」[41]される、かかる当時の時代状況との対決[42]において、「キリストの名前を呼ぶ

37　SV1 4. S.262. = PB. S.97.
　　「……その（＝信仰）の対象は逆説である。しかし逆説は矛盾するものを合一させる。即ちそれは歴史的なものの永遠化でありまた永遠的なものの歴史化である」（SV1 4. S.226f. = PB. S.58）。
38　SV1 4. S.266. = PB. S.101. Cf. SV1 7. S.12. = AUN-1. S.18.
39　SV1 4. S.266. = PB. S.101. Cf. SV1 7. S.37. = AUN-1. S.46.
40　Cf. SV1 7. S.23. = AUN-1. S.31.
41　SV1 4. S.259. = PB. S.92.
42　それゆえに『哲学的断片』の「思想計画」にキリスト教の「歴史的な衣装」（SV1 4. S.270. = PB. S.106. auch SV1 7. S.2, 3, 6 og 8 = AUN-1. S.8, 9, 13 und 16）を纏わせた続編である『後書』（第1部）は、かかる当時の時代状況との対決をもって起筆される。

第1章 「逆説から歴史へ」 29

ことなく」キリスト教信仰の真理に「決定的な仕方で迫る[43]」ことを意図していた[44]。そしてここに『哲学的断片』におけるキェルケゴールの「逆説のキリスト論」の、キリスト教教理史における不朽の功績が認められる。

しかし他方で「下僕の姿」において啓示する神についての歴史的な報告の内容を「この世界史的な注意書き」へと可能な限り縮小化する意図を秘めたヨハネス・クリマクスの「逆説のキリスト論」は、聖書において証言される神の啓示の出来事の歴史性を抽象的な理念性に不当に還元してしまう危険性を孕んでいる[45]。一体に逆説のキリスト論的な思惟は、何か伝達されるべき具体的な教義内容を提示するのではなく、キリスト教信仰を変造する誤った神学的な営為に対する「キリスト教的なものの修正」（マランツク[46]）の試み、あるいは「信仰と歴史の関係についての問いのための補完を必要とする準備作業」（ヒルシュ[47]）に過ぎない。

そしてここに、「キリストの名前を呼ぶことなく」キリスト教真理へと「決定的な仕方で迫る」ことを、いわば助産的に体現した非キリスト者であるフモリストによる仮名のキリスト論の「思想計画」の限界が露顕する[48]。「……決断が瞬間において生じる、あるいは時間の中で生じた永遠の

43　SV1 7. S.242. = AUN-1. S.279.

44　「……人はただ内面性の如何に（Hvorledes = Wie）を描述することによって、キリストの名前を呼ぶことなく、キリスト者であることを間接的に示すことが出来る」（SV1 7. S.534. = AUN-2. S.327f.）。

45　キェルケゴール（あるいはヨハネス・クリマクス）の「逆説のキリスト論」におけるキリストの歴史性の軽視の危険性は、すでに従来よりレアストルップ（K.E. Løgstrup: Opgør med Kierkegaard. S.11f.）や最近ではリングレーベン（Joachim Ringleben: Paradox und Dialektik. Bemerkungen zu Kierkegaards Christologie. In: Kierkegaardiana 19. S.31f.）によって指摘されている。

46　Gregor Malantschuk: Søren Kierkegaards Modifikationer af det kristelige. In: *Frihed og Eksistens*. S.85.

47　Emanuel Hirsch: Geschichtliche Einleitung. In: PB. S. XII.

48　同じ仮名による『後書』では、「逆説のキリスト論」はさらに尖鋭化されて「主体性＝（非）真理」概念と「キリスト者となること」の段階理論（特に「宗教性A」）について詳述されるのに対して、「下僕の姿」の神の歴史については「一体に逆説は、永遠者である神が一人の人間として時間の中に生

第Ⅰ部 「逆説から歴史へ」

真理との関係に向けて前向きの運動が始まるところに、フモリストは同行しない[49]。それゆえにフモリストの「逆説のキリスト論」をもって「『世界史的な注意書き』に留まることは、すでに信仰の死滅であろう」（ゲルデス[50]）。フモリストによる仮名のキリスト論は、さらに別のキリスト論的

成したことにある。この一人の人間が下僕であるのか皇帝であるのかは関係ない……」（SV1 7. S.519. = AUN-2. S.309）とその内容は全く捨象されている。

49　SV1 7. S.231. = AUN-1. S.267.
　　キェルケゴールは『後書』の草稿（1845年）の中で、フモリストのヨハネス・クリマクスを以下のように特徴づけている。「私（ヨハネス・クリマクス）は人々をキリスト教真理へと導きながらも……自分自身は入ろうとはしない」（Pap. VI B 40-33）。それは、真のキリスト者であるとは自称しないフモリストのヨハネス・クリマクスによる仮想実験的な「思想計画」の限界であるだけではなく、当時（『後書』執筆の頃まで）のキェルケゴール自身の宗教的な境位を表明しているようにも思われる（cf. Gregor Malantschuk: Dialektik og Eksistens hos Søren Kierkegaard. S.287ff.）。また1849年の日誌記述の中で、キェルケゴールは『後書』における仮名ヨハネス・クリマクスと当時の自分自身の信仰の状況をこう語っている。「『ヨハネス・クリマクス』は本当に一つの構想物である。何故なら私がそれを著述した頃、わたしの生涯と日々の努力をキリスト教のために献げることは真摯な決意であったけれども……キリスト教によって私自身を調伏し得ないという可能性が心に蟠っていたからである。……他人をキリスト教に導きながらも、私自身は究極的な決定的な意味において（キリスト者には）なっていなかったのである」（Pap. X-2 A 163 = T-4. S.30. なおカッコ内の「キリスト者には」は、ゲルデスのドイツ語訳とホンの英語訳（JP 6. No.6523. p.245）に従って補った）。
　　もとより『後書』までの著作活動において提示されるキェルケゴール自身の宗教性は、あの「語り得ない喜び」（Pap. II A 228 = T-1. S.154）の神秘的＝黙示的な体験（1838年5月19日）を基調とした、いわば旧約聖書における預言者的な色彩の濃いキリスト教信仰の境位であり、その限りでいまだキェルケゴールは救済者なるキリストによる「罪の赦しの信仰に到達していない」（Gregor Malantschuk: A.a.O. S.288）と言えよう。かかる当時のキェルケゴールの宗教的な境位についての考察は、逆説のキリスト論的な思惟の限界点を明示することと関連して、『後書』が「インコグニトーとしてのフモアーを伴う宗教性」（SV1 7. S.464. Anm.1 = AUN-2. S.242. Anm.）である「宗教性A」についての叙述との極端な不均衡においてただ僅かにキリスト教固有の宗教的な境位の「宗教性B」を取り扱っていることなどの諸問題の究明にも寄与するであろう。

50　Hayo Gerdes: *Das Christusbild Sören Kierkegaards*. S.45.

第 1 章　「逆説から歴史へ」　　　　　　　　　　　　　　　　　　31

な省察によって補完され修正されなければならない。

2.　苦難のキリスト像

後期著作活動（1846 年以後）における新しいキリスト論的思惟の構想

(1)　数奇な運命───コルサー事件（1846 年）

　ところでキェルケゴールは『哲学的断片への完結的な非学問的な後書』
の完成を待って、これまでの 3 年余りに渉る著作活動に終止符を打つ計画
であった。実際にこの『後書』の末尾に付録された「最初で最後の説明」
（1846 年 2 月付け）[51]を脱稿した頃の日誌の中には、早々に「著作家を辞めて」
（1846 年 2 月 7 日付け）[52]、どこか地方教区の「牧師となり」[53]、そこで「隠遁
して生きる」[54]ことを希望する記述が散見される。すでにキェルケゴールは
『後書』の執筆をもって著作家としての生命を見事に燃焼し尽くして、こ
の後は故き父ミカエルに倣って自らの余生を神への生贄として献げる懺悔
道をその終わりまで辿る決意であったと思われる[55]。

　しかしながらキェルケゴールの懺悔道の傍らでは新しい運命の謎が秘か
に奸計の毒牙を研いていた。すでに 1845 年 12 月には、コペンハーゲンの
ゴシップ誌「コルサー新聞」の鋭鋒の第一撃がキェルケゴールの背後を襲
っていた。そして 1846 年 1 月 2 日、ついに「コルサー新聞（276 号）」が

51　　SV1 7. S.545. = AUN-2. S.339.

52　　Pap. VII-1 A 4. = T-2. S.28.

53　　Pap. VII-1 A 4. = T-2. S.28.

54　　Pap. VII-1 A 6.

55　　1846 年 2 月頃の日誌には、ユランのヒースの荒野で「神を呪った」少年に
　　ついての数奇な物語（Pap. VII-1 A 5. = T-2. S.28）が記されている。この記述が
　　かつて父ミカエルの口から赤裸々に告白された永遠の滅びをもたらす赦され
　　ない罪業の淵源についての回想であるとするなら、この頃にキェルケゴール
　　は父と子の運命を狂わせた憂愁の禍根について絶えず思い巡らして、ついに
　　は故き父の面影を偲びながら懺悔の巡礼行へと旅立つ決意を結んだのであろ
　　う。

第Ⅰ部 「逆説から歴史へ」

キェルケゴールに対する総攻撃の火蓋を切った。その執拗な攻撃もようやく同年 3 月の「コルサー新聞（285 号）」をもってほぼ終結して、ついに 12 月にはその廃刊の幕切れを迎えた。けれどもそれは次第にコペンハーゲン市民による「暴徒の攻撃」（1847 年 1 月 24 日付け）[56] へと局面は拡大していき、これによって生涯の懺悔者キェルケゴールはコペンハーゲン市中の「嘲笑の殉教者」[57] の道を歩む数奇な運命となった。

　そしてそれと共に懺悔者キェルケゴールの眼前には、刺立つ荊の冠を頭に被り重い十字架を背負って群衆の憎悪と嘲笑の中を歩くかの一人のひと（単独者）の姿が鮮やかに浮かび上がってきた。それはこれまでデンマーク国教会の栄光の伝統と崇高な権威の台座の深奥に永く封印されてきた苦難のキリスト像の復活であった。

(2) 苦難のキリスト像の構築

　(1) 1846 年のコルサー事件[58] に逢着して、これまでのキェルケゴールの人間論的な主要概念であった「主体性＝真理」概念はさらに社会批判的な視点から展開されてゆき、新しく「単独者（少数者）＝真理」（あるいは「大

56　Pap. Ⅶ-1 A 229. = CS. S.213.

57　Pap. Ⅹ-1 A 120. = T-3. S.187.

58　1846 年のコルサー事件の内情についてはいまだ解き明かされていない謎がある。それは事件の渦中にあってキェルケゴール本人が、その首謀者であるゴルシュミットやメラーとの個人的な確執について僅かな記述しか残していないからである（cf. Pap. Ⅶ-1 A 98）。時代の卑劣な勢力との衝突はすでに予見されていたのかもしれない。むしろ早くから、人々を使嗾して嘲笑を扇情するコペンハーゲン市民を諫めたキェルケゴールの眼差しが悲痛である（cf. Pap. Ⅶ-1 A 90, 98 og 147）。そこでキェルケゴールは憤怒を込めて、コペンハーゲンでは「暴徒が勝利する」（Pap. Ⅷ-1 A 162）と告発する。すでにキェルケゴールの炯眼は、ヨーロッパ近代社会の華やかな繁栄の影間に市民生活の倫理性を鈍麻させる大衆化の無精神の兆徴を看破していた。

　そしてこのコルサー事件に遭遇する最中に執筆された『文学批判』（1846 年 2 月 20 日出版）の中では、人間実存の内奥を秘かに浸蝕する時代の元凶として大衆社会における「水平化」（SV1 8. S.79. = LA. S.89）の現象が究明される。

衆（多数者）＝非真理」）概念[59]が後期著作活動における中心概念として構想された。この世界において真理は決まって「大衆（多数者）」とは全く相容れないところの「単独者（少数者）[60]」であり、それゆえに「大衆（多数者）」によって絶えず苦難を甘受する運命となる。

　そしてキェルケゴールは人間世界の中で真理のために苦しむ「単独者（一人のひと）」の典例を苦難のキリスト像の中に発見した。十字架の死に至るまでのキリストの苦難は、邪悪な世界と対決する真理の「単独者」であることの徴証である[61]。当時の日誌や著作（及び著作のための草稿）には、神なき世界の中で一人孤独に真理のために苦しむキリストについての記述が散見される。

　　「彼は（＝キリスト）は王として歓待されるが、それは嘲笑によってである。彼は実際に紫の衣を着せられるが、それは侮辱される者と

59　「真理はただ少数者において見出される」（Pap. VIII-1 A 141. = T-2. S.139）。「『大衆』は非真理である」（SV1 13. S.592. = GWS. S.99. auch Pap. VIII-1 A 656）。
　　キェルケゴールの後期著作活動における主要な概念として位置付けられる「単独者＝真理」概念は、「大衆＝非真理」概念と密接に連動して、「キリスト者となること」の建徳的な機能（cf. Pap. VIII-1 A 126. = T-2. S.136）だけではなく、社会批判的な修正剤の機能（cf. SV1 13. S.554ff. = GWS. S.64f.）も内含する。

60　Cf. SV1 13. S.528. = GWS. S.33.

61　Cf. SV1 13. S.592ff. = GWS. S.99ff.
　　「墓碑。……『大衆』はこの世の悪である。『かの単独者（一人のひと）』」（Pap. IX A 282 = SS. S.141. Anm.172. auch Pap. VIII A 108 og 482 = T-2. S.131 und 192. SV1 13. S.604. = GWS. S.113）。
　　なおこの「単独者（den Enkelte = der Einzelne）概念は、キェルケゴールの著作活動全体の中で多様な相貌をもって登場する。（1）1843年の『2つの建徳的な講話』の「序文」の中で「私の読者」（SV1 3. S.11. = 2R43 S.381. cf., SV1 13. S.498, 528 og 577 = WS. S.8. GWS. S.33 und 89）として暗示されたかつての婚約者レギーネ・オルセン個人（Pap. X -1 A 266. = SS. S.168）。（2）『恐れとおののき』における「信仰の騎士」としてのアブラハム像（SV1 3. S.104. = FZ. S.57）。（3）『不安の概念』における堕罪の人間（アダム）像（SV1 4. S.321. = BA. S.48f.）。（4）1846年の「コルサー事件」や最晩年（1854/55年）のデンマーク国教会との熾烈な戦いの最中にあるキェルケゴール自身。（5）苦難のキリスト像。

してである。……『悪人を捕らえるように』、彼は捕らえられ、また『罪人のように十字架に付けられた』のである。このように彼の生涯は、上昇の代わりに下降であり、世間の思いや願いとは正反対であった。……彼は一段一段と下っていった。しかしそうして上がっていった。そのような仕方で真理は世界の中で苦しみ、また賞賛される。そのようにして彼は真理であった。……今や彼は全ての卑賤の賞賛を通って一段一段と、ついに十字架に付けられるまで上がっていった」[62]。

　人となった神キリストは、しかし古代の皇帝崇拝に準えて君臨する至高の王者の姿を纏ったのではない[63]。キリストの天上の栄光の姿は、この世においてはただ「卑下にあるものとして描かれる[64]」だけである。十字架の死に至るまでの苦難のキリストにおける「下僕の姿」の可視的な「卑下」は、この世における天上の栄光のインコグニトーに他ならない。

　　「キリスト教は相反するものをいつも並置する。即ち栄光は栄光として直接的に知られるのではなく、逆に卑下や卑賤において、即ち十字架において知られる……[65]」。

　キリストの「下僕の姿」の可視的な「卑下」を描出する「高さ」と「低さ」の関係の逆説的な弁証法をもって、ヨハネス・クリマクスの「逆説のキリスト論」とは異なった、新しいキリスト論的思惟がキェルケゴールの後期の著作活動において結実する。

62　SV1 10. S.287f. = CR. S.298.

63　ここに、「この一人の人間が下僕であるのか皇帝であるのかは関係ない」（本章の注 48 を参照）と苦難のキリストの歴史を全く捨象したヨハネス・クリマクス『後書』の逆説のキリスト論的な思惟についての修正が見られる。

64　Pap. IX A 57 = T-2. S.13.

65　SV1 12. S.434. = ZS. S.188.

第1章　「逆説から歴史へ」　　　35

　(2)「下僕の姿」の神であるキリストは、もはや単に歴史の中に現出した永遠の真理としてではなく、人間世界の中で「苦しむ真理」として歴史の枠組み[66]の内でより具象的に描述される。かかる苦難のキリスト像の中で「下僕の姿」において苦しむ神の「卑下」は、(1) 神が「下僕の姿」において人間と等しくなる、さらに (2)（人間と等しくなった）神が「下僕の姿」において苦しむ、という二重の構造となる[67]。

　そしてこのキリストの「卑下」の二重の構造は、(1)（アンティオケ学派の「下から」のキリスト論に対する）アレキサンドリア学派の「上から」のキリスト論的な思惟モデルと (2) 状態（あるいは様態）論的なキリスト論におけるキリストの（「高さ（status exaltationis）」に対する）「低さ（status exinanitionis）」の思惟モデルの、キリスト教教理史における2つのキリスト論的な思惟モデルに相当する[68]。

　1846/47 年以降の著作の中でキェルケゴールは、「下僕の姿」において人間と等しくなる神の「卑下（下降）」の出来事を、「下僕の姿」において苦しむキリストの可視的な「卑下（卑賤）」の歴史として再解釈する。神の啓示の出来事は、ただ永遠性が時間へ突入する「瞬間」としてだけではなくて、人間世界における卑賤の、十字架の死に至るまでのキリストの生

66　仮名アンチ・クリマクスによる『キリスト教への修練』においてキェルケゴールは、神人イエス・キリストの歴史を、世界史の中の、しかし「世俗史」である世界史とは全く相容れない、またそれゆえにそれと激しく衝突するところの、「聖なる歴史」（SV1 12. S.22, 24. Anm.1, S.28, 31, 53, 61 og 203. = EC. S.28, 31, 36, 39, 63, 71 und 221）として描いている。

67　マランツクは「下僕の姿」の神の「卑下」の形態を、(1) 神の人間化としての啓示の出来事における「質的な卑下」と (2)「下僕の姿」において苦しむキリストの「量的な卑下」の2つに区分している（Gregor Malantschuk: A.a.O. S.331）。

68　ドイザーはキリスト教教理史における代表的なキリスト論的な思惟モデルとして、(1) アレキサンドリア学派の「上から」とアンティオケ学派の「下から」のキリスト論、(2) キリストの「高さ」と「低さ」についての状態（あるいは様態）論的なキリスト論、(3) キリストの三職（預言者、王、祭司）論の3つを挙げている（Hermann Deuser: Kleine Einführung in die Syste-matische Theologie. S.94ff.）。

涯に渉る「苦難の歴史（受難物語）」として描出される。

　　「ただ死においてのみ彼（＝キリスト）は十字架に付けられたのではな
　　く、生涯において誤解されることの十字架を背負ったのである……[69]」。

　永遠性が時間へ突入する「瞬間」は、苦難のキリスト像の枠組みの中で
具体的・具象的な歴史性を獲得する。かくして「下僕の姿」において啓示
する神についての最小限の内容を伴うだけの歴史的な報告であった「この
世界史的な注意書き」は、苦難のキリスト像において補完されることとな
る。

　（3）以上のようにして、後期著作活動において登場する苦難のキリスト
像の構想の中に、マランツクがキェルケゴールのキリスト論における「質
の弁証法から量の弁証法への転換[70]」と呼称するところの、「瞬間」におけ
る永遠性と時間性の弁証法に基づく「逆説のキリスト論」から「図像のキ
リスト論」へのキリスト論的な思惟の転換が証示される[71]。はたしてここ
ではキェルケゴール自身が、フモリストのヨハネス・クリマクスの「逆説
のキリスト論」の最初の批判的な修正者であった。

（3）『キリスト教への修練』（1850 年）における苦難のキリスト像
　さて後期著作活動においてキェルケゴールは──「下僕の姿」において

69　Pap. VII-1 A 144

70　Gregor Malantschuk: A.a.O. S.348. なお本書の 51 頁注 115 を参照。

71　これと並行して、キリスト論に纏わる諸概念（「つまずき」、「同時性」、「イ
　ンコグニトー」）もまた変容する。例えば『哲学的断片』における「つまずき」
　（本書の 26 頁を参照）は神が「下僕の姿」で人間と等しくなる啓示の出来事に
　関わるものであったのに対して、『キリスト教への修練』ではキリストの苦難
　の歴史（「既存のものとの衝突」（SV1 12. S.81. ＝ EC. S.87）、キリストの「高さ」
　（SV1 12. S.90. ＝ EC. S.96）と「低さ」（SV1 12. S.98. ＝ EC. S.105））の中での「つ
　まずきの可能性」として物語られる。

第1章　「逆説から歴史へ」　　　　　　　　　　　　　　　　　37

啓示する神についての歴史的な報告の内容を「この世界史的な注意書き」
へと最小化するフモリストのヨハネス・クリマクスによる「逆説のキリ
スト論」から決別しつつ――図像的あるいは説話的な語りの形式をもって
苦難のキリストの歴史について物語ることに腐心するようになる。後期の
代表作である『キリスト教への修練』（1850年）の中に挿入された「ある
子供（青年）の物語」では、苦難のキリストの歴史について物語るための、
いわば「図像法的な実験」(ikono-grafiske eksperiment)」（ガルフ）[72]が、先のフ
モリストのヨハネス・クリマクスとは異なった、極めて厳格なキリスト者
であるアンチ・クリマクス[73]によって遂行される。

　　「この十字架に付けたれた者が世界の救済者であることを……物語り
　　なさい。…………この高貴な方があの十字架に付けたれた者である
　　ことを……物語りなさい。彼は愛のゆえにこの世へ来て、卑賎の下僕の
　　姿を取ったことを……物語りなさい。……彼の近くにあった僅かな者
　　の中の一人は彼を裏切りまた他の者は彼を拒み、全ての者は彼を嘲笑
　　し侮辱し、そして最後に彼を十字架に付けたことを……物語りなさい。
　　……それをあなた自身がこれまで以前に一度も聞いたことがなかった
　　かのように、また以前に誰にも物語ったことがなかったかのように、
　　生き生きと物語りなさい。それをあなた自身が物語り全体を創作した

72　Joakim Garff: *Den Søvenløse*. S.272.

73　　キェルケゴールは、「真のキリスト者」であるとは自称しないフモリスト
　　のヨハネス・クリマクス（本章の注49を参照）に対して、『死に至る病』と
　　『キリスト教への修練』の仮名アンチ・クリマクスを「極端な仕方でのキリ
　　スト者」（Pap. X-1 A 510 og 517）と呼称している。この仮名の前綴り "Anti" が
　　古形の "anta（先に）" から派生しているとすれば、2つの仮名の「順序関係」
　　（Howard V. Hong and Edna H. Hong: Historical Introduction. In: SUD. p.xxii）におい
　　て、新仮名アンチ・クリマクスの宗教性はフモリストの仮名ヨハネス・クリ
　　マクスより内容的にさらに「先に」進んだものとして位置付けられよう。ア
　　ンチ・クリマクスによって『キリスト教への修練』における「キリスト者で
　　ある」ことの建徳的な要請は、ついには「最高次の理念性まで引き上げられ
　　る」（SV1 12. S.0, 71 og 139. = EC. S.12, 78 und 150）こととなる。

第Ⅰ部 「逆説から歴史へ」

かのように、けれども伝えられた特徴の一つも忘れないように、ただし物語る時にはそれが伝えられたものであることは忘れ去ることができるように物語りなさい」[74]。

　可視的な「卑下」の状態（あるいは様態）にある苦難のキリストの歴史は、「図像の力（Kraft des Bildes）」（ドイザー[75]）を借りて、「卑賤の者（＝十字架のキリスト）と等しくなろうと引き込まれるように覚醒し語りかけながら生き生きと眼前に現れる」[76]という仕方で「物語」の中で再現される。そこでこの「物語」を、「それが伝えられたものであることは忘れ去ることができる」ように語りまた聞く者は、「1800 年以上」[77]の時間的な隔たりを越えて、苦難のキリストとの「同時性の状況」[78]を絶えず反復する。するとここでは、語り得ない「逆説」は「物語」として語られ、永遠性が時間へ突入する永遠性と時間性の弁証法としての「瞬間」は苦難のキリストについて語られる「物語」[79]の中で歴史となる。はたしてアンチ・クリマクスによるこの「図像法的な実験は、聖画像破壊者であるヨハネス・クリマクスが『哲学的断片』で提示した『世界史的な注意書き』についての、一つの物語的な注意書き（et narrativt NB til det „verdenshistoriske NB"）である」（ガルフ[80]）。

74　SV1 12. S.163f. = EC. S.176f.

75　Hermann Deuser: „Einübung im Christentum". In: „*Entweder/Oder*". S.117.

76　SV1 12. S.156. = EC. S.167.

77　SV1 12. S.178. = EC. S.178.

78　SV1 12. S.34. = EC. S.42.

79　キリスト論的思惟における「物語」の意義については、言語分析哲学と関連付けてイエス・キリストの歴史における物語性の解釈学的な根本構造を分析しているユンゲル（Eberhard Jüngel: Gott als Geheimnis der Welt. S.413ff.）から学んだ。本書 55 頁注 131 を参照。

80　Joakim Garff: A.a.O. S.273f.

第 1 章 「逆説から歴史へ」   39

(4)「模範」と「和解者」としての苦難のキリスト

　苦難のキリストと同時的になるようにと創作された「物語」において、苦難のキリスト像は人がそれに等しくあるべき「模範」となり、さらにそれに等しくあろうとする者をさらにまねぶ者へと「改造する」ために「力」を働きかける。苦難のキリスト像は、信仰者にとって苦難のキリストにまねぶようにと要請するところの「模範」であり、また他方でまねび得ない者を「恩恵」をもって助け励まし再び「まねび」へと善導する「和解者」ともなる。そして苦難のキリスト像における「模範」と「和解者」の弁証法的な関係から修練されるところの「キリストのまねび」は、キェルケゴールにとって中世カトリック教会における行為義認論とは全く無縁の、ただ罪の赦しの「恩恵」への「信仰」からのみ派生する、いわば「信仰の果実（Troens Frugt = Frucht des Glaubens）」としての「キリストへの信仰の現実的な姿（Wirklichkeitsgestalt des Glaubens an Christus）」（ゲルデス）に他ならない。

　後期著作活動においてキェルケゴールのキリスト論的思惟は、それまでの「瞬間」における永遠性と時間性の弁証法に基づく「逆説のキリスト論」から苦難のキリスト像における「模範」と「和解者」の弁証法によるキリスト論へと変貌する。そしてそこから提唱される「まねび」の神学が、

81　　SV1 12. S.179. = EC. S.192.

82　　Cf. Joakim Garff: A.a.O. S.277.

83　　Cf. Pap. X-2 A 47 og Pap. X-6 B 241

84　　Pap. X-4 A 459.

85　　Hayo Gerdes: A.a.O. S.112. auch S.116.

86　　1846 年 10 月頃（cf. Pap. VII-2 A 160. = T-2. S.66）に構想された『様々な精神における建徳的講和』の第 3 部「苦悩の福音」（1847 年 3 月 13 日出版）において「模範」としての苦難のキリスト像が、そして 1847 年 5 月 5 日の 34 歳の誕生日を越えて同年 8 月頃から執筆された『キリスト教講話』の第 4 部「金曜日の聖餐式における講話」（1848 年 4 月 26 日出版）において「和解者」としての苦難のキリスト像が論究され始める。なおキェルケゴールの後期著作活動の中で展開された苦難のキリスト像における「模範」と「和解者」の弁証法の構造については、Toshihisa Hachiya: A.a.O. S.184ff. を参照。

さらに現代のプロテスタント神学との対話の中で新しいキリスト教（社会）倫理学を構築する可能性として展望される。[87]

結　論

（1）以上において、本稿はキェルケゴールの著作活動におけるキリスト論的思惟の変貌の軌跡を前期著作から後期著作への展開に沿って辿った。そして前期著作活動においてキリスト教教義の実存的な宗教性を刷新するために助産的に導入された逆説のキリスト論的な思惟の限界が、苦難のキリスト像を描く「図像のキリスト論」によって克服されることが解明され、加えて苦難のキリスト像における「模範」と「和解者」のキリスト論から提唱される「まねび」の神学が、新しいキリスト教（社会）倫理学を構築する可能性として展望された。そこではキェルケゴール自身が、彼の「逆説のキリスト論」の最初の批判的な修正者であった。けれどもそれはキェルケゴールの思想活動の不名誉な汚点ではなくて、むしろキリスト教神学が決して無謬かつ不磨の「神の神学」ではあり得ず、この世にあっては絶えず途上にある「旅人の神学（theologia viatorum）」に過ぎないことについての真摯な内省の証しに他ならない。

ところで第一次世界大戦後、19 世紀の自由主義神学の幻想の残骸に立ち向かうために、新しい神学運動の若き旗手たちが手にした武器は、奇し

さらにそれと連動してキェルケゴールの内面では 1848 年 4 月のイースター（復活日）の前後から、1838 年 5 月の「語り得ない喜び」（本章の注 49 を参照）の体験を凌ぐ、救済者キリストによる「罪の赦しの信仰」に基づく宗教的な境位への決定的な突破（Pap. VIII-1 A 640ff. ＝ T-2 S.224ff.）が体験され、と同時に苦難のキリストに倣い真理のために苦しむ「単独者」としてデンマーク国教会との過酷な戦いへと赴く決意が結ばれたと思われる。

87　　Cf. Toshihisa Hachiya: A.a.O. S.223ff.
キェルケゴールが後期著作活動において展開した苦難のキリスト像における「模範」と「和解者」のキリスト論やそこから構想される新しいキリスト教（社会）倫理学の可能性については、他日また別稿を用意したい。

第 1 章　「逆説から歴史へ」　　　　　　　　　　　　　　　　41

くもキェルケゴールの「逆説のキリスト論」であった。20 世紀のプロテ
スタント神学は、キェルケゴールの「逆説のキリスト論」によって不断に
練成されたと言えよう。そしてさらにキェルケゴールのキリスト論的思惟
の受容を巡って第二次世界大戦を挟んだ前世紀の前半と後半にドイツ語圏
のキリスト教神学界において、キェルケゴールにおける「逆説のキリスト
論」から「図像のキリスト論」へのキリスト論的思惟の転換の図式が再現
されることとなった。20 世紀のプロテスタント神学もまた自己批判を内
包しながら進展する「旅人の神学」であった。

　以下においてキェルケゴールのキリスト論的な思惟の変貌と関連して、
20 世紀のプロテスタント神学におけるキリスト論の展開について俯瞰し
たい。

　（2）キェルケゴールのキリスト論的な思惟がキリスト教神学界において
注目を喚起するのは、第一次世界大戦直後のドイツ語圏における新しい神
学運動、いわゆる「弁証法神学」をもって嚆矢とする。瓦解した時代の危
機意識の中で、歴史主義的な研究方法に基礎付けられた 19 世紀の自由主
義神学の徹底的な克服を目指して、「キリストをもはや肉によっては知る
まい」（II コリ 5,16 を参照）とのパウロの信仰告白を旗印に立て[88]、また受容
の視点や濃度は各々の神学者の思想的な背景によってそれぞれ異なるもの
のキェルケゴールの圧倒的な影響の下で、「逆説のキリスト論」が 1920 年
代にバルトやブルトマンたちによって展開された。殊にブルトマンの宣教
（ケリグマ）の神学は、イエスの到来の事実（Daß）への史的関心の可能な
限りの制限に一貫して傾注した[89]。しかしそれゆえにブルトマンにおける
「逆説のキリスト論」に関しても、ヨハネス・クリマクスにおいてと同様

88　　Karl Barth: Fünfzehn Antworten an Herrn Professor von Harnack. In: *Theologische Fragen und Antworten*. S.13.
　　　八谷俊久、前掲書 89 頁以下を参照。
　　　Rudolf Bultmann: Zur Frage der Christologie. In: *Glauben und Verstehen* 1. S.101.
89　　Rudolf Bultmann: Der Begriff des Wortes Gottes im Neuen Testament. In: *Glauben und Verstehen* 1.　S.292.

第Ⅰ部 「逆説から歴史へ」

に、キリストの歴史性を捨象する陥穽が洞見された。[90]

　かかる逆説のキリスト論的な思惟を基調とした「弁証法神学」のキリスト教神学への影響力は、しかし第二次世界大戦後のドイツ語圏におけるキェルケゴールの実存思想への関心の低下と比例して次第に後退していく。そして神学の関心は、専らキリストと告白されたイエスの歴史性に向けられた。まずブルトマンのキリスト論を批判しつつ、イエスの到来の事実（Daß）にその内容（Was）や様態（Wie）を加えることによって、史的イエス研究の可能性を回復しようと試みたのがブルトマン学派の人々であった。[91] また初期バルト神学との対決の中で、ティリッヒはイエスの史的な事実とキリストについての信仰告白との間の「形像の類比（analogia imaginis）[92]」による関係付けを基底とした相関（対話）の神学を構想した。加えて苦難のキリスト像に倣いドイツ教会闘争の旗手として獄死の結末を甘受した 20 世紀の殉教者ボンヘッファーの「まねび」の神学[93] が、その「獄中文書」の刊行と相まって戦後間もなく再評価され始めた。さらにこのボンヘッファーに真摯に学びつつ、キリスト教教理史における 3 つのキリスト論的な思惟モデル[94] を組み合わせながらキリストの「歴史」を物語る[95] ことによって壮大な和解論の神学（『教会教義学 IV 1-3』）を構築したの

90　かつてローマイヤーがブルトマンの『イエス』（1926 年）に向けた批判「イエスのいないイエスについての書」（Ernst Löhmeyer: Rezension zu Bultmann, Rudolf: Jesus. In: Theologische Literaturzeitung 52. S.433）が、『哲学的断片』における「逆説のキリスト論」についてのレアストルップの批判「歴史の（史的）イエスのいないキリスト教」（K.E. Løgstrup: A.a.O. S.11. 本書の 47 頁注 106 を参照）と酷似するのは自明のことである。

91　Gerhard Ebeling: *Theologie und Verkündigung*. S.68. 本書の 121 頁以下を参照。

92　Paul Tillich: *Systematische Theologie* II. S.125. = Paul Tillich: *Systematic Theology* II. p.115. 本書の 163 頁以下を参照。

93　ボンヘッファーのキェルケゴールへの関係については、ベートゲ（Eberhard Bethege: Dietrich Bonhoeffer. S.524. Anm.73a.）によって論究されている。本書の 224 頁注 343 を参照。

94　キリスト教教理史における 3 つのキリスト論的な思惟モデルについては、本章の注 68 を参照。

95　Karl Barth: *Kirchliche Dogmatik* IV-1. S.171. 本書の 55 頁以下を参照。

第1章 「逆説から歴史へ」 43

が、バルトであった。晩年のバルトは、前期キェルケゴール（あるいはヨ
ハネス・クリマクス）の「逆説キリスト論」から決別することによって、実
はかえって後期キェルケゴールのキリスト論的な思惟に接近していったと
言えよう。だがその壮大な和解論の神学もついには完結することなく暮れ
た。バルトもまた見果てぬ夢を抱き遠い約束の地を目指して遥かな旅に赴
く神学の旅人であった。

　（3）キェルケゴールの10年余りの著作活動が描き出すキリスト論的な
思惟の変貌の軌跡は、20世紀のプロテスタント神学におけるキリスト論
の展開の錯雑とした道程を写す行路図の一枚の原図であり、さらには現代
神学の辿るべき針路を占なう羅針盤のようでもある。それゆえにキェルケ
ゴールが後期著作活動において展開した苦難のキリスト像における「模
範」と「和解者」の弁証法によるキリスト論やそこから提唱された「まね
び」の神学の中に、晩年のバルト神学においては未解決のままでありまた
今日の神学にとっての緊切の課題であるキリスト教（社会）倫理学を構築
するための見取り図が伏在しているように思われる。

第2章　キェルケゴールとバルト

序　論

　華やかな盛装を纏った19世紀中葉のデンマーク市民社会に背後から秘かに忍び寄る破綻の危機を予兆する「無精神」のしるしを秘かに看破し、その諸相を精緻で多彩な筆致をもって描出しつつ覚醒の警鐘を市中に打ち鳴らした宗教的な詩人キェルケゴールの実存思想が、第一次世界大戦による破滅と没落の時代の危機状況に直面した神学者や牧師たちの心の琴線に触れたのであろう。そこでキェルケゴールのキリスト教的な実存思想が再発見されて、キェルケゴールは時代の寵児となる。第一次世界大戦直後のヨーロッパの思想界を広く風靡した、いわゆる「キェルケゴール＝ルネッサンス」である。

　さてバルト神学においてそのキリスト論的な思惟は——キェルケゴールの10年余りの著作活動が描出するキリスト論的な思惟の変貌の軌跡[96]と重なり合うようにして——自己批判的な修正作業を絶えず積み重ねながら進展していった。そこで以下において、キェルケゴールとバルトの教義学的な言明についての解釈学的な比較研究における一致点や相違点ではなく、両者のキリスト論的な思惟の展開を辿る道筋の重なり合いを図示したい。別言するならば、ここでキェルケゴールとバルトが、「逆説のキリスト論」から脱却する中で、図像的な「物語」をもってイエス・キリストの歴史を語るという、共通した課題を見出していた道程が究明されるのである。

96　キェルケゴールのキリスト論については、本書の20頁以下を参照。

第2章　キェルケゴールとバルト 45

　そしてキェルケゴール（あるいはより正確にはその前期の仮名著者ヨハネス・クリマクス）との決別を果たす途上において構想されたバルトの晩年の主著『教会教義学』IV「和解論」のキリスト論的な問題設定の中に、かえって後期キェルケゴールのキリスト論的な思惟が広範に展開される可能性を洞見することができよう。それゆえにここでは——専ら「逆説」概念を巡ってキェルケゴールとバルトの前期著作活動における一致点に関心を向けた従来の解釈学的な比較研究とは異なって——両者のキリスト論的な思惟の展開全体を辿る道筋の重なり合いが論究されることとなる。それはキリスト論的な思惟の展開の中でキェルケゴールとバルトが、自己批判的な修正作業を絶えず積み重ねながら進展する「旅人の神学（theologia viatorum）」としてのキリスト教神学を体現しているからである。

1.「逆説のキリスト論」からキリスト像の構築へ
二人のキリスト論的な思惟の展開

（1）「逆説のキリスト論」の意義と限界

　（1）「永遠の意識のために歴史的な出発点は存在するのか。如何にしてそのような出発点は単に歴史的なもの以上の関心を抱かせることができるのか。歴史的な知識の上に永遠の意識を基礎付けることはできるのか」[97]。かかる「啓示」と「歴史」の関係についての問い[98]を巡って、キェルケゴールの『哲学的断片』（1844年）の仮名著者ヨハネス・クリマクス[99]は「下

97　SV1 4. S.173. = PB. S.1. auch SV1 7. S.6 = AUN-1. S.13.

98　『哲学的断片』における「啓示」と「歴史」の関係についてのキェルケゴールの問いが、レッシングの言明「偶然的な歴史の真理は必然的な理性の真理についての証明とはなり得ない」（G.E. Lessing: Über den Beweis des Geistes und der Kraft. In: Lessing Werke 8. S.12）を念頭に置いたものであることは自明である。本書の 22 頁以下を参照。

99　キェルケゴールの『哲学的断片』の仮名著者であるヨハネス・クリマクスは、「真のキリスト者」であるとは自称しない「フモリスト」として位置付け

僕の姿」において人間と等しくなることについての神の「永遠の愛の決断」にその論述の存在論的な出発点を措定する。キリスト教の神は——アリストテレス＝中世スコラ学の運動原理における「不動の動者」としての神概念とは全く異なって——和解する愛の決断をもって卑賤の「下僕の姿」において人間と等しくなるように生成（運動）する。「下僕の姿」において人間と等しくなることの卑下において神は恩恵の愛を人間に開示する。キリスト教の神は「下僕の姿」において自らを啓示する神である[100]。

　ところでヨハネス・クリマクスによれば、「下僕の姿」において人間と等しくなる神の啓示の出来事を巡って、キリスト教信仰は「歴史記述者の正確さ[101]」を要請しない。何故なら「下僕の姿」の神の歴史は、時間への永遠性の突入の「瞬間[102]」の出来事であり、決して「歴史的な知識」の上に基礎付けられることのできない、ただ「逆説」としてのみ認識され得る「信仰の対象」だからである。即ち「下僕の姿」の神についての歴史的な報告はキリスト教信仰にとっての単なる「契機」に過ぎず、キリスト教信仰は「下僕の姿」における神の啓示の出来事の「絶対的な逆説性」との関係を主体的・内面的に習得するために「この世界史的な注意書き（dette verdenshistoriske NB.）」より以上の具体的な歴史記述の内容を必要とはしないのである。

　そして神の啓示の出来事についての「歴史的な知識」と神の啓示の出来事の「絶対的な逆説性」に相応しく尖鋭化された「情熱」である「信仰」の逆対応的な関係が、あたかも「聖画像破壊者（ikonoklast）」（ガルフ[103]）のようなヨハネス・クリマクスによって、以下のように規定された。

　「下僕の姿の神がいたことが肝心であって、それ以外の歴史的な個々

　られている（SV1 7. S.537. = AUN-2. S.331）。本書の 30 頁注 49 を参照。

100　本書の 23 頁以下を参照。

101　SV1 4. S.265. = PB. S.100.

102　本書の 24 頁を参照。

103　Joakim Garff: *Den Søvenløse*. S.192.

第 2 章　キェルケゴールとバルト　　　　　　　　　　　　　　　　　　47

のことはあまり重要ではない。……もし同時代の世代が、『神が某年に下僕の卑賤の姿で現れ、私たちの間で生き教え、そして死んだ』という言葉だけしか残さなかったとしても、それで十分である。同時代の人々は、必要なことを行なったのである。何故ならこの小さな告知、この世界史的な注意書きは、後の人々にとっての契機となるために十分だからであり、またどんなに詳細な報告も、後の人々にとっては、決して永遠にそれ以上のものとはなり得ないからである」[104]。

　ヨハネス・クリマクスの「逆説のキリスト論」は、信仰の対象の内容（「下僕の姿」の神の歴史）を描述することなく、ただ信仰の内面的な習得の様相（「下僕の姿」の神との同時性において「キリスト者となる」こと）を究明することによってキリスト教教義の実存的な宗教性を刷新し、人々を慫慂してキリスト教信仰に善導するための助産術であった[105]。そしてここに『哲学的断片』におけるキェルケゴールの「逆説のキリスト論」の、キリスト教教理史における不朽の功績が認められた。

　けれども他方で「下僕の姿」において啓示する神についての歴史的な報告の内容を「この世界史的な注意書き」へと可能な限り縮小化する意図を秘めたヨハネス・クリマクスの「逆説のキリスト論」は、聖書において証言される神の啓示の出来事の歴史性を抽象的な理念性に不当に還元してしまう危険性を孕んでいた[106]。もとより逆説のキリスト論的な思惟は、何か

104　SV1 4. S.266. = PB. S.101. 本書の 27 頁を参照。

105　同じ仮名による『後書』（1846 年）では、「逆説のキリスト論」はさらに尖鋭化されて「主体性＝（非）真理」概念と「キリスト者となること」の段階理論（特に「宗教性A」）について詳述されるのに対して、「下僕の姿」の神の歴史については「一体に逆説は、永遠者である神が一人の人間として時間の中に生成したことにある。この一人の人間が下僕であるのか皇帝であるのかは関係ない……」（SV1 7. S.519. = AUN-2. S.309）とその内容は全く捨象されている。

106　なおキェルケゴール（あるいはヨハネス・クリマクス）の「逆説のキリスト論」におけるキリストの歴史性の軽視の危険性は、すでにこれまでレアストルップ（K.E. Løgstrup: Opgør med Kierkegaard. S.11f.）や最近ではリング

48 第Ⅰ部 「逆説から歴史へ」

伝達されるべき具体的な教義内容を提示するのではなくて、キリスト教信
仰を変造するような誤った神学的な営為に対する「キリスト教的なものの
修正」（マランツク）[107] の試み、あるいは「信仰と歴史の関係についての問い
のための補完を必要とする準備作業」（ヒルシュ）[108] に過ぎない。それゆえに
「逆説のキリスト論」をもって「『世界史的な注意書き』に留まることは、
すでに信仰の死滅であろう」（ゲルデス）[109]。はたしてヨハネス・クリマクス
の「逆説のキリスト論」は、さらに別のキリスト論的な省察によって補完
され修正されなければならないのである。

　（2）さてキェルケゴールのキリスト論的な思惟がキリスト教神学界にお
いて注目を喚起するのは、第一次世界大戦直後のドイツ語圏における新し
い神学運動、いわゆる「弁証法神学」をもって嚆矢とする。[110] 瓦解した時

　レーベン（Joachim Ringleben: Paradox und Dialektik. Bemerkungen zu Kierkegaards
　Christologie. In: Kierkegaardiana 19. S.31f.）によって指摘されている。本書の 42
　頁注 90 を参照。

107　Gregor Malantschuk: Søren Kierkegaards Modifikationer af det kristelige. In:
　　Frihed og Eksistens. S.85.

108　Emanuel Hirsch: Geschichtliche Einleitung. In: PB. S. XII.

109　Hayo Gerdes: *Das Christusbild Sören Kierkegaards*. S.45.

110　本書の 41 頁を参照。
　1919 年のタンバッハ講演「社会の中のキリスト者」の哲学史的な背景とし
　て、まずは新カント主義的に方向付けられたハインリッヒ・バルトの「根源」
　哲学の思想（Heinrich Barth: Gotteserkenntnis. In: Anfänge der dialektischen Theologie
　1. S.238ff.）が指摘されよう。他方でキェルケゴールの「逆説」概念は、いま
　だ伝記的・思想的にバルトの神学の射程に入ってきていない（cf. Karl Barth:
　Karl Barth – Rudolf Bultmann. Briefwechsel. S.308）。従ってバルトは、1918 年に
　脱稿された『ロマ書』を全面的に改訂する途上（1919 年 9 月のタンバッハ
　講演以降）の 1920 年初夏頃にキェルケゴールの教会攻撃文書『瞬間』（1855
　年）を読了し（Karl Barth: Karl Barth – Eduard Thurneysen. Briefwechsel 1. S.395
　und 400）、続いて 1920 年終わりあるいは 21 年始めにその前期仮名著作である
　『哲学的断片』（1844 年）と『後書』（1846 年）を講読し始めたと推測される
　（a.a.O. S.461）。
　なおクレーデンは、青年バルトのキェルケゴールの著作についての
　読書歴を詳細に報告している（Wolfdietrich von Kloeden: Das Kierkegaard-Bild

第 2 章　キェルケゴールとバルト　　　　　　　　　　　　　　　　　　49

代の危機意識の中で、歴史主義的な研究方法に基礎付けられた 19 世紀の
自由主義神学の徹底的な克服を目指して、「キリストをもはや肉によって
は知るまい」（Ⅱコリ 5,16 を参照）とのパウロの信仰告白を旗印にして、[111]ま
たそこでの受容の視点や濃度は各々の神学者の思想的な背景によってそれ
ぞれ異なるもののキェルケゴールの前期著作活動（特に仮名著者ヨハネス・
クリマクス）の圧倒的な影響の下で、「逆説のキリスト論」が 1920 年代に
バルトやブルトマンたちによって展開された。[112]

　そしてそこでは、神の自己啓示の出来事を巡っての、歴史研究によるキ
リスト教信仰の認識論的な基礎付けの可能性が徹底的に排除さることとな
る。何故なら神の自己啓示の出来事は、世界史における因果関係をもって
再構成あるいは再構築できるような出来事ではないからである。神の自己
啓示の出来事は、人間理性の直接的に認識し得る対象ではなく、かえって
人間理性の認識可能性を限界付けるだけである。しかしそれゆえに（初期）
バルトやブルトマンにおける「逆説のキリスト論」に関しても、キェルケ
ゴール（あるいはより正確にはヨハネス・クリマクス）においてと同様に、聖
書において証言される神の啓示の出来事の絶対性と固有性を排他的に証示
することによって、その歴史性を捨象する陥穽が洞見された。[113]

───────────

Karl Barths in seinen Briefen der „Zwanziger Jahre". Streiflichter aus der Karl-Barth-
　　Gesamtausgabe. In: Kierkegaardiana 12. S.94f.）。

111　本書の 41 頁を参照。

112　　バルトやブルトマンに対してヒルシュは、逆説のキリスト論的な思惟
　　を「行為義認（Werkgerechtigkeit）の始まり」（Emanuel Hirsch: Jesus Christus der
　　Herr. S.51）と見做してパウロ＝宗教改革的な信仰義認論と矛盾していると非
　　難している（cf. Ulrich Barth: Die Christologie Emanuel Hirschs. S.61f.）。けれども
　　ここでヒルシュは──彼自身の神学的（あるいは政治的）な立場に拘泥するあ
　　まり──「逆説のキリスト論」の修正的な機能を伴なった「弁証法神学」の
　　内容や意義またその 20 世紀プロテスタント神学における貢献を不当に評価
　　していると思われる。かえってバルトやブルトマンの「弁証法神学」の中に、
　　キェルケゴールの「逆説のキリスト論」はその斬新で衝撃的な思想内容が展
　　開されるための場所を獲得することとなったのである（八谷俊久、『逆説から
　　歴史へ──バルトにおけるキリスト論的な思惟の変貌』45 頁を参照）。

113　　かつてローマイヤーがブルトマンの『イエス』（1926 年）に向けた批判

（3）永遠性と時間性の弁証法を基盤とした「逆説のキリスト論」は、神
の啓示の出来事の歴史性を空疎な逆説性に還元する陥穽に落ちないために、
これよりさらに神の啓示の出来事をイエス・キリストの歴史をもって具象
化するところの、別のキリスト論的な省察によって補完され修正されなけ
ればならない。そしてキェルケゴールとバルトの後期思想において、それ
までの「逆説のキリスト論」を徹底的に克服する新しいキリスト論的な思
惟が構想された。

(2) 苦難のキリスト像の構築

　（1）神の自己啓示についての「永遠の愛の決断」がイエス・キリストの
具体的・現実的な歴史において実現する。イエス・キリストの歴史は神の
啓示の出来事の内容に他ならない。イエス・キリストの歴史において「下
僕の姿」をもって人間と等しくなることの神の卑下が、十字架において苦
しみを甘受する神の卑下として解釈される。そしてイエス・キリストにお
ける神の啓示の出来事は受肉の出来事だけではなくて、ヨルダンからゲツ
セマネとゴルゴタまでの道行きとしての「苦難の歴史」を含意する[114]。人
となった神は古代の皇帝崇拝に準えて君臨する至高の王者の姿を纏ったの
ではなくて、「下僕の姿」をもって苦しみを甘受する。イエス・キリスト
の「下僕の姿」は、（1）神が「下僕の姿」において人間と等しくなる、さ
らに（2）（人間と等しくなった）神が「下僕の姿」において苦しむ、という

　「イエスのいないイエスについての書」（Ernst Löhmeyer: Rezension zu Bultmann,
Rudolf: Jesus. In: Theologische Literaturzeitung 52. S.433）が、『哲学的断片』にお
ける「逆説のキリスト論」についてのレアストルップの批判（「歴史の（史的）
イエスのいないキリスト教」（K.E. Løgstrup: A.a.O. S.11））と酷似するのは自明
のことである。

114　「ただ死においてのみ彼（＝キリスト）は十字架に付けられたのではなくて、
生涯において誤解の重い十字架を負ったのである。……このような仕方で彼
は孤独に見棄てられて、……死において神に見棄てられたように、生涯にお
いて人々に見棄てられて歩んだのである」（Pap. Ⅶ -1 A 144）。

第2章 キェルケゴールとバルト 51

二重の卑下において苦しむ神の姿である[115]。

　1846年以降の後期著作活動の中でキェルケゴールは、「下僕の姿」において人間と等しくなる神の「卑下（下降）」の出来事を、「下僕の姿」において苦しむキリストの可視的な「卑下」の歴史として再解釈する。ここで神の啓示の出来事は、ただ永遠性が時間へ突入する「瞬間」としてだけではなくて、人間世界における卑賤の、十字架の死に至るまでのキリストの生涯に渉る苦難の歴史として描出される。即ち神の啓示の出来事がイエス・キリストの十字架の死に至るまでの「苦難の歴史」へと収斂することによって、永遠性が時間へ突入する「瞬間」は苦難のキリスト像の枠組みの中で具体的な歴史性を獲得するのである。かくして「下僕の姿」において啓示する神についての最小限の内容を伴うだけの歴史的な報告であった「この世界史的な注意書き」は、苦難のキリスト像において補完されることとなる。

　以上のようにして、後期著作活動においてキェルケゴールは、「下僕の姿」の神についての歴史的な報告の内容を「この世界史的な注意書き」へと最小化した、それまでの「逆説のキリスト論」から決別して、図像的あるいは説話的な語りの形式をもって苦難のキリストの歴史について物語ることに腐心するようになる。そこでキェルケゴールの後期著作活動の代表作『キリスト教への修練』（1850年）に挿入された「ある子供（青年）の物語」の中では、苦難のキリストの歴史について物語るための、いわば「図像法的な実験」（ikono-grafiske eksperiment）」（ガルフ）[116]が――先のフモリストのヨハネス・クリマクスとは全く異なった――極めて厳格なキリスト者であるアンチ・クリマクス[117]によって遂行される。

115　マランツクは「下僕の姿」の神の「卑下」の形態を、（1）神の人間化としての啓示の出来事における「質的な卑下」と（2）「下僕の姿」において苦しむキリストの「量的な卑下」の2つに区分している（Gregor Malantschuk: Dialektik og Eksistens hos Søren Kierkegaard. S.331）。本書の36頁を参照。

116　Joakim Garff: A.a.O. S.272.

117　キェルケゴールは、真のキリスト者であるとは自称しないフモリストのヨハネス・クリマクス（本書の30頁注49を参照）に対して、『死に至る病』

「この十字架に付けられた者が世界の救済者であることを……物語り
なさい。……この高貴な方があの十字架に付けられた者であることを
……物語りなさい。彼は愛のゆえにこの世へ来て、卑賤の下僕の姿を
取ったことを……物語りなさい。……彼の近くにあった僅かな者の中
の一人は彼を裏切りまた他の者は彼を拒み、全ての者は彼を嘲笑し
侮辱し、そして最後に彼を十字架に付けたことを……物語りなさい。
……それをあなた自身がこれまで以前に一度も聞いたことがなかった
かのように、また以前に誰にも物語ったことがなかったかのように、
生き生きと物語りなさい。それをあなた自身が物語ったかのようにま
た全体を創作したかのように、けれども伝えられた特徴の一つも忘れ
ないように、ただし物語る時にはそれが伝えられたものであることは
忘れ去ることができるように物語りなさい」[118]。

　可視的な「卑下」の状態にある苦難のキリストの歴史は、「図像の力
（Kraft des Bildes）」（ドイザー）[119]を借りて、「卑賤の者（＝十字架のキリスト）と
等しくなろうと引き込まれるように覚醒し語りかけながら生き生きと眼
前に現れる」[120]という仕方で「物語」の中で再現される。そこでこの「物
語」を、「物語る時にはそれが伝えられたものであることは忘れ去ること

と『キリスト教への修練』の仮名アンチ・クリマクスを「極端な仕方でのキ
リスト者」（Pap. X-1 A 510 og 517）と呼称している。この仮名の前綴り "Anti"
が古形の "anta（先に）" から派生しているとすれば、2 つの仮名の「順序関係」
（Howard V. Hong and Edna H. Hong: Historical Introduction. In: SUD. p.xxii）において、
新仮名アンチ・クリマクスの宗教性はフモリストの仮名ヨハネス・クリマク
スより内容的にさらに「先に」進んだものとして位置付けられよう。新仮名
アンチ・クリマクスによって『キリスト教への修練』における「キリスト者
である」ことの建徳的な要請は、「最高次の理念性まで引き上げられる」（SV1
12. S.0, 71 og 139 = EC. S.12, 78 und 150）こととなる。

118　SV1 12. S.163f.. = EC. S.176f.

119　Hermann Deuser: „Einübung im Christentum". In: „*Entweder/Oder*". S.117.

120　SV1 12. S.156. = EC. S.167.

ができる」ように語りまた聞く者は、「1800年以上[121]」の時間的な隔たりを越えて、苦難のキリストとの「同時性の状況[122]」を絶えず反復する。ここで語り得ない「逆説」は「物語」として語られ、永遠性が時間へ突入する「瞬間」は、苦難のキリストについて語られる「物語」の中で歴史となる。アンチ・クリマクスによるこの「図像法的な実験は、聖画像破壊者である（ヨハネス＝）クリマクスが『哲学的断片』で提示した『世界史的な注意書き』についての、一つの物語的な注意書き（et narrativt NB til det „verdenshistoriske NB"）である」（ガルフ）[123]。

　かくして苦難のキリスト像の構想の中に、マランツクがキェルケゴールのキリスト論における「質の弁証法から量の弁証法への転換[124]」と呼称するところの、「瞬間」における永遠性と時間性の弁証法に基づく「逆説のキリスト論」から「図像のキリスト論」へのキリスト論的な思惟の転換が証示される。ここではキェルケゴール自身が、ヨハネス・クリマクスの「逆説のキリスト論」の最初の批判的な修正者であった。

　（2）逆説のキリスト論的な思惟を基調とした「弁証法神学」のキリスト教神学への影響力は、しかし第二次世界大戦後のドイツ語圏におけるキェルケゴールの実存思想への関心の低下と比例して次第に後退していく。そして神学の関心は、専らキリストと告白されたイエスの歴史性に向けられた[125]。

　イエス・キリストの「下僕の姿」によって、神は全ての他の人間と同じ実存的な諸制約のもとにあることが明示される。バルトの晩年の主著である『教会教義学』Ⅳ「和解論（キリスト論）」では、イエス・キリストの「苦難の歴史」が前時間的・超時間的な永遠において神と共にある「先在

121　SV1 12. S.165. = EC. S.178.

122　SV1 12. S.34. = EC. S.42.

123　Joakim Garff: A.a.O. S.273f.

124　Gregor Malantschuk: A.a.O. S.348. 本書の 36 頁を参照。

125　本書の 42 頁を参照。

のキリスト」が神と人間の和解の出来事としてイエス・キリストの歴史の中に実存することの徴章として理解される。神の啓示の出来事がイエス・キリストの「苦難の歴史」の枠組みの中から抹消されるならば、キリスト教信仰は決まってグノーシス＝ドケティズム的なキリストの仮現現象へのキリスト論の転落に瀕することになるであろう[126]。「史的イエスの問いとしてイエス・キリストの人格についての問いが設定されることによって、その問題設定は教義学的な視点において反ドケティズム的な問題設定として特徴付けられる」（ユンゲル）[127]。けれどもここでキリスト像を構築するバルトの手法は「史的イエス研究」の学問的な成果に依存するのではなく、かえってキリスト教信仰の神学的な要請と密接に連動していた。即ち苦難のキリスト像は、イエスの史的な事実性とキリスト教信仰の接点として機能するのである。かくして新しいキリスト論な思惟の構想をもってバルトは、かつてイエス・キリストの歴史性についての関心をその修正的・補完的な機能のために犠牲とした「逆説のキリスト論」を越えていくこととなるのである[128]。

　（3）キリスト教信仰は、ヨルダンからゲツセマネとゴルゴタまでの苦難の道行きとしてのイエス・キリストの歴史を一回限りの過去の出来事として記録するのではなくて、絶えず反復される歴史として物語る。イエス・キリストにおける神の啓示の歴史性を明確に回復することが——ブルトマンとは異なって——それまでの「逆説のキリスト論」についての自己批判的な修正作業として[129]、キェルケゴールとバルトの後期思想における共通

126　Karl Barth: *Kirchliche Dogmatik* IV/1. S.183.

127　Eberhard Jüngel: *Paulus und Jesus*. S.2.

128　本書の 55 頁以下を参照。

129　かかる視点から——恩師ブルトマンとは異なって——啓示の出来事の事実（Daß）と内容（Was）の関係付けを巡ってのブルトマン学派における「史的イエス」についての新しい問いの意義が評価されよう。ブルトマンの「逆説のキリスト論」からブルトマン学派における「史的イエス」についての新しい問いへのキリスト論的思惟の変貌は、また一つの「『逆説』から『歴史』へ」

した課題となる。バルトの知らずに通り過ぎた（後期）キェルケゴールが、はたしてバルトと隣り合わせの間近に立っていたのである。

2. イエス・キリストの歴史を物語ること
二人の共通したキリスト論の課題

バルトの「弁証法神学」における「危機＝モチーフ」を基調とした「事柄の内的な弁証法」が、『教会教義学』Ⅳ「和解論（キリスト論）」ではイエス・キリストの卑下と高挙の歴史についての図像的な「物語」をもって語られる。永遠性と時間性の弁証法による「逆説のキリスト論」を越えて、キリスト教神学は新約聖書において証言された「真の神」と「真の人」としてのイエス・キリストの一回限りの過去の出来事を「物語の話法的な形態（de(r) sprachliche(-) Modus des Erzählens）」（ユンゲル）において現在化するという課題を負っている。そしてここでキリスト教神学は——イエス・キリストにおける「真の神」と「真の人」の関係付けを「本性」についての古代教会の教理をもって教義学的に定式化する代わりに——「決定的な語り

の主題を形成している（本書の 72 頁以下と 114 頁以下を参照）。

130 「従って『弁証法』概念をここで断念して、歴史の概念をもって取り替えることはより良いことであろう」（Karl Barth: Kirchliche Dogmatik IV/3. S.223）。

131 Eberhard Jüngel: *Gott als Geheimnis der Welt*. S.413.
さらに言語学的・言語分析的な論理と関連付けて、ユンゲルはイエス・キリストの歴史の物語（Erzählung）における説話性（Narrativität）の解釈学的な基本構造を分析している。「歴史に相応しい言語は物語である」（a.a.O. S.416）。
なお管見に入る限りでは、物語の形式を巡っての文学類型の研究分野において 2 つの論考が秀逸である。まずローフィンクは、新旧約聖書文書の言語学的な構造の分析を通して、キリスト教使信における説話的なもの（das Narrative）の神学的な基本構造を究明することを試みている（Gerhard Lohfink: Erzählung als Theologe. In: Stimme der Zeit 192. S.521ff.）。さらにメッツは、イエス・キリストの歴史の物語に伏在する救済的・解放的な力を指摘している（Johann Baptist Metz: Erlösung und Emanzipation. In: Stimme der Zeit 191. S.171ff.）。

の形式（Redeform）としての物語」（シュレァー）[132]をもってイエス・キリストの歴史を反復することとなる。

　史的イエスについての問いにおける学問的・実証的な作業とは異なって、キリスト像を構築する作業は歴史的な問題設定の枠組みの中で遂行されるのではない。何故なら「史的イエスではなくて、人間が史的イエスからもたらしたキリスト像が歴史の中で作用する」（ツァールント）[133]からである。苦難のキリスト像は、イエスの史的な事実性とキリスト教信仰の接点として、イエス・キリストの歴史を絶えず反復する機能を内包する。それゆえにキリスト像を構築する手法は「史的イエス研究」の学問的・実証的な作業の成果に依存することによってイエス・キリストの歴史を一回限りの過去の出来事として記録するのではなくて、物語ることをもって今ここで生起する歴史として現在化することを目指すのである。「物語ることは、物語られる者の臨在（Gegenwärtigkeit des Erzählten）を作り出すことを願う」（ローフィンク）[134]。即ち歴史を物語ることにおいてキリスト教信仰は、イエス・キリストの歴史を現在化しつつ反復するという、創造的な作用を具備するのである。

　イエス・キリストは物語られた「苦難の歴史」の中で今ここで生きた主として現前する。そして図像を構築する手法をもってイエス・キリストの十字架の死に至るまでの「苦難の歴史」を現在化しつつ反復する物語は、十字架に付けられた主の復活の信仰を内包する[135]。ヨルダンからゲツセマネとゴルゴタまでの道行きとしてのイエス・キリストの「苦難の歴史」を

132　Henning Schröer: Erzählung. In: *TRE*. 10. S.231.

133　Heinz Zahrnt: Religiöse Aspekt gegenwärtiger Welt- und Lebenserfahrung. In: *Zeitschrift für Theologie und Kirche* 71. S.117.

134　Gerhard Lohfink: A.a.O. S.531.

135　Cf. Eberhard Jüngel: A.a.O. S.419f. und 425.
　　ここでユンゲルは、復活信仰に基づくイエス・キリストの歴史についての説話的な物語の教会論的な性格、即ち「物語の機関（Institution des Erzählens）」（a.a.O. S.426）としてのキリスト教会の形態を究明し、さらに教会の宣教における「説話的な説教学（d(ie) narrative(-) Homiletik）」（a.a.O. S.428）の可能性を示唆している。

第 2 章　キェルケゴールとバルト　　　　　　　　　　　　　　　　　　　　57

絶えず反復する「物語」の中に、バルトは十字架に付けられた神の永遠の
生命の臨在を見出していた。

　　「彼（＝イエス・キリスト）はヨルダンからゴルゴタへの道を歩んだだ
　　けではなくて、なお繰り返し歩んでいる。彼の歴史（Geschichte）は史
　　実（Historie）となったのではない。即ちそれがその時代の歴史であっ
　　たのは、まさしくそれ自体で永遠の歴史となるためであったのである。
　　かつて起こったように、人間と共にある神の歴史は全ての時代に、今
　　日ここでも起こる。彼は生きた救済者である」[136]。

　バルトにとってイエス・キリストの歴史は教義学的な言明において論述
され得るものでもまた史的・批判的な釈義研究によって解明され得るもの
でもなくて、その具体的な図像を鮮明に構築する作業をもって繰り返し物
語られるべき歴史に他ならない[137]。『教会教義学』Ⅳ「和解論（キリスト論）」
においてバルトは、イエス・キリストにおける「真の神」と「真の人」の
関係付けを「本性」についての古代教会の教理をもって教義学的に定式化
する代わりに[138]──キェルケゴールにとっての厳格なキリスト者の仮名で
あるアンチ・クリマクスの言葉を借りて別言するならば「物語る時にはそ
れが伝えられたものであることは忘れ去ることができる」ようにして──
イエス・キリストの歴史を生き生きと図像的に物語ることを試みる[139]。

　　「むしろ彼（＝イエス・キリスト）の至高と本来的な栄光は全てがそこ
　　にある。即ち彼が……結局は処刑台で二人の罪人の間に罪人として付

136　Karl Barth: *Kirchliche Dogmatik* IV/1. S.345f.
137　Cf. Eberhard Jüngel: A.a.O. S.418.
138　本書の 270 頁を参照。
139　Cf. Karl Barth: *Kirchliche Dogmatik* IV/2. S.124f.
　　なおユンゲルは、「論証する教義学と物語る教義学（argumentierende(-) und
　　erzählende(-) Dogamatiki）の結び付き」（Eberhard Jüngel: A.a.O. S.427. Anm.52）を
　　可能としたバルトの稀有な神学的天分を高評している。

けられ、そこで人間たちによって罰を受けた者、虐待された者、嘲笑された者として、絶望の問いを口にして神に見捨てられた者として死んだことにある。……そして苦難において彼は、神の子でありまた人の子であり、ゴルゴタの最深の暗黒の中で父と共にある子の至上の栄光の中にあり、神に見棄てられたことの中で神によって直接に愛された人間として実存する。それがここで秘密として、しかし新しい特別なものとしてではなくて、全ての秘密として、そして私たちにもはや残されるのではなくイエスの復活において解明される秘密として見られまた理解されるべきものである」[140]。

　イエス・キリストの歴史を現在化するためにバルトは、ブルトマンの「非神話化（Entmythologisierung）」の解釈学的な構想に対して――後期キェルケゴールが提唱した「図像のキリスト論」を再現するようにして――イエス・キリストの歴史を物語る。かくしてバルトは、イエス・キリストにおける神の啓示の歴史を物語ることによって、聖書の「事柄の謎（Rätsel der Sache）[141]」を説き明かすのである。

　ところでキリスト像を構築する手法は、人間に信仰への内面的な決断を促すだけではなくて、さらにキリスト教信仰における「まねび（Nachfolge）」の実践へと導く。「苦難の歴史」が物語られるところで苦難のキリスト像は信仰者の「模範」となって絶えず信仰者を「まねび」へと招く[142]。そして『教会教義学』Ⅳ「和解論（キリスト論）」においてバルトは、「類比」概念の構想と関連して「まねび＝モチーフ」からイエス・キリストにおいて神によって和解された人間の倫理学を構築する可能性を示唆している[143]。

140　A.a.O. S.279f.
141　八谷俊久、前掲書 29 頁を参照。
142　八谷俊久、前掲書 306 頁以下を参照。
143　本書の 246 頁を参照。
　　なおキェルケゴールの「まねび＝モチーフ」におけるキリスト教社会倫理学の可能性については、八谷俊久「『まねびの類比（Analogia Imitationis）』の提唱――キェルケゴールの『キリスト教への修練』（1850 年）における『神＝

第2章　キェルケゴールとバルト　　　　　　　　　　　　　　　　　59

　既述のようにバルトは、――「キリスト論的な集中」をもって解釈され
た「啓示」理解がかつてボンヘッファーの指摘した「啓示実定主義」[144]の
陥穽に落ち落ちないために――、『教会教義学』Ⅳ「和解論（キリスト論）」
において構想された「図像のキリスト論」に基づいて、イエス・キリス
トにおいて生じる神と人間の和解の歴史について「物語（Erzählung）の仕
方」[145]において語った。そしてここでバルトは、前期キェルケゴールの「逆
説のキリスト論」との決別を果たすことによって、キェルケゴールの後期
著作活動においてと同じキリスト論の課題を担うこととなる。即ちバルト
は、専らボンヘッファーの「まねびの神学」を経由して、キェルケゴール
が後期著作活動において提唱した苦難のキリスト像における「模範」と
「和解者」としてのキリスト論[146]に接近していき、ついには『教会教義学・

―――――――――――――

　　人』の類比（アナロギア）」『新キェルケゴール研究』第7号54頁以下を参照。
144　本書の264頁注487を参照。
145　八谷俊久『逆説から歴史へ』206頁を参照。
146　キェルケゴールの後期著作活動の中で「まねびの神学」は、苦難のキリス
　　ト像における「模範（Forbillede = Vorbild）」と「和解者（Forsoner = Versöhner）」
　　のキリスト論から構想された。即ち1846年10月頃に構想された『様々な精
　　神における建徳的講和』の第3部「苦悩の福音」（1847年3月13日出版）に
　　おいて「模範」としての苦難のキリスト像が、そして1847年5月5日の34
　　歳の誕生日を越えて同年8月頃から執筆された『キリスト教講話』の第4部
　　「金曜日の聖餐式における講話」（1848年4月26日出版）において「和解者」
　　としての苦難のキリスト像が論究され始める。
　　　ここでの苦難のキリスト像は（1）まずは苦難のキリストにまねぶようにと
　　人間に厳しく要請するところの「模範」であり、（2）しかしまた同時にこの
　　「模範」にまねび得ないことの「悔い」を抱いて崩折れる者を「恩恵」をもっ
　　て助け励ます「和解者」であり、（3）さらに再び「まねび」へと善導する「模
　　範」ともなる。そこでは2つのキリスト論の関係が、（1）「模範＝キリスト論」
　　の補完的な機能としての「和解者＝キリスト論」と、（2）「和解者＝キリスト
　　論」の修正的な機能としての「模範＝キリスト論」の、二重の仕方で規定さ
　　れることができよう。そして苦難のキリスト像における（1）「模範」――（2）
　　「和解者」――（3）「模範」の弁証法的な関係から絶えず修練されるところの
　　「キリストのまねび」は、キェルケゴールにとって中世カトリック教会におけ
　　る行為義認論的な功徳や善行とは全く無縁の、ただ「和解者」キリストの「恩
　　恵」による「罪のゆるし」の信仰から派生する、いわば「信仰の果実（Troens

60 第Ⅰ部 「逆説から歴史へ」

Ⅳ』の「和解論（キリスト論）」の中で広範に展開したのである。

　けれどもその結果として、「弁証法神学」から「教義学的な神学」への転換におけるキリスト論的な思惟の展開の中で、バルトはキェルケゴールについて二重の仕方での「誤解」を抱くこととなった。

3. バルトのキェルケゴール理解における二重の「誤解」

　さて先述のように、キェルケゴールとの関係を巡ってバルトはキェルケゴールの「学校」に滞留することなく早々に「卒業」していったと回想

Frugt = Frucht des Glaubens）」（Pap. Ⅹ -4 A 459）としての「キリストへの信仰の現実的な姿」（Hayo Gerdes: A.a.O. S.112. auch S.116）に他ならない。

　キェルケゴールは、「まねびの神学」の展開として苦難のキリストに相応しいキリスト者の生き方を、（1）「厳しいキリスト教」理解における使徒的な「殉教者（Martyr = Märtyrer）」（SV1 12. S.203 og 206 = EC. S.220 und 224）としてのキリスト者の生き方と、（2）「穏やかなキリスト教」理解における「恭順な認容（den ydmygende Indrømmelse = das demütigende Eingeständnis）」（SV1 12. S.320 = TS. S.67）を共有するキリスト者の生き方の、2つのキリスト教理解において論究している。

　そして（A）（2）「穏やかなキリスト教」理解から（1）「厳しいキリスト教」理解への方向において「既存のキリスト教界」に対する攻撃の理論付けが、（B）（1）「厳しいキリスト教」理解から（2）「穏やかなキリスト教」理解への方向において倫理学の現実的な営為についての見解が、晩年のキェルケゴールの著作活動において構築された。

　しかしながらキェルケゴールにおいてキリスト教（社会）倫理学の構想はいまだ断片的に略述されただけであり、それゆえにキェルケゴールの「まねび＝モチーフ」をさらに社会・宗教批判的な広がりをもって再解釈する可能性が、モルトマンの「キリストのまねび」におけるキリスト教的な「殉教」や自然との人間の和解のための「和解の倫理学」についての考察を展開することの中に伏在しているように思われる（本書の304頁を参照）。そしてそこでは人間社会の中で孤立した主体性に対する相互主体性（Inter-Subjektivität）の確立のための理論や絶対的な真理の独善的な主張とは異なった可謬を寛容に追認する真理概念が検討され、加えてハーバーマスの「形而上学後の倫理学（postmetaphysische Ethik）」やホネットの「承認論（Anerkennungstheorie）」などの今日の倫理思想との対話もより豊穣なものとなることであろう。

第 2 章　キェルケゴールとバルト　　　　　　　　　　　　　　　　　　61

している。それはバルト自身が表明したように、キェルケゴールの実存
思想の奥底に絶えず蟠っているところの、（1）持続的に固定化された「否
定（Negation）」への偏向や（2）社会批判的な機能を内包した「単独者（der
Einzelne）」概念を基調とする「顕著な救済個人主義（Heilsindividualismus）」
の徴候、（3）「新しい人間中心主義的な体系（anthropozentrische(-) Systematik）」
が、キリスト教信仰を実存論的・人間学的な試みへと転倒させる錯誤の温
床にもなるであろうことに深い懸念を覚えたからである。

　それに対してバルトは、キリスト教福音が（1）「人間への神の肯定につ
いての喜ばしい使信（frohe Botschaft von Gottes Ja zum Menschen）」あるいは（2）
「教会が世界へ与え渡すべき使信」、（3）「高所から（aus der Höhe）の使信」
であることを確信して、それらを自らの新しい神学思想の中心主題として
展開した。そして以上の 3 つの神学思想の中心主題が、キェルケゴール
の「学校」から「卒業」した後に、（後期）著作活動のためにさらに他の
教師たちの「学校」で習得すべきこととなった、バルトにとってのキリス
ト教信仰の根本原理であったと、バルトはキェルケゴールを批判しつつ回
想している。かくしてここにキェルケゴールに対するバルト神学の二重

147　本書の 64 頁を参照。

148　Karl Barth: Dank und Reverenz. In: *Evangelische Theologie* 23. S.340f.

149　A.a.O. S.342.

150　Ibid. ähnlich Karl Barth: Kierkegaard und die Theologen. In: Hermann Diem: *sine
　　vi – sed servo*. S.9.
　　　けれどもキェルケゴール研究の側から見るならば、キェルケゴールについ
　　てのバルトの評価はもとよりキェルケゴールの仮名著作群について一面的に
　　照射したものに過ぎない。実名の付された建徳的・宗教的な講話においてキ
　　ェルケゴールは、キリスト教福音が教会の交わりの中で宣教される喜ばしい
　　使信であることを強調している（cf. Johannes Sløk: Das Verhältnis des Menschen
　　zu seiner Zukunft. In: Materialien zur Philosophie Søren Kierkegaards. S.244ff.）。また
　　「あらゆる良い贈り物、あらゆる完全な賜物は、上から、光の父から下って来
　　る」（ヤコブ 1,17 参照）の一節は、建徳的・宗教的な講話において繰り返し掲
　　げられるキェルケゴールの愛唱句であった（cf. Johannes Sløk: A.a.O. S.257）。
　　　キェルケゴールの著作活動がソクラテス的な助産術に仕えるために全体と
　　して仮名による美的な著作群と実名の付された建徳的・宗教的な講話集の「二

に誤解した関係が浮き彫りとなる。

　「弁証法神学」から「教義学的な神学」への転換において、バルトはキェルケゴールに対して二重の誤解した関係のもとにあった。即ち（1）初期バルトは、その積極的・好意的な受容態度にもかかわらず、バルト自身が思う程にはキェルケゴールに近く立っていないし、また（2）後期バルトは、すでに「キェルケゴールを越えて（über Kierkegaard hinaus）[151]」行なったという否定的・消極的な応答にもかかわらず、バルト自身が思う程にはキェルケゴールに遠く立っていなかったのである。以上のように、その神学の展開においてバルトはキェルケゴールについて二重の仕方で誤解を抱いていたというキェルケゴールへのバルトの関係を巡っての新しい定義付けが可能となる。そしてバルトのキェルケゴール理解における二重の誤解について明察することは、その錯雑とした神学の展開の全体構造を把握するための一つの視点ともなると思われる。何故ならキェルケゴールは、バルトとブルトマンやヒルシュとの間の「不和の種（Zankapfe）[152]」であっただけではなくて、まずは初期バルトと後期バルトの間の「不和の種」であったからである。

（1）初期バルト神学におけるキェルケゴール「誤解」

　「危機＝モチーフ」をもってバルトは、キェルケゴールの前期の仮名著作において構想された「逆説のキリスト論」を――そこでキェルケゴールの著作活動における「二重性」の助産術的な性格を十分に斟酌することな

重性」から構成されていることの建徳的な意義が――当時のキェルケゴールの著作の翻訳上の諸制約が考慮されるとしても――バルトにおいて十分に斟酌されなかったことは――ゲッチンゲン大学教授時代の晩学のバルトと天賦の学究ヒルシュの個人的・感情的な確執、そして何よりも当時のドイツにおけるキェルケゴール研究の第一人者であったヒルシュ自身の醜悪な政治的態度と合わせて――キェルケゴール研究における不幸な受容史の一断面であったと言えよう。

151　八谷俊久、前掲書 104 頁と 136 頁を参照。
152　八谷俊久、前掲書 119 頁注 58 と 138 頁を参照。

第 2 章　キェルケゴールとバルト　　63

しに——専ら新カント主義的に方向付けられたハインリッヒ・バルトの根
源哲学の思想の影響のもとで再解釈した[153]。そしてバルトは、キェルケゴ
ールが仮名著作において構想した「逆説のキリスト論」を十分な釈義的・
体系的な検証なしに「今初めて明らかとなり著しく露わとなったシュライ
エルマッハーとの対決[154]」のために継受した。確かにバルトは「キェルケゴ
ールを経てルターとカルヴァンへ、さらにパウロとエレミヤへ[155]」と自己の
神学的な系図を創作しているけれども、「逆説のキリスト論」を巡ってキ
ェルケゴールとバルトは同じ思想史的な立場から出発しているのではない。
即ちキェルケゴールの「逆説のキリスト論」がまずはヘーゲルの思弁的な
哲学体系についての批判へと方向付けられているのに対して、バルトはキ
ェルケゴールの「逆説のキリスト論」の内包する否定的な弁証法を人間中
心的な主観主義によって潤色されたシュライエルマッハーの神学との対決
のために援用したのである。

　「逆説のキリスト論」を巡ってキェルケゴールとバルトの相違を要約す
るならば、永遠性と時間性の弁証法を基調とした「逆説のキリスト論」が、
キェルケゴールにおいては人間と等しくなる神との「同時性」をもって神
の啓示の出来事に相応しい人間の主体性の徹底的な転換を問題とするのに
対して、バルトにおいてはキリスト教神学の始まりとしての啓示の出来事
における神の主体性を開示することに集中するのである。「確かにバルト
は、キェルケゴールによって鼓舞され触発されているが、また非総合的な
ものの要素に関して彼と合致しているが、それでもやはりキェルケゴー
ル的なタイプの逆説弁証法の一つの独創的なまた恣意的な実例として読

153　『ロマ書』第二版の「序文」（Karl Barth: Der Römerbrief. II. S.VII）の中で論
　　及された「(a) プラトン＝カント（新カント主義ハインリッヒ・バルトの類
　　型）——(b) キェルケゴール、の順序付けは偶然には思えない。何故ならそ
　　れは弁証法の構想への新カント主義の影響の優位を暗示しているからである」
　　（Michael Beintker: Die Dialektik in der „dialektischen Theologie" Karl Barths. S.231）。

154　Karl Barth: *Karl Barth – Rudolf Bultmann. Briefwechsel.* S.308.

155　Karl Barth: Das Wort Gottes als Aufgabe der Theologie. In: *Anfänge der
　　dialektischen Theologie* 1. S.205.

64 第Ⅰ部 「逆説から歴史へ」

まれなければならない」（バイントカー）[156]。総括的な比較研究において実証
されるキェルケゴールとバルトの思想的な相応性や親近性にもかかわらず、
「逆説のキリスト論」を巡ってバルトはキェルケゴールと異なった思想史
的な立場に位置していたと言えよう[157]。バルトの出会った（前期）キェルケ
ゴールは、実はバルトの間近には立っていなかったのである。

　それゆえにここで、キェルケゴールへの関係を回顧しつつ初期著作『ロ
マ書』第二版は第一次世界大戦直後の、いわゆる「キェルケゴール＝ルネ
ッサンス」への「参与の雄弁な記録[158]」であると断言したバルトの自伝的な
評価は実際に正当であっただろうかと改めて問わなければならない[159]。バ
ルト自身が回想するように、確かにキェルケゴールの「学校」に入学し
早々に「卒業」していった[160] としても、はたして「その学校の最高学年」
で十分に学んでいたのであろうか。むしろ「キェルケゴール受容におけ
る神学的なあるいは社会批判的な弁証法への初期バルトの近さ」は、「キ
ェルケゴールの弁証法的な思惟規定や経験規定についての即事的な精査作
業（sachliches Durcharbeiten）」よりも、単に「自然発生的な親近感（spontanes
Verwandtschaftsgefühl）」（ドイザー）[161] に由来したものとして特徴付けられよう。
はたして初期バルトは、その積極的・好意的なキェルケゴール受容態度に

156　Michael Beintker: A.a.O. S.84.

157　それゆえにザウターは、神学的・哲学的な思想背景や内容の相違を巡って
　　「安易に弁証法神学をセーレン・キェルケゴールの弁証法の再現（Reprise）と
　　して理解すること」を厳禁している（Gerhard Sauter: Die „Dialektische Theologie"
　　und das Problem der Dialektik in der Theologie. In: Erwartung und Erfahrung. S.126）。
　　auch Hermann Deuser: *Dialektische Theologie*. S.21.

158　Karl Barth: Dank und Reverenz. S.340.

159　しかしまた逆に、「……──『ロマ書』においても決して──正真のキ
　　ェルケゴールの親友（Freud）ではなく、ましてやキェルケゴールの熱狂者
　　（Enthusiast）ではなかった」（Karl Barth: Briefe 1961-68. S.440）という、バルト
　　がそれまでのキェルケゴールとの関係について回想して語った1967年11月
　　1日付けのルムシャイト宛ての手紙の一節も、晩年のバルトのキェルケゴー
　　ル理解として解釈されるべきであろう。

160　Cf. Karl Barth: Kierkegaard und die Theologen. S.7ff.

161　Hermann Deuser: A.a.O. S.250.

もかかわらず、バルト自身が思う程にはキェルケゴールの近くに立っていなかったのである。[162]

（2）後期バルト神学におけるキェルケゴール「誤解」

　後期著作活動においてキェルケゴールは、それまでの「逆説のキリスト論」にイエス・キリストにおける神の啓示の歴史性を付加することによって苦難のキリスト像を構想した。そして『教会教義学』Ⅳ「和解論（キリスト論）」においてバルトは、キェルケゴールの「逆説のキリスト論」の影響のもとにあった初期のキリスト論的な思惟から決別しつつ、新しいキリスト論を構想した。何故ならキェルケゴールとの決別の際に決定的な動機となった「弁証法神学」から「教義学的な神学」への転換においてバルトが——それまでキェルケゴールの「逆説のキリスト論」がシュライエルマッハーの人間中心主義的な神学との対決のために援用されていたにもかかわらず——かえってキェルケゴールの中に「神学の人間学化（Anthropologisierung der Theologie）[163]」の危険性を見出していたからである。後期の主著『教会教義学』の構想のための新しい根本原理の確立[164]の背後にはバルトの（初期）キェルケゴール批判が絶えず蟠っていた。それゆえにそれまでの神学思想を自己修正する道程の中でバルトは、同じ軌道を辿るキェルケゴールのキリスト論的な思惟の変貌について考慮することができなかったのである。そして前期著作活動において構想された「逆説のキリスト論」を修正したキェルケゴール後期著作活動におけるキリスト論的な思惟を十分に斟酌することのないところで、キェルケゴールはバルトにとっての適切な神学へ向かうための「必要な通路（notwendiger Durchgang）」

162　「新カント主義の言辞のほとんど寡黙な援用とキェルケゴールの頻繁に登場する引用のゆえに、『ロマ書』第二版の講読の際にキェルケゴールの著作がバルトの弁証法の本来的なまた真正な背景を形成しているかのような外見の錯覚に陥り易い」（Michael Beintker: A.a.O. S.233）。

163　Karl Barth: *Kirchliche Dogmatik* I/1. S.19.

164　八谷俊久、前掲書347頁を参照。

第Ⅰ部 「逆説から歴史へ」

66

（ブリンクシュミット[165]）と見做されることととなった。

　そこで従来の研究史とは異なった仕方でキェルケゴールとバルトの、
——両者の異なった時代背景や思想内容、表現方法[166]にもかかわらず——、

165　Egon Brinkschmidt: *Sören Kierkegaard und Karl Barth*. S.138 und 144. 八谷俊
　久、前掲書 104 頁を参照。
　　「キリスト論の中にある神学的な諸要素の展開においてキェルケゴールとは
　異なった課題をバルトが見付けたという点において、バルトはキェルケゴー
　ルと決別した」（Egon Brinkschmidt: A.a.O. S.159. auch S.139）。以上のブリンクシ
　ュミットの考察は、バルトのキェルケゴール受容の視点から見るならば、確
　かに妥当であろう。けれどもキェルケゴール研究の側から見るならば、承服
　し難いであろう。何故ならブリンクシュミットは——キェルケゴールとバル
　トの思想の比較研究を遂行しているにもかかわらず——バルトのキェルケゴー
　ル誤解について考慮していないからである。従ってブリンクシュミットの
　考察が前期キェルケゴール（あるいはより正確にはその仮名著者ヨハネス・ク
　リマクス）の「逆説」概念に一面的に注目し、逆にキェルケゴールにおける
　キリスト論の中にある神学的な諸要素の展開を全く看過したところに、その
　方法論的な誤りが指摘されよう。「カール・バルトが——再出発の経過におい
　て——キリストの歴史を人間の歴史のための実際の基盤として強調するとこ
　ろで、彼（＝バルト）はキェルケゴールとは異なった新しい言明へと進んだ」
　（a.a.O. S.136f.）。しかしながら同様にキェルケゴールも、「逆説」概念をもっ
　て捨象したキリストにおける神の啓示の歴史性を回復するための再出発を経
　験することとなったのである（本書の 28 頁以下を参照）。そしてかかる再出発
　の経過において——バルトと共通した課題を負った——後期著作活動におけ
　るキェルケゴールのキリスト論的な思惟が構想された。ブリンクシュミット
　はキェルケゴールとバルトの関係を規定するための解釈学的な基準を専らバ
　ルトの（二重に誤解された）キェルケゴール理解に見出したのであり、その限
　りでキェルケゴールとバルトの思想を巡ってのブリンクシュミットの比較研
　究は「キェルケゴールへの彼（＝バルト）の関係」（a.a.O. S.164）についての
　解明作業であり、さらにドイザーの言葉を借りて別言するならば「キェルケ
　ゴールを回顧したバルトの評価」（Hermann Deuser: Ibid.）に過ぎないであろう。

166　キリスト論的な思惟の刷新と活性化と関連して、教義学的な教説の形成
　のための動機付けを巡っての、キェルケゴールとバルトの顕著な相異が洞見
　される。即ち 19 世紀デンマークの文壇の寵児であったキェルケゴールが教義
　学的な諸問題に向けての学問的な貢献に対しては何の関心も向けなかったの
　に対して、キリスト教神学者のバルトは伝統的な教義学におけるキリスト論
　の教説の形成についての議論にも大きな紙幅を割いて尽力している（八谷俊
　久、前掲書 237 頁を参照）。

第 2 章　キェルケゴールとバルト　　67

それぞれの後期思想に共通したキリスト論の課題について究明することが
要請されている。キェルケゴールにおいて「模範」と「和解者」としての
苦難のキリスト像はキリスト論的な思惟の中心に位置している。それまで
の「逆説のキリスト論」と決別する途上においてキェルケゴールは、キリ
スト教信仰の刷新と活性化のために「模範」と「和解者」としての苦難の
キリストの歴史について図像的な「物語」の中で語るという課題を見出し
た。そしてバルトの後期の主著『教会教義学』において――すでにブリン
クシュミットが『教会教義学』におけるバルトの言明についての解釈学的
な比較研究をもって指摘したように――[167]キェルケゴールはもはや何の重
要な役割を負っていないとしても、またそこでバルト自身が初期著作にお
けるキェルケゴール受容に対して否定的な評価を絶えず下しているとして
も、バルトの「和解論（キリスト論）」の中にキェルケゴールの後期著作活
動において提唱された苦難のキリスト像における「模範」と「和解者」と
してのキリスト論が広範に展開される可能性を洞見することができよう。
バルトの知らずに通り過ぎた（後期）キェルケゴールは、もとよりバルト
と隣り合わせの間近に立っていたのである。

　晩年のバルトは、すでに「キェルケゴールを越えていった」という否定
的・消極的な応答にもかかわらず、バルト自身が思う程にはキェルケゴー
ルから遠くに立ってはいなかった。キェルケゴールの「学校」を卒業して
いったという自己認識に反して、実はバルトはボンヘッファーを教師にし
て「その学校の最高学年」で密かに学び続けていたのである。[168]

167　「（バルトの『教会教義学』において）彼（＝キェルケゴール）との本来的な
　　　議論は存在しない。キェルケゴールが『教会教義学』において引用される（30
　　　余りの）箇所は、実際にキェルケゴールとバルトの関係規定に寄与していな
　　　い」（Egon Brinkschmidt: A.a.O. S.158）。
168　八谷俊久、前掲書 256 頁注 331 を参照。

結　論

（1）バルトはキェルケゴールに対して二重の誤解した関係のもとにあった。即ちバルト神学全体において、(1) 新カント主義的に方向付けられた根源哲学の「啓示」概念の視点から前期キェルケゴールの「逆説のキリスト論」の再解釈を遂行し、また (2) キェルケゴールの「逆説のキリスト論」との自覚的な決別の後にボンヘッファーの「まねびの神学」を通して新しく習得したキリスト論的な思惟が後期キェルケゴールのキリスト論と近接していたことを看過したという、バルトのキェルケゴール理解における二重の「誤解」が洞見された。そしてかかるキェルケゴールに対する二重の誤解した関係は、同時にバルト神学を形成する 2 つの要素、即ち (1) 初期バルト神学を底通する新カント主義の影響の優位と (2) バルトの『教会教義学』Ⅳ「和解論」における新しいキリスト論的な思惟の構想のための神学的な動機と連動していた。

以上のように、キェルケゴール理解における二重の「誤解」をもって、バルトは「弁証法神学」から「教義学的な神学」へと転換しつつ、キリスト教教義を躍動的で斬新に再解釈したのである。それゆえにバルトのキェルケゴール誤解から、さらにキェルケゴールとバルトのキリスト論的な思惟の今日的な展開の可能性を導き出すことができよう。加えてバルトのキェルケゴール理解における二重の誤解は史的イエスへの新しい問いを巡っての一つの教義学的な視点を提供しつつ、キリスト教神学におけるキリスト論の問題のための出発点を設定することとなるであろう。

（2）神学的な作業工程は、キリスト教真理を一般的・普遍的に妥当するかのような仕方で教義学的な教説をもって固定化することと関わるのではない。かえってキリスト教神学は──永遠に無謬かつ不磨の「神の神学（theologia Dei）」と全く異なって──「旅人の神学（theologia viatorum）」として不断の自己批判的な修正作業に従事するのである。

第2章　キェルケゴールとバルト　　　　　　　　　　　　　　　　　　　　　69

　ところでプロテスタント正統主義による「原型的な神学（theologia arcetupoj）」と「派生的な神学（theologia ektupoj）」の2つの神学の形態の区分は、「神の神学」と「人間の神学」の絶対的な差異を含意している[169]。けれども同時に「人間の神学」が「旅人の神学」として謙虚で真摯な自己抑制をもって神の真理を目指す限りにおいて、2つの神学の形態の間には類比的な関係付けが見出されることであろう。それゆえにキリスト教神学は、決まって「旅人の神学」として「弁証法神学」である。そしてキリスト教信仰の刷新と活性化のために神学は絶えず途上にあるのでなければならないことを、キェルケゴールとバルトはキリスト論的な思惟の展開の中で見事に証示していた[170]。

169　八谷俊久、前掲書108頁を参照。

170　最晩年にバルトはさらに一つの神学的な転換を敢行する（八谷俊久、前掲書321頁以下を参照）。

第Ⅱ部　もう一つの「逆説から歴史へ」

ブルトマンとブルトマン学派における史的イエスの問題

第Ⅱ部　もう一つの「逆説から歴史へ」

第 3 章　ブルトマンの「宣教的な神学」における 「逆説のキリスト論」の構造と限界

序　論

　（1）ブルトマンにおいてイエス・キリストにおける神の啓示の出来事は、「歴史の中の彼岸的な神の臨在の逆説性（Paradoxie）[1]」あるいは「彼岸的な神の行為との内世界的な出来事の逆説的な一致[2]」として、いわゆる「逆説のキリスト論」をもって理解されている。

　　「『彼は自らを空しくした』（ピリ 2,7）において、……また最終的には 『言葉は肉体となった』（ヨハ 1,14）において定型化されたものは逆説 性である[3]」。
あるいは
　　「この（＝神の啓示についての）言明の逆説性は、『言葉は肉体となった』 というヨハネ（福音書）の一節において最も鮮明に表現されている[4]」。

　ここでブルトマンの「啓示」理解は——初期バルト神学と共通して[5]

1　　Rudolf Bultmann: Neues Testament und Mythologie. In: *Kerygma und Mythos* 1. S.53.
2　　Rudolf Bultmann: Zum Problem der Entmythologisierung. In: *Glauben und Verstehen* 4. S.136.
3　　Rudolf Bultmann: Neues Testament und Mythologie. S.52.
4　　Rudolf Bultmann: Zum Problem der Entmythologisierung. S.136.
5　　なお初期バルト神学における「逆説のキリスト論」の意義や限界については、本書の 22 頁を参照。

第3章　ブルトマンの「宣教的な神学」における「逆説のキリスト論」の構造と限界　　73

——（アンティオケ学派の「下から」のキリスト論に対する）アレキサンドリア学派の「上から」のキリスト論を基調とした「逆説のキリスト論」をもって構想されていると言えよう。すでにブルトマンの目には、文化プロテスタント主義を標榜した19世紀の「自由主義神学」は近代西欧キリスト教社会が神の墓標の上に築いたバベルの塔のように見え、「逆説のキリスト論」はその夢魔の亡霊を葬送するために、新しい神学運動の若き旗手たちの交わした弔いの符牒となった。はたして「逆説のキリスト論」を旗印にして、バルトと共にブルトマンも19世紀の「自由主義神学」に立ち向かう新しい神学運動の若き旗手の一人であった[6]。

　　「神学の対象は神である。そして自由主義神学に対する批判は、それが神についてではなくて、人間について取り扱ったことである。神は人間の徹底的な否定（Verneinung）と破棄（Aufhebung）を意味する。神学は、その対象は神であり、十字架の言葉（Logos tou Staurou）をその内容とする。しかしそれは人間にとって一つの躓き（Skandalon）である。従って自由主義神学に対する批判は、それがこの躓きを除外したり弱体化したりしたことである」[7]。

――――――――――――――――

6　「神は人間の全体的な破棄（Aufhebung）や否定（Verneinung）、疑問視（Infragestellung）、人間にとっての審判（Gericht）を意味する」（Rudolf Bultmann: Die Bedeutung der „dialektische Theologie" für die neutestamentliche Wissenschaft. In: Glauben und Verstehen 1. S.118）と、ブルトマンの神認識の中には、（初期）バルトと同奏の基調をもって「危機＝モチーフ」の衝撃音が繰り返し轟いている。
　　なお第一次世界大戦の直後にドイツ語圏のプロテスタント神学界において台頭した新しい神学運動である、いわゆる弁証法神学の内容と意義については、以下の拙論を参照。八谷俊久、『逆説から歴史へ――バルトにおけるキリスト論的な思惟の変貌』22頁以下。そこでは当時のバルトの盟友であったブルトマンやブルンナー、ゴガルテン、トゥルナイゼンの神学思想が取り上げられている。

7　Rudolf Bultmann: Die liberale Theologie und die jüngste theologische Bewegung. In: *Glauben und Verstehen* 1. S.2.

第Ⅱ部　もう一つの「逆説から歴史へ」

「逆説のキリスト論」をもって構想された「啓示」理解において、19 世紀の「自由主義神学」の人間中心主義への傾斜に対峙するブルトマンの旗幟は鮮明であった。

（2）けれどもまた同時に「逆説のキリスト論」を巡って、ブルトマンとバルトの神学思想の隔たりもすでに劈頭から顕著であった。まずバルトが人間の神認識に存在論的に先行した、従ってそれから絶対的に自由で何事にも依存的ではない神の啓示の出来事に徹底的に集中した[8]のに対して、如何にして神の啓示の出来事を信仰者は理解し得るのか（あるいは理解し得ないのか）という解釈学的な問題にブルトマンは一貫して関心を向けている[9]。

> 「神学において正当に語られ得る逆説性は、把握されない不合理的な思想や非理性的な言明の中にあるのではなくて、一つの出来事の中に、即ちキリストにおいて罪過を赦す神の行為の中にある。……しかし神が本当に赦したことはもちろん識別されずに、ただ信じられるだけである。従って信仰（Glaube）が、その言葉を最も良く『理解する（versteh(en)）』のである」[10]。

8　それゆえにバルトの『ロマ書』Ⅱについての書評の中でブルトマンは、バルトの「逆説」理解が一面的に「極端（überspannt）」（Rudolf Bultmann: Karl Barths >Römerbrief< in zweiter Auflage (1922). In: Anfänge der dialektischen Theologie 1. S.131）であると批判している。さらにこれよりバルト神学は、イエス・キリストにおける神の啓示の出来事を巡って、「逆説のキリスト論」を標榜する「弁証法神学」から「類比法」を基盤とする「教義学的な神学」へと転換していく。なおバルト神学におけるキリスト論的な思惟の変貌の軌跡については、八谷俊久、前掲書 104 頁以下を参照。加えてブルトマンとバルトの神学的な対立の構図については、本章の注 29 を参照。

9　なおブルトマンの、彼自身の「弁証法神学」についての性格付けについては、本章の注 30 を参照。

10　Rudolf Bultmann: Zur Frage der Christologie. In: *Glauben und Verstehen* 1. S.91f.

第3章　ブルトマンの「宣教的な神学」における「逆説のキリスト論」の構造と限界　　75

　如何にして神の啓示の出来事を信仰者は理解し得るのか（あるいは理解
し得ないのか）という、神の啓示の逆説性を巡っての、新約聖書について
の理解の解釈学的な問題が、ブルトマン神学の主題であった。「まさにこ
の神の啓示の逆説性を、ブルトマンは新約聖書の非神話化をもって表現し
ようと願った」（ツァールント[11]）のである。

　（3）もとよりブルトマンにとって、神の啓示の出来事を巡って構想され
た「逆説のキリスト論」は19世紀と20世紀のキリスト教神学を隔てる分
水嶺であり、さらにはバルト神学との連帯と相克をもたらす本源でもあっ
た。そこで以下の論考においては——特に（1）パウロ＝宗教改革的な信
仰義認論、（2）（共観）福音書についての様式史研究、（3）新約聖書の実存
論的な解釈（いわゆる「非神話化」のプログラム）の構想、（4）弁証法神学の、
ブルトマン神学における4つの主導的な業績と成果を斟酌しつつ——「キ
ェルケゴールの神学的な作業を実り豊かなものとする」[12]ことを意図したブ
ルトマンの「宣教的な神学（kerygmatische Theologie）」にとっての「逆説の
キリスト論」の意義とその限界を究明したい。

11　Heinz Zahrnt: *Die Sache mit Gott*. S.226.

12　Rudolf Bultmann: A.a.O. S.85.
　　シュミットハルスが掲載している1926年8月24日付けのフォン・ゾーデ
　ンに宛てたブルトマンの手紙は、ブルトマンのキェルケゴール理解を究明す
　るための極めて貴重な資料である。「ハイデガーと共に私（＝ブルトマン）は、
　キェルケゴールの哲学的断片を読んだ。この本が神学的な2～3世代におい
　て実り豊かなものとならなかったことは驚きである。それはあたかも今日に
　書かれたように思える」（Walter Schmithals: 75 Jahre: Bultmanns Jesus-Buch. In:
　Zeitschrift für Theologie und Kirche 98. S.35. Anm.36）。
　　なおブルトマン神学へのキェルケゴールの『哲学的断片』（1844年）の影響
　については、本章の注106頁を参照。さらに八谷俊久、前掲書129頁以下を
　参照。

1. 聖書の宣教（ケリグマ）との出会い
ブルトマンの「宣教的な神学」の基本構造

（1）歴史との対話としての出会い──ブルトマンの「歴史」理解

　まず初期の著作である『イエス』（1926 年）の「序論」を中から、ブルトマン神学全体の方法論的な方向付けについて略述したい。ブルトマンによれば、歴史についての現実的な観察は観察する者（主体）を客観的・普遍的に妥当するかのような真理判断の獲得へと動機付けるのではなくて、まずは「歴史との最も人格的な出会い[13]」へと善導する。

　　　「しかし歴史の問いは無時間的な知識の拡大ではなくて、それ自体は
　　　時間的な出来事である歴史との出会い（Begegnung mit der Geschichte）へ
　　　と導く。それが歴史との対話（Dialog mit der Geschichte）である[14]」。

　ここでブルトマンは、歴史観察における「歴史との出会い」の主体的・対話的な性格を強調している。何故なら「歴史との出会い」は、まずもって観察の対象との真摯な対話から生じるからである。歴史研究や自然科学研究がもたらす全ての成果は、ただ単に「相対的な妥当性（relative Geltung）[15]」に基づく真理の蓋然性を提示するに過ぎない。歴史を巡っての、いわゆる客観的・中立的な観察の成果は、その主体的・対話的な性格を捨象してしまう結末となるであろう。ブルトマンの言明をもって要約するな

13　Rudolf Bultmann: *Jesus*. S.9.
　　　ここでブルトマンはさらに「歴史との私の出会い」（ibid.）と換言して、歴史との「出会い」における「私のため（für mich = pro me）」の人格的・実存的な性格を強調している。

14　A.a.O. S.12.

15　Rudolf Bultmann: Die liberale Theologie und die jüngste theologische Bewegung.
　　S.3.
　　　auch Rudolf Bultmann: *Jesus*. S.8.

第3章　ブルトマンの「宣教的な神学」における「逆説のキリスト論」の構造と限界　　77

らば、「観察される対象から中立的に観察するように距離を置くことは不可能である」[16]。もちろんそれは、ブルトマンの歴史理解が歴史についての恣意的・偏向的な解釈を安直に許容することを意味するものではない。かえってそれは、「歴史の『最も主体的な解釈（die „subjektivste" Interpretation）』が『最も客観的（die „objektivste"）（な解釈）である』[17]ことの証左である。

それゆえに歴史との対話的な出会いにおいて、まずは対話の主体である自己実存のあり方、即ち「出会いのための私の人格の実存的な開放性（existentielle(-) Offenheit）」[18]が徹底的に問われることとなる。

　　「……この対話は観察者の主体性の機知に富んだ戯れではなくて、そ
　　こで歴史記者がその主体性を問いまた権威としての歴史に聞くこと
　　に備えているところの、一つの歴史の現実的な問いかけ（ein wirkliches
　　Befragen der Geschichte）である」[19]。

かくして歴史観察が善導する歴史との対話的な出会いは、客観的・普遍的に妥当するかのような真理判断とは全く異質な自己理解における新しい実存可能性を人間主体にもたらすこととなる。

（2）神との出会いにおける人間の実存可能性

　（1）かかる歴史観察の方法論的な方向付けが、さらにキリスト教的な神認識を巡って神学的に展開される。ブルトマンによれば、神についての人

16　　Rudolf Bultmann: Zum Problem der Entmythologisierung. S.129.

17　　Rudolf Bultmann: Wissenschaft und Existenz. In: *Glauben und Verstehen* 3. S.115.
　　ähnlich Rudolf Bultmann: Antwort an Erst Käsemann. In: *Glauben und Verstehen*
　　4. S.193.
　　auch Rudolf Bultmann: Das Problem der Hermeneutik. In: *Glauben und Verstehen*
　　2. S.229f.

18　　Rudolf Bultmann: Zum Problem der Entmythologisierung. In: *Kerygma und
　　Mythos* II. S.190.

19　　Rudolf Bultmann: *Jesus*. S.7.

間の語りは客観的・普遍的に妥当するかのような真理判断の獲得へと向かうものではなくて、神との出会いのもとにある人間の実存状況についての語りとなる。即ち「神についての問いと私自身についての問いは同一である」[20]。何故なら人間の具体的な実存状況に関する洞察なしには、キリスト教神学は神について語り得ないからである。

　そしてここに、キリスト教信仰における神学と人間学との学際的な相互関係が鮮明に規定されることとなる。

　　　「私たちは人間について語ることによって、神について語ることができる」[21]。

あるいは

　　　「神学の対象は……神である。そして信仰から神学が人間について、如何に人間は神の前に置かれているのかを語ることによって、神について語る」[22]。
　　　「神学は、神によって規定されたものとしての自己実存についての学的な自己省察（wissenschaftliche Selbstbesinnung über die eigene Existenz als durch Gott bestimmte）に他ならない」[23]。

───────────────

20　Rudolf Bultmann: Jesus Christus und die Mythologie. In: *Glauben und Verstehen* 4. S.168.
　　なおここでは、人間の自己理解の最高の形式を「想起（Erindring＝Erinnerung）」によって永遠の真理が人間実存を関わることを提示したソクラテスの内面的な真理探究の中に見出したキェルケゴールの真理概念（本章の注28を参照）がまず念頭に置かれていると思われる。即ちキェルケゴールの仮名著作『哲学的断片』によれば、ソクラテス＝プラトン的な「想起論」においては「人間自身が中心であり、……何故ならその（＝人間の）自己認識が神認識だからである」（SV1 4. S.181）。本書の22頁以下を参照。

21　Rudolf Bultmann: Welchen Sinn hat es, von Gott zu reden? In: *Glauben und Verstehen* 1. S.33.

22　Rudolf Bultmann: Die liberale Theologie und die jüngste theologische Bewegung. S.25.

23　Rudolf Bultmann: Zur Frage der Christologie. S.88.

第3章　ブルトマンの「宣教的な神学」における「逆説のキリスト論」の構造と限界　　79

　ブルトマンにとっては、神によって規定された人間実存を概念的に表現することが神学の主要課題である。それゆえにブルトマンの神学的な関心は――バルト神学が人間の神認識に存在論的に先行する啓示における神の根源的な行為それ自体に徹底的に集中するのとは異なって[24]――専ら神との出会いの下にある人間の実存可能性についての理解へと向かうのである。

　　「……私たちの実存の如何に（Wie）として、即ち瞬間ごとに私に新しく出会うものとして神について語られ得る[25]」。

　ここで人間の現実的・具体的な自己理解が、現実的・具体的な神理解のための適切な理解の地平を構築するものとなる。そして人間存在の実存状況についての問いは、神の啓示の出来事に対して認識論的に先行する人間の自己理解、即ち神の啓示に向けての人間の内にある、いわば「結合点（Anknüpfungspunkt）」を形成するところの解釈学的な「前理解（Vorverständnis）[26]」として位置付けられよう。そこでブルトマンによれば、神の啓示の出来事についての「理解の前提は事柄の前理解である[27]」と言われる。

　かかる人間論的に方向付けられたブルトマンの神学的な思惟は、キリスト教神学の人間学への思弁的な解消や両者の断絶的な分離を意図するのではなくて、まずはキェルケゴールの前期仮名著作『後書』（1846年）を底通した主要概念である「主体性＝真理」概念[28]をさらに展開したものであ

24　本書の 112 頁を参照。

25　Rudolf Bultmann: *Theologische Enzyklopäde*. S.63.

26　Rudolf Bultmann: Die Bedeutung der „dialektischen Theologie" für die neutestamentliche Wissenschaft. S.128.

27　Rudolf Bultmann: Das Problem der Hermeneutik. S.231.

28　「客観的には『何（Hvad ＝ Was）』が語られるかが強調され、主体的には『如何に（Hvorledes ＝ Wie）』語られるかが強調される。……客観的にはただ思惟の諸規定についてだけ問われる。主体的には内面性について問われる。その極限においてこの『如何に』は無限性の情熱であり、また無限性の情熱は真

第Ⅱ部　もう一つの「逆説から歴史へ」

ったと言えよう。そして神との出会いを通して解明された人間の自己理解
を予めハイデガーの基礎存在論的な実存分析の援用をもって概念的に叙述
する[29]ことが、ブルトマン神学における新約聖書解釈のための解釈学的な
手法となる。

（2）ところでブルトマンによれば、神との出会いによって規定された人
間実存の根本構造は客観的・普遍的に妥当するものとして固定化されるの
ではなくて、ただ「弁証法的なもの」あるいは「歴史的なもの」として描

　理そのものである。しかし無限性の情熱がまさしく主体性であって、従って
　主体性は真理である」（SV17. S.169）。
　　なおキルケゴールの「主体性＝真理」概念については、八谷俊久「キェ
　ルケゴールにおける『真理』概念の構想──新しいキリスト教社会倫理学の
　基礎付けのために」『新キェルケゴール研究（第9号）』102頁以下を参照。
29　Cf. Rudolf Bultmann: Neues Testament und Mythologie. S.35.
　　1928年6月8日付けのバルト宛ての手紙の中で、ブルトマンはバルトの
　『キリスト教教義学』（1927年）を「弁証法神学」における「真の教義学的な
　作業の始まり」として歓迎しながらも、それが「神の言葉」の教義学の構築
　のために「最新の哲学との（密かなしかし徹底した）議論を拒否しまた教父
　やスコラ学の教義学から古い存在論を単純に継受した」（Rudolf Bultmann: Karl
　Barth – Rudolf Bultmann. Briefwechsel. S.80）ことを非難し、加えてバルトが「最
　新の哲学、殊に現象学を平然と軽視する」（ibid.）ことによって、かえって
　「以前の哲学」（A.a.O. S.81）の捕囚となる陥穽を指弾している。ブルトマンに
　よれば「信仰は信仰者、即ち実存する人間の信仰である……から、教義学も
　ただ実存存在論的（existentialontologisch(-)）な諸概念においてのみ語ることが
　できる。けれどもこれら（＝実存存在論的な諸概念）は、（根源的な存在理解
　（Daseinsverständnis）から生じて）哲学によって解明される」（ibid.）。それゆえ
　に教義学は「適切な概念性について問う」（ibid.）ために、「批判的（存在論的）
　な研究である哲学から学ばなければならない」（ibid.）。
　　ところでブルトマンにおいて「神学」と「哲学」の学際的な関係は、「それ
　（＝神学）は神学の下婢（ancilla theologiae）として哲学を援用する」（ibid.）と
　規定されている。そしてここで、ブルトマン神学にとっての「最新の哲学」
　である「現象学」が当時のマールブルクでの同僚であった（前期）ハイデガー
　による基礎存在論的な実存分析を示唆しているのは自明のことであろう。な
　おマールブルクにおけるブルトマンとハイデガーの交流については、本章の注
　12を参照。さらにバルトの側からのブルトマン批判については、八谷俊久
　『逆説から歴史へ』129頁以下を参照。

第3章　ブルトマンの「宣教的な神学」における「逆説のキリスト論」の構造と限界　　81

述されることができるだけである[30]。別言するならば、ここで人間存在は「本来的（eigentlich）」にあるいは「非本来的（uneigentlich）」に実存するのかの、弁証法的な未決の状況の下にあることとなる[31]。そしてかかる人間存在の（非）本来性の実存状況についての問いは、まずは神の啓示の出来事に対して認識論的に先行する人間の自己理解、即ち神の啓示に向けての人間の内にある、解釈学的な「前理解」によって形成されるところの「結合点」として機能するものであった。

　しかもブルトマンにとって新約聖書において言明された人間実存についての「前理解」は、神に対して「齟齬」の状況の中にある人間としての自己理解、要約するならば「罪人」としての自己理解を開示することであった。それゆえにブルトマン神学において、キリスト教的な人間実存についての「前理解」は、専ら「否定的な結合機能（negative Anknüpfungsfunktion）」（フィッシャー[32]）を内包するものとなる。

　　「自己自身であろうと欲しまた自己自身を失った人間を揺り動かすところの、本来性についての問いは、神の言葉にとっての結合点である。……神に対する人間の齟齬（Widerspruch des Menschen gegen Gott）は、彼（＝人間）に対する神の齟齬にとっての結合点である。人間の罪過は、恩恵についての齟齬の言葉にとっての結合点である[33]」。

　人間の最も深刻な現実性である「罪」についての深刻な反省から出発し

30　Cf. Rudolf Bultmann: Die Bedeutung der „dialektischen Theologie" für die neutestamentliche Wissenschaft. S.118.
　　ここでブルトマンは、彼自身の「弁証法神学」を「人間存在の歴史性への洞察（Einsicht in die Geschichtlichkeit des menschlichen Seins）」（ibid.）として性格付けている。

31　Cf. Rudolf Bultmann: Zum Problem der Entmythologisierung. In: *Glauben und Verstehen* 4. S.130.

32　Hermann Fischer: *Systematische Theologie*. S.126.

33　Rudolf Bultmann: Anknüpfung und Widerspruch. In: *Glauben und Verstehen* 2. S.120.

第Ⅱ部　もう一つの「逆説から歴史へ」

た、神に対して「齟齬」の中にある人間（罪人）としての弁証法的な自己理解が、神の啓示に向けての人間の「結合点」である。かかる人間実存についての解釈学的な「前理解」をもって、ブルトマンは神の啓示の認識論的な前提としてキェルケゴールの『後書』における第二の真理概念である「主体性＝非真理」概念[34]を援用していると思われる[35]。

　そして予めハイデガーの基礎存在論的な実存分析の援用をもって概念的に叙述された人間の（罪人）としての自己理解へ向かって、聖書の宣教（ケリグマ）が語りかける。人間実存についての解釈学的な理解の問いに向けて、「聖書文書は……もはや人間の自己の可能性の中には存在しない答えを賦与する」（シュトゥールマッハー）[36]のである。

(3) 聖書の宣教（ケリグマ）において自らを啓示する神

　続いてブルトマンの「宣教的な神学」における「啓示」理解について論及したい。神との人間の出会いは罪過の中にある人間（罪人）の側からではなくて、ただ神の恩恵の行為として実現する。ここで人間（罪人）が出会うところの神は、神の側から人間（罪人）へと向かっていき歴史において人間と出会う神である[37]。そして人間実存と関わる神の恩恵の行為がイエス・キリストにおける神の啓示の出来事に他ならない。即ちブルトマンによれば、神の啓示は客観的・普遍的に妥当するかのような真理概

34　「そこで個人の非真理を罪と呼ぼう」（SV1 7. S.174. cf. SV1 4. S.84）。
　　なおキェルケゴールの「主体性＝非真理」概念については、八谷俊久「キェルケゴールにおける『真理』概念の構想」109 頁以下を参照。

35　「それ（＝信仰）は、赦しの言葉として啓示を叙述することによって、啓示以前の存在が罪過のもとにあることを主張する……」（Rudolf Bultmann: Theologische Enzyklopäde. S.90）

36　Peter Stuhlmacher: *Vom Verstehen des Neuen Testaments – Eine Hermeneutik.* S.184.

37　Cf. Rudolf Bultmann: Welchen Sinn hat es, von Gott zu reden? S.36.
　　なおここでブルトマンは、マールブルグでの恩師であったヘルマンの神観を引用している。「神について私たちは、彼（＝神）が私たちに行なったことだけを語ることができる」（Wilheim Hermann: Die Wirklichkeit Gottes. S.42）。

念としてではなくて、ただ「イエス・キリストという事実（Faktum Jesus Christus）[38]」において生じるのである。別言するならば、イエス・キリストにおいて生じる出来事こそが人間の救いの行為としての神の自己啓示である[39]。それゆえに神の恩恵の行為である神の啓示の出来事は、人間にとって「全く偶発的（zufällig）に、全く偶然的（kontigent）に、全く一つの出来事[40]」として歴史の中で実現するのである。

　そしてかかる神の恩恵の行為としての、イエス・キリストにおいて自らを啓示する神が、ブルトマンによれば聖書の「宣教（Kerygma）」において啓示する神である。

　　　「啓示の出来事は、それについて言葉が単に報告をもたらしたかのような（従ってまさしく神話であるかのような）、私たちの外側で遂行される宇宙論的な事件ではない。啓示は私たちと直接的に関わり私たち自身において遂行される出来事であり、また言葉あるいはあなたにおいて宣教されるものの事実（Faktum des Verkündigtwerdens）である[41]」。

　ここでブルトマンの神学的な関心は、専ら新約聖書において終末論的な救いの出来事として宣教される神の言葉である「宣教（ケリグマ）のキリスト」へと向けられる。何故ならブルトマンによれば、「イエス・キリストはまさしく宣教（ケリグマ）においてのみ人間と出会う[42]」からである。

38　Rudolf Bultmann: Der Begriff der Offenbarung im Neuen Testament. In: *Glauben und Verstehen* 3. S.18.

39　Cf. a.a.O. S.21.

40　Rudolf Bultmann: Welchen Sinn hat es, von Gott zu reden?. S.37.

41　Rudolf Bultmann: Der Begriff der Offenbarung im Neuen Testament. S.21.

42　Rudolf Bultmann: Die Bedeutung des geschichtlichen Jesus für die Theologie des Paulus. In: *Glauben und Verstehen* 1. S.208.
　　「十字架に付けられた者であり復活者であるキリストは、宣教の言葉（Wort der Verkündung）においてのみ私たちと出会う」（Rudolf Bultmann: Neues Testament und Mythologie. S.50）。

第Ⅱ部　もう一つの「逆説から歴史へ」

それゆえにブルトマンの「宣教的な神学」における神の啓示の出来事と
聖書の宣教（ケリグマ）の関係が、以下のように要約されよう。

「……宣教（ケリグマ）についての私（＝ブルトマン）の解釈によれば、
イエスは宣教（ケリグマ）の中へと復活したのである。……それ（＝こ
の文章）は、宣教（ケリグマ）それ自体が終末論的な出来事であること
を前提とし、またイエスが宣教（ケリグマ）において真に臨在してい
ることを語る[43]」。

はたしてブルトマンにとってキリスト教信仰は、聖書の宣教（ケリグマ）
において自らを啓示する神との実存的な出会いの出来事であった。

(4)「宣教（ケリグマ）のキリスト」との出会いとしてのキリスト教信仰

「……キリスト教信仰は、人間に出会うところの超越的な神の言葉へ
の応答である[44]」。

さてスレンツカはブルトマンの「宣教的な神学」の基本構造を、(1)「イ
エスの人格（Person）の歴史的な特性への新約聖書の宣教（ケリグマ）の
還元を克服すること」と (2)「復活の宣教……あるいは決断の呼びかけ
（Entscheidungsruf）や従順の要請（Gehorsamsforderung）としての宣教（ケリグ
マ）の実現を鮮明にすること」と要約している[45]。そこで本節では、以上
のスレンツカの2つの論考を斟酌して敷衍しつつ、ブルトマンの「宣教的
な神学」の基本構造についての論考を進めたい。

43　Rudolf Bultmann: *Das Verhältnis der urchristlichen Christusbotschaft zum
　　historischen Jesus*. S.27.

44　Rudolf Bultmann: *Karl Barth – Rudolf Bultmann. Briefwechsel*. S.320.

45　Reinhard Slenczka: *Geschichtlichkeit und Personsein Jesu Christi*. S.106.

第3章　ブルトマンの「宣教的な神学」における「逆説のキリスト論」の構造と限界　　85

（1）先述のようにブルトマンの「宣教的な神学」において、「宣教（ケリ
グマ）のキリスト」についての考察は、いわゆる「史的イエス研究」から
方法論的に厳密に区別されるものであった。ブルトマンにとってキリスト
教信仰の根拠と対象は歴史研究の手法をもって再構成されるところのイ
エスの人格ではなくて、ただ「宣教（ケリグマ）のキリスト」だけである。[46]
別言するならば、キリスト教信仰は決してイエス像についての史的な関
心や成果に依存することはないのである[47]。何故なら「私たちはイエスの
生涯や人格性（Persönlichkeit）についてほとんど何も知り得ない」[48]からであ
る。ブルトマン神学において史的イエスそれ自体はキリスト教信仰にとっ
ての根拠と対象ではなくて、単にその「歴史的な諸前提（die geschichtlichen
Voraussetzungen）[49]」に過ぎない。

　かくしてここでブルトマンの「宣教的な神学」が、イエスの人格をキリ
スト教信仰の核心に据えさらにそれを多彩に色付けした19世紀の「自由
主義神学」による「イエス伝」との対決において鮮明に輪郭付けられるこ
ととなる。

　　「『メシアの自覚』や『内面性』、『英雄主義』をもって『史的イエス』
　　を再構成するために、宣教（ケリグマ）を『資料』として利用しなが
　　ら宣教（ケリグマ）の背後へと後退していってはならない。それは
　　すでに過ぎ去った肉によるキリスト（Cristoj kata sarca）であろう。史
　　的イエスではなくて、イエス・キリスト、即ち説教された者（der

46　「史的イエスの人格（Person des historischen Jesus）は信仰の対象ではなく
　　て、それ（＝信仰の対象）はむしろ宣教のキリスト（der Christus des Kerygmas）
　　であろう」（Rudolf Bultmann: Das Verhältnis der urchristlichen Christusbotschaft zum
　　historischen Jesus. S.7）。

47　「歴史学は、信仰のために基礎付け（Fundament）として奉仕できるかのよ
　　うな何らかの成果へと進むことは全くできない……」（Rudolf Bultmann: Die
　　liberale Theologie und die jüngste theologische Bewegung. S.3）。

48　Rudolf Bultmann: *Jesus*. S.10.

49　Rudolf Bultmann: *Theologie des Neuen Testaments*. S.2.

第Ⅱ部　もう一つの「逆説から歴史へ」

Gepredigte）が主（Herr）である」[50]。

あるいは

「（原始）教団はイエスの人格性の図像（Bild der Persönlichkeit Jesu）を全
く保持していない。諸福音書に内包された宣教からは、そのような図
像はただ空想をもってのみ再構成されることができるだけである」[51]。

　ブルトマンにとって史的イエス、即ち「肉によるキリスト」（Ⅱコリ 5,16
を参照）は、世界史の中の全ての他の出来事と並ぶような単なる過去の出
来事に過ぎない。「史的イエスは過去の一つの個人的な現象であって、そ
こからは現在において信仰の根拠や信仰の決断は生じない。それゆえにそ
れ（＝史的イエス）は重要ではない」（スレンツカ）[52]。ブルトマン神学におい
て「史的イエス研究」は、歴史研究をもって聖書の宣教（ケリグマ）を実
証的に正当化しようとする、キリスト教信仰にとっての不当な試みを意味
していた[53]。

　それに対して聖書の宣教（ケリグマ）において「宣教された者」あるい
は「説教された者」である「宣教（ケリグマ）のキリスト」は、人間が神
と出会うところの、いわば「終末論的な出来事」として絶えず現在化され
る。ここでブルトマン神学は、新約聖書において終末論的な救いの出来事
として宣教される神の言葉である「宣教（ケリグマ）のキリスト」へと絶
えず収斂する「宣教的な神学」である。

　（2）そしてキリストの復活の宣教（ケリグマ）においては、過去の歴史
的な出来事であるイエスの十字架の出来事[54]が神の終末論的な救いの行為

50　Rudolf Bultmann: Die Bedeutung des geschichtlichen Jesus für die Theologie des
　　Paulus. S.208.

51　Rudolf Bultmann: Die Christologie des Neuen Testaments. In: *Glauben und*
　　Verstehen 1. S.250.

52　Reinhard Slenczka: A.a.O. S.144.

53　本章の注 110 を参照。

54　Cf. Rudolf Bultmann: Neues Testament und Mythologie. S.45ff. und 47ff.

第3章 ブルトマンの「宣教的な神学」における「逆説のキリスト論」の構造と限界　　87

として把握されることとなる。ブルトマンにとっては、「宣教（ケリグマ）
におけるキリスト」についての「信仰」がイエスの十字架の終末論的な有
意義性を見出すところの「復活信仰」に他ならない。それゆえに史的・
批判的な研究ではなくて、ただ「信仰」だけが、史的イエスという「史的
な出来事（historisches Ereignis）が同時に終末論的な出来事（eschatologisches
Ereignis）でもある」ことの「逆説」を正しく「理解」しつつ、「宣教（ケ
リグマ）のキリスト」を受け入れることができるのである。

　　「私たちは史的イエスが終末論的な出来事であるという逆説を肯定す
　　るのかと、私たちは確かに問われる。私たちは、私たちに語りかける
　　宣教（ケリグマ）によって問われる。そこ（＝宣教（ケリグマ））に、史
　　的イエスはその言葉が宣教（ケリグマ）へと受け入れられたという仕
　　方において臨在する」。

　もとより「終末論的な出来事」としての「宣教（ケリグマ）のキリスト」
は客観的・普遍的に妥当するかのような真理判断ではなくて、神の前での
決定的な実存状況としての自己理解を人間に開示するところの、人間に向
けての「語りかけ（Anrede）」である。そして「語りかけ」としての「宣教

────────────

55　「……復活信仰は救いの出来事としての十字架、キリストの十字架につい
　　ての信仰に他ならない」（a.a.O. S.50）。

56　「私（＝ブルトマン）の解釈によれば、イエスは宣教（ケリグマ）へと甦
　　った。……それ（＝信仰）はイエスが宣教（ケリグマ）において現在するこ
　　とを語る。……宣教（ケリグマ）において現在するキリストを信じること
　　が、復活信仰の意味である」（Rudolf Bultmann: Das Verhältnis der urchristlichen
　　Christusbotschaft zum historischen Jesus. S.27）。

57　Rudolf Bultmann: Zum Problem der Entmythologisierung. S.136.

58　Rudolf Bultmann: Antwort an Ernst Käsemann. S.197.

59　Rudolf Bultmann: Die Christologie des Neuen Testaments. S.260 und 263.
　　「宣教は語りかけとして決断を要請する」（Rudolf Bultmann: Geschichte und
　　Eschatologie. S.181）。あるいは「信仰的な自己理解の『理念』は、決断を要
　　請する語りかけとして生起する」（Rudolf Bultmann: Antwort an Ernst Käsemann.
　　S.197）。

（ケリグマ）のキリスト」は、それを「理解」する人間を、人間存在に相応しく「本来」に実存するのかあるいは「非本来的」に実存するのか、即ち「信仰」あるいは「不信仰」かの信仰的な決断に直面させる[60]。

　ブルトマンにとってキリスト教信仰は、「宣教（ケリグマ）のキリスト」の「語りかけ」がもたらす「決断の呼びかけ」に向けての、人間の側からの人格的・実存的な応答に他ならない。

　　「語りかけとしての新しく人間の状況へと入り込む言葉を通して、彼（＝人間）は決断の前に置かれ、そしてそれによって言葉は彼にとって出来事となる」[61]。

　それゆえに人間実存の実態は、人間の内面的な自己省察や史的・批判的な学問研究からではなくて、聖書の宣教（ケリグマ）において自らを啓示する神、即ち「宣教（ケリグマ）のキリスト」との実存的な出会いの下で開示されることとなるのである。

　　「……宣教は確かにそれによって私たち自身の歴史的な実存が決定的に特徴付けられるところの、史的に確証されない、歴史的な事柄（nicht historisch feststellbare(s), aber geschichtliche(s) Faktum）として……イエスについて語る」[62]。

60　もとよりブルトマンの「信仰」理解において「理解」は「決断」を含意するものであった。「私（＝ブルトマン）は語られたことを単に伝達として受容することはできず、ただ肯定しつつあるいは否定しつつ理解するだけである。……理解は肯定あるいは否定において遂行される。……従って信仰は常に同時に選択（Entschluß）あるいは決断（Entscheidung）である」（Rudolf Bultmann: Die Bedeutung der „dialektischen Theologie" für die neutestamentliche Wissenschaft. S.127）。

61　Rudolf Bultmann: *Jesus*. S.182.

62　Rudolf Bultmann: Zur Frage der Christologie. S.107.

第3章　ブルトマンの「宣教的な神学」における「逆説のキリスト論」の構造と限界　　89

　そこでブルトマンは、新約聖書をイエス・キリストにおいて自らを啓示する神との出会いの下にある人間の特殊な実存可能性についての宣教（ケリグマ）の証言と見做している。それゆえにブルトマンは、信仰者の特殊な実存可能性についての宣教（ケリグマ）の証言である新約聖書文書の解釈の問題について絶えず腐心することとなるのである。

　そしてこれより本章の論考は、聖書の宣教（ケリグマ）を現在化するための解釈学的な方法論として、20世紀中盤のキリスト教神学界を騒然とさせたブルトマンの新約聖書の実存論的な解釈（＝「非神話化」のプログラム）へと向かうこととなる。

2.　聖書の宣教（ケリグマ）の現在化のための解釈学的な方法論の構想
新約聖書の「非神話化」のプログラム

(1)　新約聖書の実存論的な解釈──「非神話化」のプログラム

　(1)「終末論的な出来事」としてのイエス・キリストにおける神の啓示は、過去の完結した出来事ではなくて、宣教（ケリグマ）において現前する出来事である。即ち聖書の宣教（ケリグマ）は、歴史における過去の神の啓示の出来事を今ここでの神の救いの行為として不断に現在化するのである。ブルトマンの「宣教的な神学」において、「啓示の現在化についての問いは啓示の現実性を目指している」（ツァールント）[63]。そこでブルトマンは、イエス・キリストにおける神の啓示の出来事を現在化するために、歴史研究における「過去の歴史の再構築（Reproduktion einer vergangenen Historie）[64]」や「史的な想起と再構成（historische Erinnerung und Rekonstruktion）[65]」とは異な

63　Heinz Zahrnt: A.a.O. S.226.

64　　Rudolf Bultmann: *Das Verhältnis der urchristlichen Christusbotschaft zum historischen Jesus*. S.26.

65　「それゆえにイエスという歴史的な事実の現在化の真の形式は史的な想起と再構成ではなくて、宣教である」（Rudolf Bultmann: Die Eschatologie des

った、キリスト教信仰に固有の解釈学的な方法論を模索することとなる。

　　「それ（＝キリストの出来事）は、他の歴史的な出来事のように『想起
　　（Erinnerung）』を通して現在へと持ってくることはできない。それは宣
　　教（あるいはケリグマ）において現在的となる。……即ち宣教それ自体
　　が終末論的な出来事である。語りかけとしての宣教において、イエ
　　ス・キリストの出来事はその度ごとに現前する――私の実存において
　　私に出会う出来事として現前する」[66]。

　人間への神の救いの行為を「私の実存において私に出会う出来事」とし
て理解することは、ブルトマンにとって新約聖書文書が証言する神の啓示
の出来事を不断に現在化するための解釈学的な作業に他ならない。そして
それは――実存状況についての問いである解釈者の「前理解」に揺り動か
されつつ――新約聖書において開示された実存理解に基づいて神の啓示の
出来事の意義を理解するところの、聖書の宣教（ケリグマ）についての「実
存論的な解釈（existentiale Interpretation）[67]」となる。

　（2）　そこでブルトマンは、過去の神の啓示の出来事を現在化する解釈学
的な手法である、いわゆる新約聖書の「非神話化（Entmythologisierung）」の
プログラムを構想する。

　　「……非神話化することの課題は、神の言葉の呼びかけ（Ruf des Wortes
　　Gottes）を解明することよりも他の目標を持っていない。それは神話
　　的な諸観想のより深い意義について問いまた過去の世界像から神の言

　　Johannes-Evangeliums. In: Glauben und Verstehen 1. S.146）。

66　　Rudolf Bultmann: Zum Problem der Entmythologisierung. S.136f.

67　　「私（＝ブルトマン）は、そのような歴史（出来事）の解釈を実存論的な解
　　釈と呼称する。何故ならそれは、解釈者の実存の問いに動かされて、歴史の
　　中でその都度に作用する実存理解について問うからである」（a.a.O. S.130）。

第3章　ブルトマンの「宣教的な神学」における「逆説のキリスト論」の構造と限界　　　91

葉を解放することによって聖書文書を解釈する[68]」。

　新約聖書における古代の世界像の神話的な諸表象を直ちに真実なもの
として承認することは、現代人にとってもはや「無意味で不可能である[69]」。
何故なら「神話は彼岸的なものを此岸的なものへと客体化している[70]」から
である。そこで新約聖書の神話的な諸表象は単に削除されるのではなく、
かえって「批判的（kritisch）に解釈[71]」されなければならい。即ち「新約聖
書の神話論（Mythologie）はその客体化する表象内容ではなくて、これらの
諸表象において言明された実存理解（Existenzverständnis）」に基づいて問わ
れなければならない[72]」のである。それはブルトマンによれば、まさしく
「神話が宇宙論的（kosmologisch）にではなくて、人間論的（anthropologisch）
に、あるいはより正確には実存論的（existential）に解釈されることを願っ
ている[73]」からである。

　　　「神話的な諸表象の背後にあるより深い意味を再び明らかにすること
　　　を試みるところの、この新約聖書の解釈の方法（Methode der Auslegung）
　　　を、私（＝ブルトマン）は『非神話化』と命名する。……その目的は
　　　神話的な諸言明の除去ではなくて、それらの解釈である[74]」。

　それゆえにここでブルトマンが解釈学的な手法として構想する「非神話
化」のプログラムは、古代の世界像の枠組みの中で神話的な表象をもって
構成された新約聖書文書から、イエス・キリストにおける神の啓示の出来

68　　Rudolf Bultmann: Jesus Christus und die Mythologie. S.161.

69　　Rudolf Bultmann: Neues Testament und Mythologie. S.16f.

70　　Rudolf Bultmann: Jesus Christus und die Mythologie. S.146.

71　　Rudolf Bultmann: Neues Testament und Mythologie. S.25.

72　　A.a.O. S.24.

73　　A.a.O. S.23.

74　　Rudolf Bultmann: Jesus Christus und die Mythologie. S.146.

事との実存的な出会いについての宣教（ケリグマ）を読み出すための実存論的な解釈作業であったと言えよう。

　（3）「非神話化」のプログラムをもってブルトマンは、単なる「過去の歴史の再構築」へと解消され得ない新約聖書の宣教（ケリグマ）の証言する神の啓示の逆説的な性格を解明することを試みる。「非神話化」のプログラムの構想におけるブルトマンの神学的な意図について、フィシャーはこう解説している。「ブルトマンは非神話化をもって信仰の冒険（Wagnis des Glaubens）を軽減しようとするのではなくて、キリスト教信仰の不可避的な逆説、即ち和解の言葉としての十字架の言葉を照射するために、そこで回避し得る理解の障害を取り除こうとするのである[75]」。そしてそこでは「全ての保護の破棄（Preisgabe aller Sicherungen）においてまた未来への無条件の解放において、その（＝人間の）本来性（Eigentlichkeit）を獲得しようとする[76]」という、キリスト者の新しい実存可能性が開示されることとなる。
　かくして「非神話化」のプログラムの構想をもって、ブルトマンは「真のプロテスタントの信仰理解にとって相応しい近代的な解釈と理解の方法」（シュトゥールマッハー[77]）であるための神学的な要請を完遂するのである。

　　「非神話化は、律法の業によらないただ信仰による義認の教理についてのパウロやマルチン・ルターの定式と平行した課題である。より詳細に表現するならば、非神話化は知識と思惟の領域への、信仰による義認の教理の徹底的な適用である。義認の教理のように、非神話化は全ての確実性の要求（Verlangen nach Sicherheit）を破壊する。善行に基づく確実性と客観化する知識（objektivierende(s) Wissen）に基づく確実性の間に区別はない。神を信じる者は、自らがいわば真空（Vakuum）

75　Hermann Fischer: A.a.O. S.127.

76　Rudolf Bultmann: Neues Testament und Mythologie. S.35.

77　Peter Stuhlmacher: A.a.O. S.181.

第3章　ブルトマンの「宣教的な神学」における「逆説のキリスト論」の構造と限界　　93

の中に立っていることを知らなければならない[78]」。

　ブルトマンにとって新約聖書の「非神話化」のプログラムは、パウロ＝宗教改革的な信仰義認論を徹底的に深化させることを目指したキリスト教信仰の表明に他ならない[79]。

(2) 聖書の宣教（ケリグマ）の反復――「同時性」概念

　ところで聖書の宣教（ケリグマ）を実存論的に解釈する「非神話化」のプログラムをもってキリスト教信仰は、歴史における過去の神の啓示の出来事を今ここでの神の救いの行為として絶えず反復する。

　　「……宣教（ケリグマ）は無時間的な理念の伝達者でも歴史的な知識
　　の仲介者でもなくて、その事実（Daß）、即ちかつてのここで今（jenes
　　Hier und Jetzt）が語りかけにおいて現在化されるところの、ここで今が

78　　Rudolf Bultmann: Jesus Christus und die Mythologie. S.188.
　　　以上の文章に続いて、「確実性の全ての形式を破棄する者は、真の確実性を
　　見出すであろう。人間は神の前で空の手を持つ。全ての確実性を破棄し手放
　　す者は確実性を見出すであろう」（ibid.）とさらに語る時、ブルトマンの「非
　　神話化」のプログラムは――（初期）バルトの「弁証法神学」においてと全
　　く同様に――人間の側からの「行為義認」を排除したパウロ＝宗教改革的な
　　信仰義認論の徹底化・尖鋭化を目指すものであったと確かに言えよう。なお
　　（初期）バルトの「弁証法神学」におけるパウロ＝宗教改革的な思想内容につ
　　いては、八谷俊久、前掲書90頁を参照。
79　　ところで1933年4月7日のユダヤ人公職排斥令（いわゆる「アーリア人」
　　条項）の発布に遭遇して、ブルトマンは当時のナチ独裁政権の情宣活動の走
　　狗となった「ドイツ・キリスト者」の運動とは一線を画した告白教会の側に
　　連なった。「非神話化」のプログラムをもって尖鋭化したブルトマンの宗教批
　　判の鋭鋒は、イエス・キリストにおけるいわば「特殊啓示」の以前や外部に
　　もあたかも神の啓示が見出されるかのように「一般啓示」について語るとこ
　　ろの「原啓示」概念や「自然啓示」概念に向かうだけではなくて、さらには
　　国家社会主義の政治イデオロギーの深層に韜晦する擬似神話化の欺瞞性を奥
　　底までも刺し貫いていた。

決定的なものである」[80]。

　神の啓示の出来事の現在化としての聖書の宣教（ケリグマ）との出会いの反復は、ブルトマンにとって「宣教（ケリグマ）が史的イエスの『一回（Einmal）』を『全てに一回限り（Ein-für-allemal）』へと変換した」[81]ことを意味する。そして不断に反復される宣教（ケリグマ）において、過去の「一回」の歴史的な出来事は、「全てに一回限り」の「終末論的な出来事」として意義付けられて現前することとなる。「非神話化」のプログラムをもって「ブルトマンは、……キェルケゴールに見習って、『第一世代』の弟子たちと『第二世代』の弟子たちの隔たりを埋める」（シュミットハルス）[82]。それゆえにブルトマンの「非神話化」のプログラムは、『哲学的断片』においてキェルケゴールが「逆説のキリスト論」をもって構想した「同時性（Samtidighed = Gleichzeitigkeit）」概念[83]のキリスト教神学史における画期的な展開であったと言えよう。

　そこで以下において、如何にして新約聖書において報告された史的イエスの歴史性は理解されるのであろうかと、すでにキェルケゴールによって立てられた神の啓示と世界の歴史の関係についての問い[84]が、ブルトマン

80　Rudolf Bultmann: Die Bedeutung des geschichtlichen Jesus für die Theologie des Paulus. S.208.

81　Rudolf Bultmann: *Das Verhältnis der urchristlichen Christusbotschaft zum historischen Jesus*. S.25.

82　Walter Schmithals: Bultmann. In: *TRE*. 7. S.392.

83　なお『哲学的断片』におけるキェルケゴールの「同時性」概念については、本書 26 頁を参照。

84　「永遠の意識のために歴史的な出発点は存在するのか。如何にしてそのような出発点は単に歴史的なもの以上の関心を抱かせることができるのか。歴史的な知識の上に永遠の意識を基礎付けることはできるのか」（SV1 4. S.173 = PB. S.101）。
　『哲学的断片』におけるキェルケゴールの啓示と歴史の関係に関する問いが、さらにレッシングの言明「偶然的な歴史の真理は必然的な理性の真理についての証明とはなり得ない」（G.E. Lessing: Über den Beweis des Geistes und der Kraft. In: Lessing Werke 8. S.12. cf. SV1 7. S.74 = AUN. S.86）を念頭に置いたもの

第3章　ブルトマンの「宣教的な神学」における「逆説のキリスト論」の構造と限界　　95

の「宣教的な神学」に向けられている。何故なら「（神の）啓示と歴史の関係についての問いが、現在の中心的な神学の問題を形成する」（ツァールント）こととなるからである。[85]

3.「啓示」と「歴史」の関係についての問い
ブルトマンの「逆説のキリスト論」の構造

（1）聖書の宣教（ケリグマ）における出来事としての神の啓示

　（1）聖書の宣教（ケリグマ）において神の啓示の出来事は単なる過去の「一つの史的な出来事」ではなくて、現在の人間実存との決定的な出会いにおける「終末論的な出来事」である。それゆえにブルトマンによって、聖書の宣教（ケリグマ）が語る神の啓示の出来事は「過去の歴史の再構築」へと解消されない歴史的な出来事、即ち世界史の「外部（außerhalb）あるいは上部（oberhalb）」において「新しい世界」となって生起するところの「終末論的な出来事」として特徴付けられるのである。

　　「……イエス・キリストの出来事は古い世界（Äon）の終わりである。彼（＝イエス・キリスト）は、神が語ったまた語る最後の言葉である。言葉の宣教（Wortverkündigung）の歴史は、世界史の一部ではなくて、いわばその外部あるいは上部において実現する」。[86]

あるいは

　　「キリストは、歴史的な出来事（geschichtliches Ereignis）として、即ち時間の成就（ガラ4,4）として生起し新しい世界（Äon）をもたらし新し

　であることは自明である。本書の 22 頁参照。

85　Heinz Zahrnt: A.a.O. S.229.

86　Rudolf Bultmann: Der Begriff des Wortes Gottes im Neuen Testament. In: *Glauben und Verstehen* 1. S.293.

い生の可能性を賦与する出来事として問われる……」[87]。

　もとよりブルトマンにとってキリスト教信仰の根拠と対象は歴史研究に
よって再構成されるイエス像ではなく、新約聖書において「終末論的な出
来事」として宣教されまた今日も人間実存との出会いの中に臨在する「宣
教（ケリグマ）のキリスト」である。何故なら「キリストの歴史はすでに
過ぎ去ったものではなくて、宣教する言葉において実現する[88]」からである。
それゆえにブルトマンの「宣教的な神学」において、イエス・キリストに
おける神の啓示の出来事はただ聖書の宣教（ケリグマ）に対峙する「信仰」
に向けて開示されることとなる。
　はたしてキリスト教信仰は「宣教（ケリグマ）において臨在するキリス
トを信じること[89]」に他ならない。

　（2）そこでブルトマンにおいては、史的イエスと「宣教（ケリグマ）のキ
リスト」の実質的な「相違[90]」が強調される。

　　「宣教（ケリグマ）のキリストは、史的イエスと連続し得るかのような
　　史的な形態ではない[91]」。

　「終末論的な出来事」としての「宣教（ケリグマ）のキリスト」にとって、
イエスの客観的な史実性（Historizität）は本来的に無用なものである。史的
イエスと「宣教（ケリグマ）のキリスト」の実質的な関連性は自明なもの
ではない。即ちブルトマンの「宣教的な神学」において史的イエスそれ自
体はキリスト教信仰にとっての根拠と対象ではなくて、単にその「歴史的

87　Rudolf Bultmann: Die Christologie des Neuen Testaments. S.259.

88　Rudolf Bultmann: Der Begriff des Wortes Gottes im Neuen Testament. S.292.

89　本章の注 56 を参照。

90　Rudolf Bultmann: A.a.O. S.6.

91　A.a.O. S.8.

第3章　ブルトマンの「宣教的な神学」における「逆説のキリスト論」の構造と限界　　97

な諸前提[92]」に過ぎないのである。何故ならブルトマンにとって、キリスト
教信仰の根拠と対象はただ「宣教（ケリグマ）のキリスト」だけだからで
ある。はたして「（キリスト教）信仰は……原始キリスト教の宣教（ケリグ
マ）のキリストと関わる」（フィシャー[93]）のである。

　（3）そこでブルトマンは、イエスの宣教の言葉が来るべき神の国につい
ての終末論的な使信である限り、史的イエスはキリストの宣教（ケリグマ）
をすでに内部（in nuce）に包含していることを是認している[94]。

　　「イエスの登場とその宣教は、彼が神の言葉の体現者としての彼の人
　　格に対して決断を要請する限りにおいて、一つのキリスト論を暗示し
　　ている[95]」。
あるいは
　　「イエスの決断の呼びかけ（Entscheidungsruf）は、決断の問いへの答え
　　の内容としての……一つのキリスト論を暗示している[96]」。

　原始教団の宣教（ケリグマ）は、すでに史的イエスにおいて暗示的に内
包されたものを明示していると言える。けれどもブルトマンにとっては、
史的イエスにおいて暗示されるものと「宣教（ケリグマ）のキリスト」に
よって明示されるものの実質的な関連性は決して自明なものではない。何
故なら「宣教（ケリグマ）のキリスト」の内容は、史的イエスにおいてい
まだ暗示的に示唆されているに過ぎないからである。それゆえにブルトマ
ンの「宣教（ケリグマ）のキリスト」理解によれば――史的イエスを巡っ
ての、いわゆる「暗示されたキリスト論（implizite Christologie）」に対して

92　本書の 85 頁を参照。

93　Hermann Fischer: A.a.O. S.187.

94　Cf. Rudolf Bultmann: A.a.O. S.10 und 15.

95　A.a.O. S.16.

96　Rudolf Bultmann: *Theologie des Neuen Testaments*. S.46.

第Ⅱ部　もう一つの「逆説から歴史へ」

98

——原始教団の宣教（ケリグマ）において「明示されたキリスト論（explizite Christologie）」に関する論考に圧倒的な比重が置かれることとなる[97]。

（4）それではここでブルトマンが「宣教（ケリグマ）のキリスト」において史的イエスとの実質的な連続性を承認しないとするならば、どのようにキリスト教信仰は史的イエスと関係するのかと、神の啓示の歴史性についての問いがブルトマンに向けて立てられよう[98]。さらにこの問いは、如何にして「宣教するイエス（der verkündigende Jesus）」は「宣教されたキリスト（der verkündigte Christus）」となったのかという問いと内容的に同一である。

　「如何にして宣教する者（Verkündiger）から宣教された者（der Verkündigte）が生じたのかは、新約聖書神学の大きな謎である」[99]。

そしてここで立てられたイエス・キリストにおける神の啓示の歴史性についてのキリスト論的な根本問題に対するブルトマンの神学的な作業の中に、キェルケゴールの「逆説のキリスト論」の今日的な展開の可能性が見出されよう。

（2）史的イエスの「事実」と「内容」の関係規定

　「……彼（＝イエス）の宣教の事実（Daß seiner Verkündigung）が決定的である」[100]。

97　Cf. Gerhard Ebeling: *Theologie und Verkündigung.* S.70. Anm.1.

98　「如何にしてイエスの働きの内容（Gehalt）と宣教（ケリグマ）の中身（Inhalt）が関係するのかが、今は大きな問題である」（Rudolf Bultmann: Das Verhältnis der urchristlichen Christusbotschaft zum historischen Jesus. S.9）。

99　Rudolf Bultmann: Die Christologie des Neuen Testaments. S.266.

100　Ibid.

第3章　ブルトマンの「宣教的な神学」における「逆説のキリスト論」の構造と限界　　99

（1）以上のようにして、ブルトマンの神学的な関心は新約聖書における「宣教（ケリグマ）のキリスト」についての実存論的な解釈へと収斂した。その際にブルトマンは、ナザレのイエス、即ち「肉によるキリスト」についての聖書証言の個々の歴史的・伝記的な内容を再構成して叙述することを全く放棄する。何故ならブルトマンにとってキリスト教信仰の根拠と対象は、イエスの振舞いと宣教についての個々の報告内容の史的な蓋然性や確実性に依存するのではなくて、イエスの到来の「事実（Daß）」それ自[101]体であるからである。

> 「彼（＝イエス）は、彼の人格についての教えを講義しなかった。しかし彼は、彼の働きの事柄（Faktum seines Wirkens）が決定的であることを語った。彼がそれを今、最後の決定的な時に語ったこと（daß）、それは途方もないことである。彼の宣教の内容（Was）ではなく事実（Daß）が決定的である」[102]。

あるいは

> 「……イエスの生涯について宣教（ケリグマ）は、ただイエスの十字架の事実（Daß）あるいは事柄（Tatsache）だけを必要とする。……決定的なものはただ事実である」[103]。

キリスト教信仰は、その根拠と対象として史的イエスの「内容（Was）」や「様態（Wie）」についての信頼し得る報告を要請しない。かえってイエスの客観的な歴史性へのキリスト教信仰の依存関係は、イエスの到来の「事実（Daß）」へと可能な限り制限されなければならない[104]。

101　本書の 85 頁以下を参照。

102　Rudolf Bultmann: A.a.O. S.265.

103　Rudolf Bultmann: *Das Verhältnis der urchristlichen Christusbotschaft zum historischen Jesus*. S.9.

104　「彼（＝史的イエス）なしには宣教（ケリグマ）は存在しないであろう。その限りで連続性は自明である」（a.a.O. S.8）。

第Ⅱ部　もう一つの「逆説から歴史へ」

　　　「イエスについては、その史的な生において始まりそして教団の説教
　　　においてさらに出来事となるこの事実より他に何も内容的に教えられ
　　　る必要はない」[105]。

　ブルトマンにとって史的イエスの「内容」や「様態」によって「事実」
を確認することは全く不要である。何故なら史的イエスの「事実」を越え
ては、キリスト教信仰はその根拠と対象を模索しない（できない）からで
ある。

　（2）イエスの到来の「事実（Daß）」へと史的な関心を可能な限り制限
することに一貫して傾注するブルトマン神学は、ヨハネス・クリマク
スの仮名を付した『哲学的断片』においてキェルケゴールが「逆説の
キリスト論」のために構想した、いわゆる「世界史的な注意書き（dette
verdenshistoriske NB. = dies weltgeschichtliche N.B.）」概念[106]を継受している。
「……『イエスの到来の事実』についてのブルトマンの組織的な縮小の定
式（Reduktionsformel）は、……『世界史的な注意書き』の神学的な効力に
ついてのヨハネス・クリマクスの主要命題を繰り返している」（フィシャ

105　Rudolf Bultmann: Der Begriff des Wortes Gottes im Neuen Testament. S.292.
106　「下僕の姿の神がいたことが肝心であって、それ以外の歴史的な個々のこ
　　とはあまり重要ではない。……もし同時代の世代が、『神が某年に下僕の卑賤
　　の姿で現れ、私たちの間で生き教え、そして死んだ』という言葉だけしか残
　　さなかったとしても、それで十分である。同時代の人々は、必要なことを行
　　なったのである。何故ならこの小さな告知、この世界史的な注意書きは、後
　　の人々にとっての契機となるために十分だからであり、またどんなに詳細な
　　報告も、後の人々にとっては、決して永遠にそれ以上のものとはなり得ない
　　からである」（SV1 4. S.266 = PB. S.101）。
　　　なおブルトマン神学へのキェルケゴールの『哲学的断片』の影響について
　　は、本章の注 12 を参照。さらにキェルケゴールの『哲学的断片』の「逆説の
　　キリスト論」における「この世界史的な注意書き」の意義や機能については、
　　本書の 27 頁以下、またその 20 世紀のプロテスタント神学への影響について
　　は本書の 41 頁以下を参照。

第3章　ブルトマンの「宣教的な神学」における「逆説のキリスト論」の構造と限界　　　101

一）。[107]

　キリスト教信仰にとって神の啓示の出来事の「絶対的な逆説性」との関係を主体的・内面的に習得するために、「この世界史的な注意書き」より以上の具体的な歴史記述を必要としないと見做したキェルケゴール（あるいはより正確にはその仮名著者ヨハネス・クリマクス）に見習って、ブルトマンの「宣教的な神学」はキリスト教信仰から誤った「全ての確実性の要求[108]」を遮断することを目指している。何故ならキリスト教信仰にとって、「それに基づいて信じ得るかのような保証（Garantie）は存在しない[109]」からである。かくしてここで、ブルトマンの「宣教的な神学」における「逆説のキリスト論」が——新約聖書の「非神話化」のプログラムと密接に連動しつつ——パウロ＝宗教改革的な信仰義認論に色濃く動機付けられていることが自明となるのである[110]。

　もとよりキリスト教信仰は史的イエスについての実証作業によって正当化されるのではなくて[111]、人間に向けられた神の救いの行為として理解されたイエス・キリストにおける神の啓示の出来事だけに基礎付けられる。「（キリスト教）信仰は史的な確実性（Sicherheit）ではなくて、ただ説教された言葉が賦与する確信（Gewißheit）を持つ」（ダール[112]）。そこでブルトマンは、キリスト教信仰が絶えず実存的・内面的に活性化されるために、いわば「キリストを肉によって知る」ことを通してキリスト教信仰を基礎付け

107　Hermann Fischer: Die Christologie des Paradoxes. S.108.
　　　ähnlich Hermann Fischer: *Christlicher Glaube und Geschichte*. S.221f.

108　本書の 92 頁を参照。

109　Rudolf Bultmann: Welchen Sinn hat es, von Gott zu reden?. S.37.

110　「善行に基づく確実性と客観化する知識に基づく確実性の間に区別はない」（Rudolf Bultmann: Jesus Christus und die Mythologie. S.188）。本書の 86 頁を参照。

111　「宣教（ケリグマ）の正当性（Legitimität）を実証するという試みは、不必要な努力の内に終わる」（Rudolf Bultmann: Das Verhältnis der urchristlichen Christusbotschaft zum historischen Jesus. S.14）。

112　N.A. Dahl: Der historische Jesus als geschichtswissenschaftliches und theologisches Problem. In: *Kerygma und Dogma* 1. S.125.

第Ⅱ部　もう一つの「逆説から歴史へ」

るところの歴史主義的な研究方法の「確実性の要求」を徹底的に排除する[113]。何故なら「確実性の要求」のために「このキリスト宣教の背後へ向かって史的イエスについて問うことは、信仰の冒険性（Wagnischarakter des Glaubens）を軽減しまたそれによってそれ自体を破壊するという、神学的に破滅的な企ての結果となる」（フィシャー）[114]からである。

それゆえにブルトマン神学における「イエスの歴史的な人格についての無関心さは史的な不可能性ではなくて、神学的な必然性に基づいている」

113　「福音の中心点としてのイエス・キリストの人格の認識の確実性や共有性は、神によって覚醒された信仰のそれに他ならないであろう。批判的・歴史的な研究は、この認識の『基礎付け（Grundlagen）』の相応しくまた必然的な終焉を意味している。それは、神自身によって措定されていないので、決して基礎付けではない。私たちはもはや肉によるキリスト（Christus nach dem Fleische）を知らないことを、いまだ知らない者は（私たちはそれを全ていつもまだ知らない）批判的な聖書学によって語らせよう。彼がより徹底的に驚愕する程に、彼と事柄（Sache）にとってはよりよいのであると。そしてそれが、『歴史的な知識（geschichtliches Wissen）』が神学の本来的な課題において果たし得るような功績であるかもしれない」（Karl Barth: Fünfzehn Antworten an Herrn Professor von Harnack. In: Theologische Fragen und Antworten. S.13）。

　ブルトマンは以上のバルトの言明に賛同して引用している（Rudolf Bultmann: Die liberale Theologie und die jüngste theologische Bewegung. In: Glauben und Verstehen 1. S.3）。「今ではもはや肉によっては知らないところのキリストについてのパウロの言及（Ⅱコリ 5,16）は、バルトとブルトマンにおいて否定的なキリスト論の内容言明の機能を担った」（Hermann Fischer: Systematische Theologie. S.188）。何故ならブルトマン（とバルト）にとって、キリスト教信仰は史的イエス（「肉によるキリスト」）についての実証作業によって正当化されるのではなくて、人間に向けられた神の救いの行為として理解されたイエス・キリストにおける神の啓示の出来事だけに基礎付けられるからである（本書の 86 頁以下を参照）。

　なお本稿では、「キリストを肉によって知る」（Ⅱコリ 5,16）ことについてのブルトマン（とバルト）の新約聖書学的な釈義の妥当性については論及しない。それについては、「『肉の仕方によって』の語句は動詞の『知る』に掛けられるべきである」（Heinz=Dietirch Wedland: Die Brief an die Korinther. NTD. Bd.7. S.202）という解釈が最近は優勢である。またバルトの「弁証法神学」における「逆説のキリスト論」については、八谷俊久、前掲書 77 頁以下を参照。

114　Hermann Fischer: A.a.O. S.187.

第3章　ブルトマンの「宣教的な神学」における「逆説のキリスト論」の構造と限界　　103

（スレンツカ）[115]と言えよう。

　　「私（＝ブルトマン）は、私の批判的な徹底さ（kritische(r) Radikalismus）
　　の中でいまだ不快に感じたことはなく、全く快適さを感じている。
　　……何故ならそこで全てのイエス伝の神学の空想図（Phantasiebilder）
　　が焼失し、またそれが肉によるキリスト（Cristoj kata sarca）それ自体で
　　あることを見るからである。
　　肉によるキリストは私たちにとって何の問題とならない。どの様にそ
　　れがイエスの心の中で見えるかを、私は知らないしまた知ろうとも思
　　わない」[116]。

　20世紀の新しい神学運動である「弁証法神学」の旗頭としてブルトマ
ンは、イエスの到来の「事実（Daß）」へと史的な関心を可能な限り制限す
ることをもって——キェルケゴール（あるいはその仮名著者ヨハネス・クリマ
クス）を見習い——19世紀の歴史主義的な神学が落ち込んだ、いわば客体
化する思惟の存在論（Ontologie des objektivierenden Denkens）の支配の陥穽か
らのキリスト教信仰の救出を目指していた。[117]

（3）「語りかけ」としての「宣教（ケリグマ）のキリスト」

　ブルトマンにとって新約聖書文書は史的イエスについての単なる事実
的・内容的な報告ではなくて、キリストの復活の出来事へと遡及するキリ
スト教信仰の実存理解[118]に基づいて言語化された「宣教（ケリグマ）のキ

115　　Reinhard Slenczka: A.a.O. S.108.

116　　Rudolf Bultmann: Zur Frage der Christologie. S.101.

117　　ここに、「逆説のキリスト論」を巡っての「前期キェルケゴール（ヨハネ
　　ス・クリマクス）＝ブルトマンの線が鮮明に引かれることとなる（本書の41
　　頁以下を参照）。

118　　Cf. Rudolf Bultmann: *Das Verhältnis der urchristlichen Christusbotschaft zum
　　historischen Jesus*. S.25.
　　　なおブラウンは——恩師ブルトマンよりさらに徹底して——新約聖書の宣

第Ⅱ部　もう一つの「逆説から歴史へ」

リスト」についての証言、即ち「語りかけ（Anrede）としてのキリストの出来事の宣教[119]」に他ならない[120]。

　　「この（＝新約聖書の）キリスト論は、……救いの事実の宣教として宣教でありまた語りかけである[121]」。

　キリスト教信仰は、新しい実存理解を基礎付けるキリストの出来事の宣教からの「語りかけ」を聖書の使信として受容するという、人格的・実存的な応答による「全てに一回限り」の終末論的な決断を含意している[122]。「（キリスト教信仰の）解明は、決断の問い（Entscheidungsfrage）が信仰に設定されるところで遂行される」（スレンツカ[123]）。それゆえにブルトマンは――単なる「事実や原理の伝達（Tatsachen oder Prinzipien-Mitteilung）[124]」とは異なった[125]――それに真摯に聞き従う者に「決断の呼びかけ」をもたらすところの、

教（ケリグマ）の内容を一面的に神の前での信仰的な実存（自己）理解に還元することによって、キリスト教使信の実存論的な解釈を遂行することを推進している（本書の 126 頁注 196 を参照）。そしてここでは新約聖書の原始キリスト教の福音の使信は専ら実存伝達（Existenzmitteilung）として理解されて、「人間論は常数（die Konstante）であり、それに対してキリスト論は変数（die Variable）である」（Herbert Braun: Der Sinn der neutestamentlichen Christologie. In: Zeitschrift für Theologie und Kirche 54. S.368）という有名な（悪名高い？）命題が導き出される（cf. Rudolf Bultmann: A.a.O. S.21f. und 24）。そこで前期キェルケゴール（あるいはその仮名著者ヨハネス・クリマクス）＝ブルトマン＝ブラウンの「逆説のキリスト論」を巡っての神学的な系譜が引かれる。

119　Rudolf Bultmann: Die Christologie des Neuen Testaments. S.263.

120　本章の注 59 を参照。

121　Rudolf Bultmann: A.a.O. S.267.

122　「新約聖書のキリスト論の解釈は、如何にして宣教（ケリグマ）のキリスト論をもって、新しい存在についての信仰する理解の内容であるキリスト論が賦与されるのかを示している……」（ibid.）。

123　Reinhard Slenczka: A.a.O. S.112.

124　Rudolf Bultmann: Kirche und Lehre im Neuen Testament. In: *Glauben und Verstehen* 1. S.159.

125　本章の注 60 を参照。

第3章　ブルトマンの「宣教的な神学」における「逆説のキリスト論」の構造と限界　　　105

いわば「間接的な語りかけ（indirekte Anrede）[126]」の形式をもった「事柄の伝達（Fakten-Mitteilung）[127]」として、新約聖書におけるキリスト論的な宣教（ケリグマ）を特徴付けるのである。

　そしてここでブルトマンは、キェルケゴールにおける「間接伝達」による真理伝達の方法[128]と酷似した、「間接的な語りかけ」の形式による弁証法的な実存伝達の方法論的な視点を構想している。まさしくブルトマンの「宣教的な神学」は、キェルケゴール（あるいはその仮名著者ヨハネス・クリマクス）によって構想された「逆説のキリスト論」の衣鉢を継受して今日的な展開を果たすものであった。

　けれども同時にここに――キェルケゴールの「逆説のキリスト論[129]」においてと全く同様に――ブルトマンの「宣教的な神学」における「逆説のキリスト論」の限界が伏在している。そしてこれより本稿の論考は、ブルトマン神学に対する批判の核心的な部分へと踏み入っていくこととなる。

4. ブルトマンの「宣教的な神学」における「逆説のキリスト論」の限界

　（1）さてブルトマンは、内容を把握し得ない言明や不合理（背理）な事柄を非理性的に是認するかのような、「信仰」のあり方に向けて警鐘を鳴らしている。ブルトマンにとってイエス・キリストにおける神の啓示の出来事は、いわゆる「知性の犠牲（sacrificium intellectus）」を人間理性に対して強要するものではなかった。そこでブルトマンの「宣教的な神学」において、神の啓示の出来事を巡ってのキリスト教の「信仰」と人間理性によ

126　　Rudolf Bultmann: Ibid.

127　　A.a.O. S.158.

128　　Cf. a.a.O. S.159.
　　　なおキェルケゴールにおける「間接伝達」による真理伝達の方法については、本書の 142 頁注 43 を参照。

129　　なおキェルケゴールの『哲学的断片』における「逆説のキリスト論」の問題点については、本書の 29 頁以下を参照。

第Ⅱ部　もう一つの「逆説から歴史へ」

る「理解」の関係が、以下のように規定された。

　　「……もし信仰が不可解な X についての信仰（Glaube an ein unverständ-
　　liches X）であるとするならば、それは自己の決断によって基礎付けら
　　れた運動あるいは全く恣意的な偶然の出来事であるかもしれない。そ
　　してそれは……行為義認（Werkgerechtigkeit）の始まりであるかもしれ
　　ない」[130]。

　けれども仮にブルトマン自身の規定に従って神の啓示の出来事を巡って
のキリスト教の「信仰」と人間理性による「理解」の関係をここで展開す
るならば、キリスト教信仰はその根拠と対象の「事実（Daß）」だけではな
くて、さらに「内容（Was）」や「様態（Wie）」についても理解することを
要請するであろう。何故ならその根拠と対象の「内容」や「様態」を適切
に理解することなしには、誰も正しい信仰的な決断を下すことはできない
からである。「イエスの生の様態が神学的に重要ではないと説明されるな
らば、言葉の肉体化は内容のない逆説（inhaltleere(s) Paradox）に陥ってしま
う」（ダール）[131]。イエスの到来の「事実」をその「内容」や「様態」を通し
て理解することは、キリスト教信仰にとって決して無用なことではないで
あろう。もとよりキリスト教信仰は、そこで理解した事柄をもって正しい
信仰的な決断を下すことができるために、史的イエスの歴史性をその「内
容」や「様態」を捨象した無形の事実性として矮小化してはならないので

130　Rudolf Bultmann: Zur Frage der Christologie. S.91.
　　　ヒルシュは──ブルトマンや（初期）バルトとは逆に──1926 年のキリス
　　ト論の研究の中で「逆説のキリスト論」をパウロ＝宗教改革的な信仰義認
　　論に対する「行為義認の始まり」（Emanuel Hirsch: Jesus Christus der Herr. S.51）
　　として位置付けて批判した（cf. Ulrich Barth: Die Christologie Emanuel Hirschs.
　　S.61f.）。そこでヒルシュに向けて、ブルトマンは 1927 年の当論文の中でキェ
　　ルケゴールの「逆説のキリスト論」をより徹底化・先鋭化することによって、
　　そこになお韜晦する「行為義認の始まり」の危険性を自覚的に克服すること
　　を表明したのである。

131　N.A. Dahl: A.a.O. S.126.

第3章　ブルトマンの「宣教的な神学」における「逆説のキリスト論」の構造と限界　　107

ある。

　新約聖書の共観福音書記者たち（特にマルコ）は──たとえ個々の伝承資料は復活と高挙のキリストについての原始教団のキリスト論的な宣教（ケリグマ）によって濃厚に潤色されているとしても──まずはナザレのイエスの生と苦難、十字架の死を一連の歴史として物語ることに関心を向けていると言えよう。しかしそれに対してパウロやヨハネ福音書はナザレのイエス、即ち「肉によるキリスト」を叙述することを放棄して、専ら「宣教（ケリグマ）のキリスト」に集中している。そしてかかる「宣教（ケリグマ）のキリスト」についてのパウロやヨハネの神学思想の習得にブルトマンは腐心しているように見える[132]。

　それではブルトマン本人に向けて、新約聖書全体はキリスト教信仰が正しい決断を下せるために、神の啓示の歴史について内容的に「世界史的な注意書き」より以上のものを内包しているのではないかと、神の啓示の歴史の「内容」や「様態」についての問いを立てることができよう。

　（2）一体に史的イエスは──かつてブルトマンが断定したように、単にキリスト教信仰にとっての「歴史的な諸前提[133]」に過ぎないのではなく──かえってそれを一つの歴史として物語ることをもって、キリスト教信仰の

132　　Cf. Rudolf Bultmann: *Das Verhältnis der urchristlichen Christusbotschaft zum historischen Jesus*. S.9.
　　　auch Rudolf Bultmann: Die Christologie des Neuen Testaments. S.266.
　　　「逆説のキリスト論」をもってブルトマンと（初期）バルトは一致する。「従ってパウロとヨハネ（福音書）は、いわゆる史的イエスの人格的な生ではなくて、その復活に関心を抱いている」（Karl Barth: Der Christ in der Gesellschaft. In: Anfänge der dialektischen Theologie 1. S.11）。そしてパウロとヨハネ（福音書）が関心を寄せるところの「復活のイエス」が、ブルトマンにとっての「宣教（ケリグマ）のキリスト」に他ならない。
　　　しかしここでは、パウロやヨハネ福音書のキリスト理解に関するブルトマンやバルトの解釈が聖書釈義的に正当であるかについては問われない。本章の注113を参照。

133　　本書の85頁を参照。

第Ⅱ部　もう一つの「逆説から歴史へ」

始まりとして位置付けられるべきであろう。はたして聖書の宣教（ケリグマ）は人間に向けての「決断の呼びかけ」となる「語りかけ」としてだけではなくて、神の啓示の出来事を歴史として語る「物語」も内包しているのである。それゆえにブルトマンの「宣教的な神学」によって「『非神話化』において見落とされたものは、福音書におけるこの『物語る』という側面である」（ツァールント[135]）と言えよう。

　イエスの到来の「事実」へと史的な関心を可能な限り制限することをもって語られるものは、イエス・キリストにおける神の啓示の出来事についての抽象化された無内容な事実性に過ぎないであろう。そしてブルトマンが「逆説のキリスト論」をもってキリスト教信仰において宣教される使信を単に「史的に確証されない、歴史的な事実[136]」として規定しつつ、史的イエスの「内容」や「様態」を捨象しまたその「事実」へと還元する時、いつしかブルトマンの「宣教的な神学」は——ブルトマン自身の意図に反して——聖書の宣教（ケリグマ）を人間実存の主体性の領域へと解体する、いわば「キリスト教使信の人間論的な狭隘化（anthoropologische Verengung der christlichen Botschaft）」（ツァールント[137]）によって、グノーシス＝ドケティズム的な真理概念へと転落する危険性を孕むこととなる。何故ならそれは「まず世界史的・思弁的な誤解からの信仰の保全ではなくて、歴史的

134　シュトゥールマッハーはブルトマンを批判して、「一貫してブルトマンはこのイエスの宣教をただ新約聖書神学の諸前提に数え挙げているが、その本来的中心要素に数え挙げてはいない」（Peter Stuhlmacher: A.a.O. S.188）と書いている。

135　Heinz Zahrnt: A.a.O. S.278.
　なおイエス・キリストの歴史を物語ることの課題については、本書の 55 頁以下を参照。

136　本書の 88 頁を参照。

137　Heinz Zahrnt: A.a.O. S.268.

138　「イエスの真の人間性が……神学的に真摯に受け取られなければならないならば、自ずと史的イエスについての問いが立てられる。ただドケティズム的なキリスト論だけがこの問いに無関心である」（Horst Georg Pöhlmann: Abriß der Dogmatik. S.228）。

第3章　ブルトマンの「宣教的な神学」における「逆説のキリスト論」の構造と限界　　109

なものあるいは歴史的な内容の除外である」（ゲルデス[139]）からである。その結果として、「彼（＝ブルトマン）においては神の啓示の……実現の地平（Verwirklichungshorizont der Offenbarung Gottes）としての歴史が欠落する」（シュトゥールマッハー[140]）こことなる。

　以上のように、イエスの到来の「事実」へと史的な関心を可能な限り制限することについてのブルトマンの「宣教的な神学」の視点は、すでにエーベリングが指摘したように、（1）「今ここで生じる終末論的な決断の呼びかけの意味[141]」においては全く正当に適合し、けれどもまた同時に（2）「イエスの人格の単なる史実性（bloße(-) Historizität der Person Jesu）の意味[142]」においては全く不当に逸脱している。そしてここに——キェルケゴールの仮名著者ヨハネス・クリマクスにおいてと同様に——ブルトマンの「逆説のキリスト論」の本質的な意義とまたその致命的な限界が洞見されることとなる[144]。それゆえにかつて「逆説のキリスト論」を巡ってキェルケゴ

139　Hayo Gerdes: *Das Christusverständnis des jungen Kierkegaard*. S.68.

140　Peter Stuhlmacher: A.a.O. S.189.

141　Gerhard Ebeling: *Theologie und Verkündigung*. S.73.

142　Ibid.

143　（キェルケゴールの仮名著者ヨハネス・クリマクスによる）「『哲学的断片』が、私たち全ての神学的な語りの中で遊泳している」（Karl Barth: Rudolf Bultmann. Ein Versuch, ihn zu verstehen. In: Theologische Studien 34. S.45）と、バルトはブルトマンの「宣教的な神学」がキェルケゴールの『哲学的断片』の解釈によって方向付けられていることを正当に看破している。

144　「キリスト論に関してブルトマンや『弁証法神学』全般における新しさは、……信仰の根拠をそれ自体の中に探すことなしに、新しい反歴史的な思惟（widergeschichtliche(s) Denken）、即ち現代人の非歴史的な態度（geschichtslose(-) Haltung）を正当化するところの試みである」（Hayo Gerdes: Ibid）と、ゲルデスはブルトマンや（初期）バルトの「逆説のキリスト論」に伏在する歴史性の喪失の危険性について指摘している。

　　またローマイヤーがかつてブルトマンの『イエス』（1926年）に向けた批判「イエスのいないイエスについての書」（Ernst Löhmeyer: Rezension zu Bultmann, Rudolf: Jesus. In: Theologische Literaturzeitung 52. S.433）が、『哲学的断片』における「逆説のキリスト論」についてのレアストルプの批判「歴史の（史的）イエスのいないキリスト教」（K.E. Løgstrup: Opgør med Kierkegaard. S.11）と酷

第Ⅱ部　もう一つの「逆説から歴史へ」

ールの仮名著者ヨハネス・クリマクスに向けられた神の啓示と歴史の関係

似するのは自明のことである。

　なおキェルケゴール（あるいはヨハネス・クリマクス）の「逆説のキリスト論」におけるキリストの歴史性の軽視の危険性は、すでにレアストルップ（K.E. Løgstrup: A.a.O. S.11f.）や最近ではリングレーベン（Joachim Ringleben: Paradox und Dialektik. Bemerkungen zu Kierkegaards Christologie. In: Kierkegaardiana 19. S.31f.）によって指摘されている（本書の 42 頁注 90 を参照）。

　またボンヘッファーも、すでに博士論文『聖徒の交わり』（1927 年執筆・1930 年出版）に付された神学命題（1927 年）の第 9 命題として、「いわゆる弁証法神学の弁証法は論理的であるが実態的ではない性格を負っていて、それによってイエスの歴史性を軽視する危険を冒している」（Dietrich Bonhoeffer: Jugend und Studium 1918-1927. DBW.9. S.530.）ことを明記している。この神学命題の前半部分の「弁証法神学の弁証法」の性格付けを巡っての「論理的（logisch）」と「実態的（real）」の区別の仕方は曖昧であると思われるが、後半部分の「イエスの歴史性を軽視する危険」についての指摘は妥当である。ボンヘッファーはハルナックの門下生でありながら、ブルトマンや（初期）バルトの弁証法神学に親炙し、同時にハルナックの門下生としてブルトマンや（初期）バルトの弁証法神学を批判した。

　加えてその前年（1926 年）の「使徒信条の第 2 項についてのカテキズム草案」（Dietrich Bonhoeffer: A.a.O. S.547ff.）の中で、すでにボンヘッファーは「全くハルナックに従って使徒信条においてはイエスの地上の生涯についての十分な示唆が欠けていると思っていた」（Eberhard Bethge: Dietrich Bonhoeffer. S.120）と――バルトに先駆けて――古代教会の「使徒信条」の第 2 項（キリスト論）についての批判を下している。

　これと同様の「使徒信条」の第 2 項についての批判をバルトも行なっている（本書の 13 頁を参照）。1935 年の『信仰告白』（1935 年のユトレヒト大学講義録）や 1947 年の『教義学要綱』（1946 年のボン大学講義録）の中で、バルトは古代教会の「使徒信条」の第 2 項（キリスト論）における「処女マリアより生まれ」と「ポンテオ・ピラトのもとに苦しみを受け」の 2 つの告白文の間で捨象されてしまった、ヨルダンからゲツセマネとゴルゴタまでのイエス・キリストの生涯が「私たちの救い」の「本来的な特質（(das) eigentliche(-) Wesen）」（Karl Barth: Credo. S.66）あるいは「実体的なもの（(das) Substantielle）」（Karl Barth: Dogmatik im Grudriß. S.119）に属していないと見做したカルヴァンの「信仰問答」に対して異議を唱えている。「イエスの他の（＝受難物語までの）生涯は、私たちの救いにとって実体的ではないと言ってよいのだろうか。それでは如何なる意味をそれ（＝イエスの他の生涯）は持ちまた持つべきなのだろうか。それは単に余分な歴史（eine bloße überflüssige Historie）なのであろうか。私（＝バルト）は、この『苦しみを受け』という条項で始まる事柄はイエスの生涯全体の中で問題なのであると思う」（ibid.）。

第3章 ブルトマンの「宣教的な神学」における「逆説のキリスト論」の構造と限界　　111

についての問いは、ブルトマンにおいても等閑に付されたまま未決で放置されていると言えよう[145]。

　（3）ところでブルトマン自身は、イエス・キリストにおける神の啓示の出来事についての史的な事実性を内容的に越えて新約聖書神学を展開することのできない「逆説のキリスト論」の限界をすでに早くから看破していたようにも思われる。1926年の『イエス』における「インコグニトーのキリスト論」の問題と関連して、ブルトマンはバルトへの手紙（1926年12月10日付け）の中でこう記している。

　　「キェルケゴールが哲学的断片の中で『神が某年に下僕の卑賤の姿で現れ私たちの間で生き教えそして死んだことを私たちは信じた』というイエスについての伝承だけで全く十分であると語るなら、彼は根本的に正しいことを私（＝ブルトマン）はもちろん知っている……。そしてイエスの宣教についての私の叙述は、少なくともイエスとキリストとして登場させるという意図は持っていない……。しかし実際には共観福音書は、キェルケゴールが必要であると見做しているものよりも多くを伝承している。より多くのものが伝承されているので、このより多くのものに関心を抱き、それを叙述することを、私は神学的な関心事と見做している[146]」。

　このバルトへの手紙の中でブルトマン自身が、その「宣教的な神学」において「逆説のキリスト論」をもってキリスト教使信から削除した──けれども新約聖書の共観福音書において伝承されているところの──史的イ

145　「キェルケゴールの逆説の思惟を誤用する可能性は、非キリスト者である（ヨハネス）クリマクスの言明はキェルケゴール自身が内容的に考えたものであるという誤解にある」（Hayo Gerdes: Ibid.）と、ゲルデスはキェルケゴール解釈における仮名性を巡る解釈学的な問題と関連して、ブルトマンの「逆説のキリスト論」の問題点の根源を指摘している。

146　Rudolf Bultmann: *Karl Barth – Rudolf Bultmann. Briefwechsel*. S.65.

エスの「内容」や「様態」を回復することを自らの神学的な課題として認識していることを表明している。すでにここでブルトマンは、キェルケゴールによって構想された「逆説のキリスト論」の限界を認識していた。

（4）しかしながら――先のバルトへの手紙の中で示唆された神学的な課題についての認識にもかかわらず[147]――ブルトマンはイエスの到来の「事実（Daß）」へと史的な関心を可能な限り排他的に制限することに終生に渉って固執し続けた[148]。それどころかかえって第二次世界大戦後のブルトマン学派内の弟子たちの批判に反発するようにして、ブルトマンはキェルケゴールの「逆説のキリスト論」をさらに徹底化させる方向に進路を向けた。ここにブルトマンと（後期）バルトの2人の神学の分岐点があったと言えよう。はたしてブルトマンの「宣教的な神学」は「逆説のキリスト論」の広範な展開を遂行するための最適な場所であり、それによって第二次世界大戦後のキリスト教神学界に衝撃を波及させることができたのである[149]。

そして他方でブルトマンにおいて未決のままであった課題に批判的に取り組んだのが、第二次世界大戦後のブルトマン学派の弟子たちによる、いわゆる「史的イエスの再発見（Wiederentdeckung des historischen Jesus）」の試みであった。それゆえに史的イエスの問題を巡っての、ブルトマンからブ

---

147 ブルトマンとは対照的に、早くも1925年頃にバルトは「逆説のキリスト論」の限界を看破し「逆説のキリスト論」と決別して、新しい神学的な思惟方法を構想し始めていたと思われる（八谷俊久、前掲書133頁以下を参照）。それゆえにバルトやブルトマンの盟友たちが総結集して「弁証法神学」の牙城ともなった神学雑誌『時の間に』（1925-33年）が創刊された当時の、20世紀の新しい神学運動である「弁証法神学」のいわば最盛期にありながら、二人の神学的な葛藤はすでに萌芽していたと言えよう。

148 Cf. Rudolf Bultmann: Antwort an Ernst Käsemann. S.190ff.

149 それゆえに上記のゲルデスの考察（本章の注145を参照）は、19世紀の「自由主義神学」に向けての、「逆説のキリスト論」による修正剤の機能を伴ったブルトマンの「弁証法神学」の漲る衝撃的な破砕力を十分に評価しているとは言えないであろう。まずはブルトマンやバルトの「弁証法神学」の中に、キェルケゴールの「逆説のキリスト論」はその斬新で衝撃的な思想内容が継受されるための適切な場所を獲得したのである。

ルトマン学派の神学者たちへの展開の道程の中に、「逆説から歴史へ」のキリスト論的な思惟の転換する行路を辿ることができるのである。

第4章　ブルトマン学派における史的イエスへの
新しい問い

1.　史的イエスの再発見
ブルトマン学派におけるブルトマン批判

「新約聖書の証言を越えて史的イエスについて問うべきではないと、奇
妙な教理が禁じた。一体に誰がそれを禁じたのか」（エーベリング）[150]。

　第二次世界大戦後のブルトマン学派の神学者たちによる「史的イエスの
再発見（Wiederentdeckung des historischen Jesus）」の試みは——その偉大な恩師
であるブルトマンの「宣教的な神学」に対する批判と直結して——キリス
ト教信仰にとってのイエスの史実性（Historizität）の意義についての問いへ
と向けられていた。もちろんここでの史的イエスについての関心は、歴史
研究をもって再構成したイエス像の上にキリスト教信仰を基礎付けること
に腐心した 19 世紀の、いわゆる「イエス伝研究」への回帰を目指すもの
ではない[151]。かえってそれは——すでにブルトマンによって提起されなが
らもなお等閑に付されたまま未決で放置されていた——史的イエスと「宣
教（ケリグマ）のキリスト」の関係についての問い、あるいはさらに換言
するならば、如何にして「宣教するイエス（der verkündigende Jesus）」は「宣

150　Gerhard Ebeling: *Wort und Glaube*. S.207.

151　Cf. Gerhard Ebeling: Die Frage nach dem historischen Jesus und das Problem der
　　Christologie. In: *Zeitschrift für Theologie und Kirche* 56. S.30.

第4章　ブルトマン学派における史的イエスへの新しい問い　　　115

教されたキリスト（der verkündigte Christus）」となったのか[152]という、キリスト教教義学（組織神学）と新約聖書神学を切り結ぶところの問いに取り組むのである。第二次世界大戦後のブルトマン学派の神学者たちによる「史的イエスについて新しく進展した問いは、キリスト論の問題を巡っての、組織神学と新約聖書神学の相互に競合する原理の解釈学的な齟齬（Aporie）から生じた」（ユンゲル）[153]。

　もとよりブルトマン学派の神学者たちによる「史的イエスの再発見」の試みは、恩師ブルトマンとの対決によって動機付けられていた。即ちイエスの到来の「内容（Was）」や「様態（Wie）」についての解明を断念してその「事実（Daß）」それ自体へと史的な関心を可能な限り制限することに尽力したブルトマンに対して、ブルトマン学派の神学者たちは単なる「事実」を超えてさらに史的イエスの「内容」や「様態」についての探求を復権することを目指したのである。

　そしてそこでは、かつてブルトマンの「逆説のキリスト論」によって——ブルトマン自身の意図に反して——抽象化され無内容な事実性へと捨象される危険性に晒されたイエス・キリストにおける神の啓示の出来事に対して、その具体的・現実的な歴史性の回復が試みられた。ただしそれは 19 世紀の「イエス伝研究」においてのようなキリスト教信仰の基礎付けのためのイエス像の再構築を目指すのではなくて、逆に「宣教（ケリグマ）のキリストから史的イエスへ（vom kerygmatischen Christus zum historischen Jesus）」（ツァールント）[154]の道を辿るのである。

　それゆえに「『史的イエスへの新しい問い』の新しさは、イエスからキリスト宣教（ケリグマ）への非連続性を架橋することにあるのではなくて、それが史的イエスについての古い問いを刷新しまたイエスをその使信や振舞い、存在関係性（Daseinsverhältnis）において直接的に福音の内容と基準とすること、即ちブルトマンが拒否したものの転換にある」（シュミトハル

152　本書の 98 頁を参照。
153　Eberhard Jüngel: *Paulus und Jesus*. S.2.
154　Heinz Zahrnt: *Die Sache mit Gott*. S.287.

ス）[155] と言えよう。史的イエスの問題を巡っての、ブルトマンからブルトマン学派の神学者たちへの展開の道程の中に、はたして「逆説から歴史へ」のキリスト論的な思惟の転換する行路を辿ることができる[156]。

　そこで以下において、ブルトマン学派の指導的な神学者であった（1）ケーゼマン（新約聖書学）と（2）エーベリング（教義学）における「史的イエスの再発見」の試みの輪郭を素描してみたい。

（1）ケーゼマンにおける史的イエスの再発見の始まり

　「史的イエスの再発見」の試みは、恩師ブルトマンに向けられたケーゼマンの講演「史的イエス問題」（1953 年講演、1954 年出版）における問題提起をもってその嚆矢とすることができよう。そこでケーゼマンは、イエスの到来の「事実（Daß）」へと歴史的な関心を可能な限り排他的に制限するブルトマンの「逆説のキリスト論」を越えて、さらに「神学者において必然的にまた典例的に史的イエスや信仰にとってのその意義の問題へと具体化されなければならない歴史（Geschichte）と歴史性（Geschichtlichkeit）についての適切な理解の問い」[157] に取り組んだ。それはケーゼマンが、ブルトマンの「宣教的な神学」の中に——ブルトマン自身の意図に反して——イエス・キリストにおける神の啓示の歴史（Geschichte）を人間の実存理解の所与としての歴史性（Geschichtlichkeit）へと解消するようなグノーシス＝ドケティズム的な傾向が韜晦することを看破したからであった。かつてブル

155　Walter Schmithals: 75 Jahre Bultmanns Jesus-Buch. In: *Zeitschrift für Theologie und Kirche* 98. S.51.

156　かかる史的イエスの問題を巡ってのブルトマンからブルトマン学派の神学者たちへの展開の道程を、「反乱（Aufstand）」あるいは「方向転換（Kurswechsel）」（Heinz Zahrnt: A.a.O. S.281）として詮索するのではなくて、師匠と弟子たちの学派内の神学的な思索の「自己修正（Selbstkorrektur）」の作業として位置付けたい。なお神学における「自己修正」の意義については、以下の拙論を参照。八谷俊久『逆説から歴史へ——バルトにおけるキリスト論的な思惟の変貌』13 頁。

157　Ernst Käsemann: Das Problem des historischen Jesus. In: *Zeitschrift für Theologie und Kirche* 51. S.126.

第 4 章　ブルトマン学派における史的イエスへの新しい問い　　117

トマンによって描出されたところの、史的イエスと「宣教（ケリグマ）の
キリスト」の「対立図は宣教する者から宣教された者への歴史的な展開
（historische Entwicklung vom Verkündiger zum Verkündigten）を不可解なものとす
るし、またそれは神学的に根拠のないものでもある。何故ならそれによっ
てイエス・キリストは非歴史的・神話的な姿形へと霧散してしまうように
見えるからである」（フィシャー）[158]。

　そこでケーゼマンは――新約聖書における史的イエスと原始教団のキリ
スト論的な宣教（ケリグマ）の関係についての聖書釈義的な問題設定から
出発して――イエス自身の言葉と振舞い（例えば「山上の垂訓」における反命
題の言明（マタ 5,21 を参照）や「清めの戒め」を巡っての論争（マタ 15,1 以
下を参照））における神的・メシア的な「権威（Autorität）[159]」を史的イエスの
根本特徴として位置付け、ついには恩師ブルトマンに向けて以下のような
画期的な結論を導き出した。

　　「私たち（＝ケーゼマンたち）の問題の問題性は、高挙の主が地上の主
　　の像をほとんど吸収し尽くし、また教団がそれにもかかわらず地上の
　　主と高挙の主の同一性（Identität des erhöhten mit dem irdischen）を主張し
　　ていることにある。……史的イエスについての問いは、正しくは時間
　　の非連続性や宣教（ケリグマ）の多様性における福音の連続性につい
　　ての問いである」[160]。

　原始教団のキリスト論的な宣教（ケリグマ）において「地上の主イエス・
キリスト」と「高挙の主イエス・キリスト」が内容的に同一であるならば、
イエスの史実性は単にキリスト教信仰にとっての「歴史的な諸前提（die

158　Hermann Fischer: *Systematische Theologie*. S.188.

159　Ernst Käsemann: A.a.O. S.144.
　　「イエスは恐るべき権威をもって律法（トーラー）の文言やモーセの権威を
　　無視することができた」（a.a.O. S.146）。

160　A.a.O. S.152.

geschichtlichen Voraussetzungen）」[161] に過ぎないのではなく、かえってそれは本来的に「構成的（konstitutiv）」[162] であるはずである。[163]

　　「『史的イエス』は、彼（＝イエス）についての、即ち……彼を信じる
　　教団の主として存在したことについての唯一の実際の証言である新約
　　聖書において、私たちに出会うのである」[164]。

　ケーゼマンによれば、史的イエスは「宣教（ケリグマ）のキリスト」についての原始教団の証言の中に見出される。「私たちは福音書において史的イエスと出会う。そして私たちにそこで出会う者は、彼についての復活証言と矛盾しない」（ヒュブナー）[165]。原始教団のキリスト論的な宣教（ケリグマ）においては、「地上の主イエス・キリスト」と「高挙の主イエス・キリスト」は内容的に同一なのである。新約聖書における「地上の主と高挙の主の同一性」あるいは「卑下の主と高挙の主の同一性」[166] についてのケーゼマンの主張をもって、ブルトマン学派の神学者たちによる「史的イエスの再発見」が始まり、それと同時に恩師ブルトマンの「逆説のキリスト論」からの決別が敢行された。[167]
　以上のようにして、ブルトマンの「宣教的な神学」に対する批判と密接に連動してケーゼマンによって新しくもたらされたキリスト論の問題設定は、直ちにボルンカムやコンツェルマン、フックス、エーベリング、ロビ

161　Rudolf Bultmann: *Theologie des Neuen Testaments*. S.2.

162　Ernst Käsemann: A .a.O. S.141.

163　「一貫してブルトマンはこのイエスの宣教をただ新約聖書神学の諸前提
　　に数え上げているが、その本来的な中心要素に数え上げてはいない」（Peter
　　Stuhlmacher: Vom Verstehen des Neuen Testaments – Eine Hermeneutik. S.188）と指摘
　　して、シュトゥールマッハーもブルトマンを批判している。

164　A.a.O. S.132.

165　Eberhard Hübner: *Evangelische Theologie in unserer Zeit*. S.210.

166　Ernst Käsemann: A.a.O. S.152.

167　Cf. Walter Kreck: Die Frage nach dem historischen Jesus als dogmatisches
　　Problem. In: *Evangelische Theologie* 22. S.462.

第4章　ブルトマン学派における史的イエスへの新しい問い　　　119

ンソン、ブラウンなどのブルトマン学派の神学者たちの中で活発な議論を
喚起し、さらには恩師ブルトマン自身も巻き込みながら広く衆目を集めて、
第二次世界大戦以後のキリスト教神学における一つの大きな潮流を形成し
ていった。

(2)　エーベリングにおける史的イエスの再発見の展開

　（1）さてエーベリングは「史的イエス研究」の枠組みの中でキリスト論
にとってのイエスの史実性の意義を聖書釈義の作業によってだけではなく
て、教義学や解釈学の手法をもって探求した。史的イエスへの新しい問い
を巡ってエーベリングは、後期ハイデッガー哲学の影響の下にある独自の
「言語」理解から出発する。エーベリングにおいて史的イエスについての
問いは 19 世紀の「イエス伝研究」においてのようなキリスト教信仰の基
礎付けのためのイエス像の再構築を目指すのではなくて、まずはイエスに
おける「言葉の生起における出来事（Ereignis im Wortgeschehen）」[168] あるいは
「現実性の言語性（Sprachlichkeit der Wirklichkeit）」[169] にまつわる解釈学的な問題
と関っていた。

　かかる史的イエスの再発見の課題についてエーベリングは、以下のよう
に要約している。

　　「キリスト論の課題は、イエス自身において言語化されたものを言語
　　化することに他ならない」[170]。

　そしてエーベリングによれば、イエス自身において言語化されたものと
は「信仰」[171] であった。それゆえに「信仰」概念が、史的イエスとキリスト

168　Gerhard Ebeling: Die Frage nach dem historischen Jesus und das Problem der
　　Christologie. S.21.

169　A.a.O. S.20.

170　A.a.O. S.30. auch S.20.

171　A.a.O. S.21 und 24.

第Ⅱ部　もう一つの「逆説から歴史へ」

論的な宣教（ケリグマ）の関係についての解釈学的な問いの中心に位置付けられることとなる。

　（2）もとよりキリスト教信仰は、イエス自身において言語化されたものを言語化する営みである。新約聖書におけるイエスについての伝承の全てが収斂するところで、エーベリングは「信仰の言語化（Zur-Sprache-Kommen des Glaubens）[172]」あるいは「信仰の証言（Zeuge des Glaubens）[173]」を見出した。それゆえにエーベリングにとって、「史的イエスは信仰のイエスである[174]」。そうであるならば、宣教（ケリグマ）のキリストに基づくキリスト教信仰は史的イエスについての「正しい理解」に他ならない。

　　「復活以後の信仰（(d)er nachösterliche Glaube）は、まさしく復活以前のイエスについての正しい理解（das rechte Verstehen des vorösterlichen Jesus）として認められる[175]」。

　はたしてイエス自身において言語化された「信仰」と原始教団によるイエス・キリストについての「信仰」の関連付けを巡って、史的イエスと宣教（ケリグマ）のキリスト、即ち「宣教するイエス」と「宣教されたキリスト」の間には、やはり一定の連続性が見出されることとなる。それはユンゲルの言葉を借りてさらに別言するならば、「イエス・キリストの（目的語所有格）宣教についての問いは、イエスの（主語所有格）宣教についての問いを内包する[176]」からである。それゆえにエーベリングにとって史的イエスへの新しい問いは、かつてブルトマンが主張したような単にキリス

172　A.a.O. S.22.
173　A.a.O. S.30.
174　A.a.O. S.24.
175　A.a.O. S.28.
176　Cf. a.a.O. S.29.
177　Eberhard Jüngel: A.a.O. S.81.

第4章　ブルトマン学派における史的イエスへの新しい問い　　　121

ト教信仰にとっての「歴史的な諸前提[178]」に過ぎないのではなく、かえって「キリスト論のための解釈学的な鍵（Schlüssel）[179]」となる。そこでは史的イエスそれ自身が「キリスト論の基準（Kriterium der Christologie）[180]」であり、さらには「キリスト論にとってイエスへの関連付けが不可欠である[181]」と言われる。

　そしてかかるエーベリングの史的イエスの再発見の展開から——さらに恩師ブルトマンにおいてとは異なった——史的イエスの「事実（Daß）」と「内容（Was）」の新しい関係規定へと帰結する。

2.　史的イエスの「事実」と「内容」の新しい関係規定

　1950年代のキリスト論についての議論の動向の中でエーベリングは、恩師ブルトマンとの対決によって触発された史的イエスへの新しい問いを巡っての、「事実（Daß）」と「内容（Was）」の新しい関係規定を構想した。そこでエーベリングにおける史的イエスの再発見の試みを、およそ3つの内容をもって要約することができよう[182]。

　（1）まずブルトマンにおける史的イエスの「事実」をその「内容」や「様態」から区分する仕方は、歴史的な視点からは過分に技巧的・作為的であるように思われる。それゆえにイエスの到来の「事実」へと史的な関心を可能な限り制限することをもって語られるものは、歴史における神の

178　本書の 85 頁を参照。

179　Gerhard Ebeling: *Theologie und Verkündigung*. S.52.

180　Gerhard Ebeling: Die Frage nach dem historischen Jesus und das Problem der Christologie. S.15.

181　A.a.O. S.14.

182　なお以下のエーベリングにおける史的イエスの再発見の試みについての要約は、フィシャーの叙述（Hermann Fischer: Systematische Theologie. S.190f.）を斟酌して敷衍したものである。

啓示の出来事についての抽象化された無内容な史実性に過ぎないものとなる。イエスの歴史的な現実性の「内容」や「様態」が具体的に理解されることがないならば、その「事実」それ自体は信仰と関わることがないであろう。

　そこでエーベリングは史的イエスの「事実」と「内容」や「様態」の相互関係を、以下のように規定した。

　　「私（＝エーベリング）が史的な出来事の『事実』について知るのは、ただ私がその『内容』や『様態』についての何らかの知識（irgendein Wissen）を持つことによってだけである。史的な出来事としての出来事の『内容』や『様態』についての知識は、その『事実』についての知識を内包している[183]」。

　歴史における神の啓示の出来事の「事実」は、史的イエスの現実的な「内容」や「様態」を本来的に前提としている。それゆえに史的イエスの「事実」から「内容」や「様態」が区分されるとしても、相互の連関性を看過して断絶した関係に位置付けることはできないのである。

　（2）ところでナザレのイエスについての原始教団の信仰的な関心がもとよりイエスの到来の「事実」を越えていることは、すでに聖書釈義的な研究によって確証されている。あるいは少なくとも新約聖書の共観福音書は——パウロあるいはヨハネと異なって——福音書の文学類型の枠組みの中でナザレのイエスの生と苦難、十字架の死を一つの歴史として物語っていると言えよう。

　　「イエスの歴史（Geschichte）が『メシア的』として見做されるのは、単に偶然にその幾つかが回想されるからではなくて、明らかにイエス

183　Gerhard Ebeling: *Theologie und Verkündigung*. S.68.

第4章　ブルトマン学派における史的イエスへの新しい問い　　123

の史実性（Historizität）の事柄だけではなくその現出の内容や様態についても関心が向けられているからである。もちろんそれは史的・批判的にではなくて、宣教（ケリグマ）の具体性についての信仰の関心においてである[184]」。

　共観福音書が証言するナザレのイエスの歴史の「内容」や「様態」をもって、イエスの到来の「事実」についての原始教団の信仰的な関心はすでに具象化されている。それゆえにエーベリングによれば、「（イエスの到来の）『事実』は、そこでイエスと原始キリスト教の宣教（ケリグマ）が収斂するところの『内容』である[185]」。

　（3）最後に「暗示されたキリスト論（implizite Christologie）」と「明示されたキリスト論（explizite Christologie）[186]」の内的な連関に相応するところの、原始教団のキリスト論的な宣教（ケリグマ）との史的イエスの実質的な一致についての問いが取り扱われる。復活以前の史的イエスにおいて暗示的に内包されているものが、復活以後の原始教団の宣教（ケリグマ）において明示される。即ち復活以後の原始教団の宣教（ケリグマ）において明示されるキリスト論は、すでに復活以前の史的イエスにおいて暗示的に内包されているのである。

　そこでエーベリングにおいては、「暗示されたキリスト論」と「明示されたキリスト論」の関係規定が、以下のように定式化される。

　　「キリスト論的な宣教（ケリグマ）は、彼（＝イエス）の人格、即ち彼の登場と宣教において暗示されたものの明示である[187]」。
あるいは

184　A.a.O. S.126f.

185　A.a.O. S.73. auch S.69.

186　本書の 97 頁以下を参照。

187　Gerhard Ebeling: A.a.O. S.72.

第Ⅱ部　もう一つの「逆説から歴史へ」

124

　「明示されたキリスト論的な宣教（ケリグマ）は、イエスの人格それ自
体である暗示されたキリスト論的な宣教（ケリグマ）においてその根
拠を持つ。明示されたキリスト論的な宣教（ケリグマ）は、イエスが
神を具体的に告知したことから生じる」[188]。

　原始教団の宣教（ケリグマ）は、すでに史的イエス自身において、即ち
ナザレのイエスの生と苦難、十字架の死において——けれどもなお「暗示
されたキリスト論」として——言語化されたものを明示的に言語化してい
る。ここでエーベリングは——恩師ブルトマンと比較するならば——史的
イエスの終末論的な使信が本来的に宣教（ケリグマ）を内包していること
をより明確に主張している[189]。即ち原始教団のキリスト論的な宣教（ケリグ
マ）は、史的イエスにおいて言語化されたものの中にその根拠を持つので
ある。

3.　キリスト教信仰の根拠としての史的イエス

神の啓示の歴史の回復

　「……イエスにおいて言語化されたものは、キリスト論的な宣教（ケリ
　グマ）の根拠である」[190]。

　以上のようにして、エーベリングによる史的イエスの「事実（Daß）」と
「内容（Was）」の新しい関係規定において、原始教団のキリスト論的な宣
教（ケリグマ）はその唯一の根拠として史的イエスを前提としている。何
故なら史的イエスの外側には、原始教団の宣教（ケリグマ）を基礎付ける

188　　A.a.O. S.79f.

189　　Cf. a.a.O. S.69.
　　　auch Rudolf Bultmann: *Das Verhältnis der urchristlichen Christusbotschaft zum
　　　historischen Jesus*. S.15.

190　　Gerhard Ebeling: A.a.O. S.80.

第4章　ブルトマン学派における史的イエスへの新しい問い　　125

ことのできるような歴史的な事柄は存在しないからである。それゆえに
「キリスト論的な視点においては、史的イエス自身において基礎付けられ
ないものは何もイエスについて語られてはならない[191]」と言えよう。ナザレ
のイエスのメシア的な言葉と振舞いによる終末論的な使信が存在しないな
らば、キリスト教信仰は成立しなかったであろう。

　かくしてここに、「宣教するイエス（der verkündigende Jesus）」から「宣教
されたキリスト（der verkündigte Christus）」への線分が鮮明に描出されるこ
ととなる[192]。

　　「……キリスト論は、神を具体的に表明しそれを通して信仰と不信仰
　　が切迫するようにその状況を規定するという権能の結果として、イエ
　　スにおいて基礎付けられる[193]」。

　キリスト教信仰がイエスの終末論的な決断の招きへの応答であるとする
ならば、イエス自身において言語化されたものの人格的な習得が信仰の根
拠、即ち「信仰を基礎付ける出来事[194]」となると言えよう。キリスト教信仰
は──決して歴史研究の成果によって保証されるのではないけれども──
史的イエスの歴史的・具体的な現実性を適切に理解することなしには、正
しい信仰的な決断を下すことができないであろう。キリスト教信仰にとっ
ては史的イエスが、あるいはより正確にはナザレのイエスの歴史的・具体
的な現実性において言語化されたものの全てが不可欠なものである。はた
して「（キリスト教の）宣教（ケリグマ）はナザレのイエスをもって始まっ

191　Gerhard Ebeling: Die Frage nach dem historischen Jesus und das Problem der
　　Christologie. S.24.
192　さらにヘルレは、「私たちは原始教団の宣教に基づいてのみ地上のイエス
　　（(der) irdische(-) Jesus）について知るのであり、従ってただ『宣教された宣教
　　者（verkündigte(r) Verkündiger）』として宣教者を知る」と指摘している（Wilfried
　　Härle: Dogmatik. S.341. Anm.34）。
193　Gerhard Ebeling: *Theologie und Verkündigung.* S.75.
194　A.a.O. S.81.

第Ⅱ部　もう一つの「逆説から歴史へ」

126

た」（ツァールント[195]）。

結　論

（1）以上のように、ブルトマン学派の神学者たちによる「史的イエスの再発見」の試みは、ブルトマンの「宣教的な神学」の中に――ブルトマン自身の意図に反して――韜晦するところの、イエス・キリストにおける神の啓示の歴史（Geschichte）を人間の実存理解の所与としての歴史性（Geschichtlichkeit）へと解消するようなグノーシス＝ドケティズム的な傾向を憂慮して[196]、キリスト論的な宣教（ケリグマ）の唯一の根拠と対象であるナザレのイエスの歴史的・具体的な現実性を適切に回復することを目指していた。一体にキリスト教信仰の内実は新しい実存理解に基づく宣教（ケリグマ）の決断の要請においてのみ解明されるものではなくて、具体的な振舞いをもった模範の生へのまねびの実現によって遂行されるものでもあろう。即ち「（キリスト教信仰の）解明はもはや単に語りかけ（Anrede）への応答や決断の要請（Entscheidungsforderung）への態度決定から生じるのではなくて、模範のまねび（Nachfolge eines Vorbildes）において……生じる」（スレンツカ[197]）のである。そしてここに――19世紀の「イエス伝研究」あるいは20世紀前半のブルトマンの「宣教的な神学」とも異なった仕方において――史的イエスと「宣教（ケリグマ）」のキリストの類比的な関係規定をもってキリスト像を新しく構築する可能性が伏在しているように思われる。

　史的イエスの問題を巡っての、ブルトマンからブルトマン学派の神学者

195　Heinz Zahrnt: A.a.O. S.295.

196　それに対してブラウンは――すでに恩師ブルトマンが試みたように――新約聖書の宣教（ケリグマ）の内容を神の前での信仰の自己理解あるいは実存理解へと還元する方向において、原始キリスト教団の使信についての実存論的な解釈を徹底化させた（本書の103頁注118を参照）。

197　Reinhard Slenczka: *Geschichtlichkeit und Personsein Jesu Christi*. S.112.

たちへの展開の道程の中に、はたして「逆説から歴史へ」のキリスト論的な思惟の転換する行路を辿ることができた。

（2）しかしながらブルトマン学派の神学者たちによる「史的イエスの再発見」についての神学的な関心それ自体は——第二次世界大戦以後のキリスト教神学者たちの間では広く衆目を集めて大きな潮流を形成していったが——その学的な議論の方法と内容があまりに細微にして煩雑であったためか、キリスト教界全体には深く浸透せずに早くも 1960 年代半ばには「衰退する」（フィシャー）[198]こととなった。

そしてそれに代わって——ブルトマンの「宣教的な神学」による新約聖書の「非神話化」のプログラムの解釈学的な問題と並んで——（1）ティリッヒの「相関」の方法による組織神学の構築や（2）ボンヘッファーが獄中で構想した「聖書的な諸概念の非宗教的な解釈」にキリスト教界の関心が向けられ、加えて（3）モルトマンが『希望の神学』（1964 年）をもってバルト神学以後のキリスト教神学界の寵児として華々しく登場する。20 世紀後半のプロテスタント神学におけるキリスト論の諸問題は、はたして「歴史から世界へ」とその射程を広げていった。

198　Hermann Fischer: A.a.O. S.191.

第Ⅲ部　「歴史から世界へ」

20 世紀プロテスタント神学におけるキリスト論の諸問題

「神学の現在の課題についての……全ての思惟は、結局は今日いつも同じ問いに終着する。即ち如何にして啓示が解明する現実性は、私たちが認識し経験する現実性と関係するのか……要約すれば如何にして神は世界に関係するのかという問いである」（ツァールント）[1]。

1　Heinz Zahrnt: *Die Sache mit Gott*. S.327.

第5章 「新しい存在」の開示としてのキリスト像

『組織神学』Ⅱにおけるティリッヒのキリスト論の意義と限界

序　論

　　第一次世界大戦直後の瓦解した時代の危機意識の中で、歴史主義的な研究方法に基礎付けられた19世紀の「自由主義神学」の徹底的な克服を目指して、「キリストをもはや肉によっては知るまい」（Ⅱコリ 5,16 を参照）とのパウロの信仰告白を旗印にして、また受容の視点や濃度は各々の神学者の思想的な背景によってそれぞれ異なるもののキェルケゴールの「逆説のキリスト論」の圧倒的な影響の下で、いわゆる「弁証法神学」（あるいは「危機の神学」）がバルトやブルトマン、ブルンナー、ゴーガルテン、トゥルナイゼンたちによって提唱された。そして「弁証法神学」における「危機＝モチーフ」は「神の神性の再発見（Wiederentdeckung der Gottheit Gottes）」（ツァールント）と密接に連動して、その衝撃はドイツ語圏のキリ

2　Karl Barth: Fünfzehn Antworten an Herrn Professor von Harnack. In: *Theologische Fragen und Antworten*. S.13.
　　Cf. Rudolf Bultmann: Zur Frage der Christologie. In: *Glauben und Verstehen* 1. S.101.

3　なお20世紀のキリスト教神学へのキェルケゴールの「逆説のキリスト論」の影響については、本書の41頁以下を参照。

4　Heiz Zahrnt: *Die Sache mit Gott*. S.50. auch S.23.
　　ツァールントは、第一次世界大戦直後の瓦解した「時代の危機の中（in der Krise der Zeit）」（Heiz Zahrnt: A.a.O. S.26）で20世紀の新しい神学運動である弁証法神学が台頭しまた分裂するまでの経過を、極めて躍動的な筆致をもって

第5章　「新しい存在」の開示としてのキリスト像　　　　　131

スト教界内に急速に波及しついにはキリスト教神学の全面的な刷新をもたらした。

　しかし間もなく逆説のキリスト論的な思惟を基調とした「弁証法神学」に向けてイエス・キリストの歴史性を捨象する陥穽が指摘され始めて、キリスト教神学界に対する「弁証法神学」の影響力も次第に後退していった。さらに第二次世界大戦後のキリスト教神学の関心は、「史的イエスの再発見（Wiederentdeckung des historischen Jesus）」の新しい潮流の中で専らキリストとして告白されたイエスの歴史性へと向けられていった。[5]

　かかる20世紀のキリスト教神学の動向を先取りするかのようにして、ティリッヒにとってもイエス・キリストにおける神の啓示の歴史性はすでにその始めより絶えず神学的な関心の対象であった。「問いと答えのように、歴史とキリスト論は結び付いている」[6]と、キリスト教真理はただ歴史においてのみ実現することは、ティリッヒが早くから一貫して抱いていた神学的な確信であった。

　　「……危機の宣教は歴史であり、その内容は歴史的な内容である。この使信が宣教されるところで、啓示の場所は歴史の真中にある」[7]。
あるいは
　　「キリスト教において決定的な出来事は歴史の真中で生じる。またこ

――――――――――――――

　描述している。ただしそこでのバルトやブルトマンについてのツァールントの全体的な評価は、専らティリッヒの視点を借りて下されているので公正とは言えない。
　なお弁証法神学の定義や歴史、時代背景また個々の神学者の思想内容の共通点や相違点については、Wilfried Härle: Dialektische Theologie. In: TRE. 8. S.683ff. を参照。

5　Cf. Heiz Zahrnt: A.a.O. S.279ff.

6　Paul Tillich: Christologie und Geschichtsdeutung. In: *Paul Tillich. Main Works —— Hauptwerke* 6. S.190.

7　Paul Tillich: Kritisches und positives Paradox. In: *Anfänge der dialektischen Theologie* 1. S.173.

132 第Ⅲ部 「歴史から世界へ」

の出来事を通して歴史はその中心を保持する」[8]。

　そしてイエスの歴史的な事実性とキリストについての信仰告白の関係付け[9]を基底としつつ、これよりティリッヒは――バルトやブルトマンとは異なった――独自の、いわゆる「相関の神学」をもって、その成果を晩年の主著である『組織神学』Ⅰ－Ⅲ（1951/55-63/66年）において見事に結実させることとなる。

　そこで本章では、キリスト教教理史におけるキリスト論の諸問題を絶えず斟酌しつつ、ティリッヒの「（神学）体系の中心」（フィシャー）[10]に位置付けられるキリスト論的な思惟の構造と内容を、主に『組織神学』Ⅱ・第3部「実存とキリスト」（1957/58年）において考察し、またその射程の広がりと限界について究明したい。

1.「肯定的な逆説」概念

ティリッヒ神学の始まり

　もとよりバルトはティリッヒにとっての「決定的な対話の相手」（トラック）[11]であり、はたしてティリッヒはバルトとの不断の対話をもってその神学的な思惟を構築したとも言えよう。すでにキリスト教信仰における「逆説」理解を巡ってティリッヒの初期論文「批判的な逆説と肯定的な逆説」（1923年）は、（初期）バルト神学との（1）一致と（2）対決という、2

8　Paul Tillich: *Systematische Theologie* II. S.97. = Paul Tillich: *Systematic Theology* II. P.88.

9　なおキリスト教信仰における「啓示」と「歴史」の関係付けについては、本章の注112と注113、注114を参照。

10　Hermann Fischer: Die Christologie als Mitte des Systems. In: Paul Tillich. Studien zu einer Theologie der Moderne. S.208.

11　Joachim Track: Paul Tillich und die Dialektische Theologie. In: *Paul Tillich. Studie zu einer Theologie der Moderne.* S.139.

第5章　「新しい存在」の開示としてのキリスト像　　　　　　　　133

つの相反する関係を示唆している[12]。

（1）バルトとの一致

　第一次世界大戦直後の瓦解した時代の中でティリッヒやバルトは、その神学的な思惟を 19 世紀のいわゆる「自由主義神学」に向けての「危機＝モチーフ」をもって開始した。そこで「弁証法神学」（あるいは「危機の神学」）における「神の神性の再発見」は、全ての「絶対的なものの非逆説的・直接的・事物的な把握（unparadoxe, unmittelbare, gegenständliche Fassung des Unbedingten)[13]」に対する徹底的な反抗を喚起して、ついにはキリスト教神学の全面的な刷新をもたらした。

　かかるキリスト教神学界を震撼させた新しい神学運動の衝撃についてティリッヒは、以下のように称揚した。

　　「宗教の非逆説的な絶対性の要請に対する闘いを遂行したことは、危機の神学の最大の功績である。そしてそれについてのカール・バルトのロマ書講解の中の言葉は、偶像破壊である[14]」。

　そしてパウロ＝宗教改革的な義認論を基調とした「神の神性の再発見」による宗教・文化批判を巡って、当時のバルト神学へのティリッヒの深い賛同が宣言される。

　　「従って私たちは、徹底的にバルトの側に、即ちこの関連においてキェルケゴールやパスカル、ルターやアウグスティヌス、ヨハネやパウロの側に立たなければならない。絶対的なものへの直接的・非逆説的なそして絶えず徹底的な否定を通過していない関係は、絶対的なものへの関係ではなく、絶対的であることを要請する限定的なものへの関

12　Cf. Joachim Track: A.a.O. S.140ff. besonders S.141.

13　Paul Tillich: Kritisches und positives Paradox. S.174.

14　A.a.O. S.171.

係、即ち偶像への関係である。そして宗教や聖書あるいはキリストや神などの、逆説を表現するべき物事や言葉は、偶像的＝非弁証法的な性格を持ちまた事物的・限定的となるという不断の危険に晒されているのである」[15]。

バルトの「弁証法神学」の「危機＝モチーフ」への根本的な共感を抱きつつ、ティリッヒはキリスト教神学における絶対的なものと相対的なものあるいは神的なものと人間的なものの関係についての教義学的な言明の逆説的な性格を明示した。ティリッヒもまたバルトと共に19世紀の自由主義神学の幻想の残骸を踏み越えて邁進する新しい神学運動の若き旗手の一人であった。

(2) バルトとの対決

（１）しかしながらバルト神学の「危機＝モチーフ」への根本的な共感にもかかわらず、すでにティリッヒは「逆説」理解に関して両者の間に横たわる相違を認識していた。ティリッヒによれば、バルトの弁証法神学には神学における「肯定（Position）」と「否定（Negation）」が共に生じる基盤であるところの、いわば「肯定的な根底（positive Wurzel）」[16]が欠如している。そしてこの「肯定的な根底」なしでは、弁証法の弁証法的な自己止揚は止揚され得ず、単に絶対的なものへと漸進するだけに過ぎないであろう。それゆえにバルトの弁証法神学の中には、神学における肯定的なものが究極的には非弁証法的なものに不当に摩り替えられる陥穽が伏在することとなる[17]。

それに対してティリッヒは、「それを基盤にして否定全般が初めて可能となるところの肯定を批判的な否定の承認のもとで明示することを求め

15　A.a.O. S.166.

16　A.a.O. S.172.

17　Cf. a.a.O. S.166.

第5章 「新しい存在」の開示としてのキリスト像　　135

る」という神学的な要請を挙げた。ここでキリスト教神学は、まず「肯定」と「否定」の弁証法的な一致を根源的に措定するところの「肯定」である「肯定的な根底」を構築することを必須とする。

　　「ただ恩恵によってのみ審判は審判となる。ただ愛が明らかとなるところでのみ、怒りは怒りとして明らかとなる。恩恵との一致がないならば、審判は自然の審理である」。
あるいは
　　「それ（＝危機の神学）は、それ自体は危機ではなくて創造と恩恵であるところの前提を持っている。危機を通してのみ、ただ逆説的にそれ（＝その前提）について語ることができる」。

　そこからティリッヒは、「逆説についての批判的な把握において前提とされる肯定的な把握」あるいは「否定（Nein）の前提である肯定（Ja）の把握」をもって「批判的な逆説から肯定的な逆説への遡行（Rückgang vom kritischen zum positiven Paradox）」を完遂することをキリスト教神学の緊切の

18　A.a.O. S.166.

19　ベルリン講義『啓示の哲学』（1841/42 年）における「否定的な哲学（negative Philosophie）」と「積極的（実定的）な哲学（positive Philosophie）」の概念的な区別を基調とした後期シェリングの「動力学（Potenzlehre）」が、キェルケゴールの実存思想と合わさって、ティリッヒ神学の形成に多大な影響を及ぼしたことは確かに言えるであろう（cf. Peter Steinacker: Die Bedeutung der Philosophie Schellings für die Theologie Paul Tillichs. In: Paul Tillich. Studie zu einer Theologie der Moderne. S.37ff.）。
　なお後期シェリングとキェルケゴールの関係については、Anton Mirko Koktanek: Schellings Seinslehre und Kierkegaard. S.19ff. und besonders S.65ff. を参照。

20　Paul Tillich: A.a.O. S.168.

21　A.a.O. S.174.

22　A.a.O. S.167.

23　A.a.O. S.167.

24　A.a.O. S.167.

第Ⅲ部 「歴史から世界へ」

課題と見做した。

> 「創造と救済と完成において逆説の意味が信仰に語られる。まさしく
> それによって、ただ弁証法的にだけではなくて現実的（real）にその
> 逆説の下におかれる批判的な逆説の神学は積極的な逆説の神学とな
> る」[25]。

　ここに当時のバルト神学に対する、ティリッヒの「逆説」理解の異同が
洞見される[26]。

　(2) そしてかかる「否定」の前提を弁証法的に形成するところの「肯定」
である「肯定的な根底」の確立は、ティリッヒによればまずキリストの歴
史の中に、即ちキリスト論において探求されなければならない。

> 「彼ら（＝バルトとゴーガルテン）は危機の神学の肯定的な根底を看
> 過しているが、危機の宣教が基礎付けられる歴史の中に一つの肯定
> （Position）を探すようにと強いられている。この啓示の場所がキリス
> トである。キリスト論において肯定的な逆説と否定的な逆説の対立が
> 決定的に解決される」[27]。

25　A.a.O. S.174.

26　ところでティリッヒに対してバルトは、神学における「肯定」と「否定」
を止揚する具体的な主体は弁証法的な思惟としてではなく、ただ神（ある
いはキリスト）自身だけであると主張して、ティリッヒに鋭鋒を向け激しく
抗弁した。「もし人が神学者として神の逆説（göttliche(s) Paradox）と関わる
べきことを知っているなら、『肯定的な逆説（positive(s) Paradox）』について
語らないであろう」（Karl Barth: Von der Paradoxie des „positiven Paradoxes". In:
Anfänge der dialektischen Theologie 1. S.183）。それゆえにバルトは──ルターや
キェルケゴールではなく──ヘーゲルやシュライエルマッハーの系譜の流れ
にティリッヒの神理解を位置付けた（Karl Barth: Von der Paradoxie des „positiven
Paradoxes". S.183）。

27　Paul Tillich: A.a.O. S.173.

第5章 「新しい存在」の開示としてのキリスト像　　137

　それゆえに（初期）バルト神学との対決の中でティリッヒが拵えた「批判的な逆説から肯定的な逆説への遡行」についての論陣は、これよりキリスト論の構築のための前哨ともなった。

2.「問い」と「答え」の相関関係
ティリッヒ神学の方法論

　さて晩年の主著『組織神学』においてティリッヒは、キリスト教神学を弁証法的に構築するための基盤である「肯定的な逆説」概念を――バルト神学においては全面的に拒絶された[28]――「問い」と「答え」の相関の方法論的な原理をもって再構成した。ここでティリッヒが駆使する「問い」と「答え」の「相関（Korrelation）とは、1923年の批判的な逆説と肯定的な逆説の神学的な構想の、方法論的なものへの転用である」（フィシャー）[29]と言えよう。

（1）相関の方法の構想
　ティリッヒは人間実存についての哲学的な「問い」と神の自己啓示から生じる神学的な「答え」を相関関係の中に併置する。そしてここにティリッヒ神学に固有な「問い」と「答え」の相関の方法が構想される。

　　「神学は、人間実存の中に含まれた問い（die in der menschlichen Existenz
　　beschlossenen Fragen = the guestions implied in human existence）を明言する。
　　そして神学は、人間実存の中に含まれた問いの方向の下で、神の自

28　なおバルト神学の側からの、ティリッヒの「問い」と「答え」の相関の方法の批判については、バイントカーが詳細に論述している（Michael Beintker: Die Dialektik in der „dialektischen Theologie" Karl Barths. S.76ff.）。

29　Hermann Fischer: Die Christologie als Mitte des Systems. S.222.
　　Cf. Hermann Fischer: Systematische Theologie. S.154.

己告知の中に含まれた答え（die in der göttlichen Selbstbekundung liegenden Antworten = the answers implied in divine self-manifestation）を明言する。それは問いと答えがもはや互いに分離されない一点へと人間を駆り立てるところの円環（Zirkel = circle）である」[30]。

　ここで適用される相関の方法の「円環」の中の哲学的な「問い」と神学的な「答え」の二重の関係規定、即ち（1）「問い」への「答え」の「形式的（formal）」な依存性と（2）「問い」への「答え」の「内容的（inhaltlich）」な非依存性が、以下のように要約される。

　　「それ（＝神学的な体系）は問いから答えを導き出さないし、また問いと関わらない答えを与えるのでもない。それは問いと答えあるいは状況と使信、人間の実存と神の自己啓示を相関へ設定する」[31]。
あるいは
　　「問いと答えの間には相互の互換関係（gegenseitige Wechselbeziehung = mutual dependence）がある。内容的にキリスト教的な答えは、それが顕現する啓示の出来事に依存する。形式的にはそれは、それが答えとなるべき問いの構造に依存する。神が人間の有限性の中にある問いを巡っての答えである。この答えは実存分析から導き出されることはできない」[32]。

　（1）まず神学的な「答え」は、それが「答え」となるべき人間の哲学的な「問い」の構造の形式に依存する[33]。予め設定された「問い」の形式に

30　Paul Tillich: *Systematische Theologie* I. S.75. = Paul Tillich: *Systematic Theology* I. P.61.

31　Paul Tillich: *Systematische Theologie* I. S.15. = Paul Tillich: *Systematic Theology* I. P.8.

32　Paul Tillich: *Systematische Theologie* I. S.79. = Paul Tillich: *Systematic Theology* I. P.64.

33　Cf. Paul Tillich: *Systematische Theologie* II. S.19. = Paul Tillich: *Systematic*

第5章 「新しい存在」の開示としてのキリスト像　139

「答え」を馴致させることがないならば、その「答え」は的外れなものとなるであろう。ここで相関の方法は「問い」と「答え」の相互に依存し合った対話的な性格を内包することとなる。

　（2）しかしながら神学的な「答え」の実際的な内容が、人間の哲学的な「問い」から導き出されることはない。予め設定された「問い」の内容に「答え」を馴致させるだけであるならば、その「答え」は空疎なものとなるであろう。神学的な「答え」の内容は、先に設定された「問い」の内容に依存することなく、ただ神の啓示の出来事からのみ賦与され[34]、さらにそれが人間実存についての「問い」を新たに投げかける。

　以上のようにして、互換的な関係にある、いわば螺旋状の「円環」構造を内包した「問い」と「答え」の相関の方法が、ティリッヒによってキリスト教神学の方法論的な原理として援用される[35]。かくしてティリッヒ神

Theology II. P.13.

34　Cf. Paul Tillich: *Systematische Theologie* II. S.20. = Paul Tillich: *Systematic Theology* II. P.14.

35　「……体系の各部は、人間実存や実存一般の分析によって哲学的な問いが展開される章節と、組織神学の根源や媒体、規範に基づいて神学的な答えが賦与される章節を保持する」（Paul Tillich: Systematische Theologie I. S.81. = Paul Tillich: Systematic Theology I. P.66.）。
　そしてティリッヒの『組織神学』Ⅰ－Ⅲは、三一論の教義体系に沿って、第1部「理性と啓示」、第2部「存在と神」、第3部「実存とキリスト」、第4部「生命と霊」、第5部「歴史と神の国」によって構成される。
　ところで「ティリッヒの『組織神学』Ⅰの神論において答えの側で言及された創造と堕罪の主題は、『組織神学』Ⅱのキリスト論においては問いの側へ移っている」（Hermann Fischer: Die Christologie als Mitte des Systems. S.225. auch Hermann Fischer: Systematische Theologie. S.156）。かかる「問い」と「答え」の関係付けを、フィシャーはティリッヒ神学の相関の方法の「根本的な弱点」（Hermann Fischer: Die Christologie als Mitte des Systems. S.225. auch Hermann Fischer: Systematische Theologie. S.156）として否定的に評価しているが、むしろそれは相関の方法によるティリッヒ神学の躍動性の本源であると思われる。もとよりティリッヒ神学における相関の方法とは「問い」と「答え」の直線的な往還運動ではなくて、一つの「答え」が「問い」を新たに投げかけさらに高い次元へと神学的な議論を善導することによって形成されるところの螺旋状の「円環」運動を起動するものである。

第Ⅲ部 「歴史から世界へ」

学全体は、いわば「弁証論的」な性格を帯びることとなる。

(2)「弁証論的な神学」の成立

　「問い」と「答え」の互換的に対応する相関関係の螺旋状の「円環」の中にあって、けれどもティリッヒは人間の「問い」に対する神の「答え」の存在論的な優先を確かに認識していた[36]。

　　「神は人間の問いに対して答える。そして神の答えの刻印（Eindruck ＝ impact）の下で、人間は問いを立てるのである[37]」。

　神の真理の「答え」、即ち全ての存在の根拠としての神の人間への創造的な「肯定（Ja）」は、その「刻印」の下で人間の実存可能性の弁証法的な構造についての「問い」が初めて本来的に措定されることのできるところの、「肯定（Position）」である。「人間の有限性の中に包含される問いは、すでに答え、即ち永遠的なものへと向けられている[38]」。それゆえにキリスト教神学は、人間の哲学的な「問い」に対する「答え」として、ただ神によって賦与される「肯定」を探求するのである。もとより「人間は人間的な状況から神的な自己表明を導き出すことはできない[39]」。かえって「神が人間の有限性の中にある問いに対する答えである[40]」。そしてこの人間への

36　Cf. Hermann Fischer: Die Christologie als Mitte des Systems. S.224.
　　auch Hermann Fischer: *Systematische Theologie*. S.156.
　　従って「弁証論的な神学」における人間の「問い」に対する神の「答え」の存在論的な優先をもって、ティリッヒはバルトの近くに立っていると言えよう（本章の注35を参照）。

37　Paul Tillich: *Systematische Theologie* I. S.75. = Paul Tillich: *Systematic Theology* I. P.61.

38　Paul Tillich: *Systematische Theologie* II. S.22. = Paul Tillich: *Systematic Theology* II. P.15.

39　Paul Tillich: *Systematische Theologie* II. S.19. = Paul Tillich: *Systematic Theology* II. P.13.

40　Paul Tillich: *Systematische Theologie* I. S.247. = Paul Tillich: *Systematic Theology*

第5章 「新しい存在」の開示としてのキリスト像　　　　　　　　141

創造的な「肯定」としての神の真理の「答え」は、哲学的な「問い」と神
学的な「答え」が互換的に対応する相関関係の螺旋状の「円環」の中で収
斂あるいは凝集しながら結ぶ焦点、即ち「問いと答えがもはや互いに分離
されない一点」に他ならない。

　かかる相関の全体構造の中でティリッヒ神学は、人間実存について
の「問い」に対して「永遠の使信の力（Macht der ewigen Botschaft = power of
the eternal message）」をもって「答える神学（antwortende Theologie = anwering
theology）」として、「弁証論的な神学（apologetische Theologie = apologetic
theology）」となる。

　　「弁証論的な神学は答える神学である。それは永遠の使信の力におい
　　て、状況の中に含まれる問いに対して答える……[41]」。

　かくして『組織神学』におけるティリッヒのキリスト論の全体構成
は──バルトが『教会教義学』の中で、いわゆる「キリスト論的な集中
（christologische Konzentration）」の仕方をもって展開した[42]のとは全く異なっ

──────────────
　I. P.211.

41　Paul Tillich: *Systematische Theologie* I. S.12. = Paul Tillich: *Systematic Theology*
　I. P.6.

42　バルトの『教会教義学』IV（和解論）1-3（1953-59年）においては──ティ
　リッヒの「弁証論的な神学」における哲学的・実存的な「問い」からキリス
　ト教的・神学的な「答え」への認識論的な順序とは全く逆に──それぞれの
　キリスト論的な論述の後に、キリスト論の光のもとで人間の罪過の諸相であ
　る「高慢」（IV-1）、「怠惰」（IV-2）、「虚偽」（IV-3）が究明される。もとより
　神の恩恵が放つ啓示の眩しい瑞光だけが人間の深奥に蠢く罪過の正体を普く
　照らし出すことができるのである。
　　なお『教会教義学』IVにおけるバルトの和解論の全体構造と内容について
　は、以下の拙論を参照。八谷俊久『逆説から歴史へ──バルトにおけるキリ
　スト論的な思惟の変貌』196頁。
　　従って「弁証論的な神学」における人間の「問い」に対する神の「答え」
　の存在論的な優先（本書の139頁を参照）をもってティリッヒはバルトの近く
　に立っているし（本章の注36を参照）、逆に哲学的・人間論的な「問い」から
　キリスト教的・神学的な「答え」へ至るところの、認識論的な順序を巡って

第Ⅲ部 「歴史から世界へ」

て——（1）哲学的・人間論的な「問い」から（2）キリスト教的・神学的な「答え」への認識論的な順序に沿って「弁証論的」に組み立てられる[43]。「彼（＝ティリッヒ）にとって弁証論（Apologetik）は、もはや単に理性の審判から信仰を弁護することではない。かえって弁証論において哲学的な神学は、無限的なもの（das Unbedingte）に基づいて人間の実存的な状況をもって設定された問いを解明しまたこの状況に基づいて啓示を明解に解釈する能力を明示するのである」（シュタインアッカー）[44]。

　それでは『組織神学』Ⅱ・第3部「実存とキリスト」において「問い」と「答え」の相関の方法論的な原理をもって「弁証論的」に構築されるティリッヒのキリスト論的な思惟の基本構造を、以下において俯瞰したい。

────────────────────
ティリッヒはバルトから遠ざかると言えよう。

43　ここでティリッヒが援用する哲学的・人間論的な「問い」とキリスト教的・神学的な「答え」の「弁証論的」な相関の方法論の原理は、ブルトマンの「宣教的な神学（kerygamtische Theologie）」における人間実存の「前理解（Vorverständnis）」についての解釈学的な分析（cf. Rudolf Bultmann: Die Bedeutung der „dialektischen Theologie" für die neutestamentliche Wissenschaft. In: Glauben und Verstehen 1. S.128.）や特に仮名による美的な著作群と実名の付された建徳的・宗教的な講話集の「二重性」から構成されたキェルケゴールの前期著作活動のソクラテス的な助産術の方法（cf. SV1 13. S.521）に相当するであろう。そこでキリスト教信仰の真理伝達の方法の弁証法的な構造を巡ってティリッヒやブルトマンは、他の弁証法神学者たちよりもキェルケゴールにより近接していると言えよう。そしてここにティリッヒの「弁証論的な神学」やブルトマンの「宣教的な神学」とバルトの「教義学的な神学」の神学の方法論を巡っての対立の論点（本書の80頁注29を参照）が宿在している（しかしながら3人の偉大な20世紀プロテスタント神学者において、キェルケゴールの著作活動における仮名性の意義が十分に斟酌されずにその思想内容だけが俎上に載ったことはキェルケゴール研究にとっての不幸な受容史の一断面であったと言えよう）。

44　Peter Steinacker: A.a.O. S.39.

3. 「新しい存在」を巡っての「問い」と「答え」
ティリッヒのキリスト論的な思惟の基本構造

　本章では「答える神学」としてキリスト論的な使信と関わるティリッヒの「弁証論的な神学」が、（1）まず人間実存の状況について問う哲学的・神学的な作業（旧約聖書の罪過論についての考察）をもって出発し、続いて（2）神の啓示についてのキリスト教的な使信をもって答えるキリスト論へと展開することが究明される。即ち（1）「問い」と（2）「答え」の相関の方法の「円環」の中で遂行される「弁証論的」な営為の認識論的な順序に沿って、ティリッヒのキリスト論的な思惟の基本構造が略述されることとなる。加えてそこではティリッヒが——後期シェリングの「動力学」の圧倒的な影響[45]の下で——「本質（Essenz）」と「実存（Existenz）」の2つの「存在」概念を縦横に駆使しつつ、そのキリスト論的な思惟を構築していることが予め念頭に置かれている。

（1） 人間実存についての「問い」——「疎外」としての罪

> 「主なる神は人に呼びかけて言われた、『あなたは何処にいるのか』」（創世 3,10）
>
> 「呼ばわる者の声がする、『荒野に主の道を備え……』」（イザ 40,3a）

　（1）まず『組織神学』Ⅱの前半部分においてティリッヒは、新約聖書におけるキリスト論的な使信の「答え」が適切に提示されるための相関的な前提として、人間実存についての哲学的・人間論的な「問い」の枠組み（形式）の中で罪過論を展開する。ここでティリッヒは、予め人間の「堕罪」の出来事を「本質から実存への移行（Übergang von der Essenz zur Existenz

---

45　Cf. Peter Steinacker: A.a.O. S.46ff.
　　なおティリッヒと後期シェリングの関係については、本章の注 19 と注 56 を参照。

第Ⅲ部 「歴史から世界へ」

= transition from essence to existence)」[46]として 2 つの「存在」概念をもって解釈している。ティリッヒの存在論によれば、人間の本来的な存在は「存在の存在」あるいは「存在それ自体」[47]、「全ての存在の根拠」[48]である神から逸脱した不当な現実性へと陥落していくこととなる。これをさらにティリッヒの用語をもって別言するならば、人間は「本質的な本性からの疎外（Entfremdung von seiner essentiellen Natur = estrangement from his essential nature)」[49]の状況の下で実存するのである[50]。

　そして（1）「全ての存在の根拠（神）」からの人間の実存的な「疎外」の状況から、さらには（2）人間の本来的な自己存在からの「疎外」の状況や（3）他者（世界）との相互関係的な存在からの「疎外」の状況が派生する。

46　Paul Tillich: *Systematische Theologie* II. S.35. = Paul Tillich: *Systematic Theology* II. P.29.

47　Paul Tillich: *Systematische Theologie* I. S.273. = Paul Tillich: *Systematic Theology* I. P.236.

48　Paul Tillich: *Systematische Theologie* II. S.15. = Paul Tillich: *Systematic Theology* II. P.9.

49　Paul Tillich: *Systematische Theologie* II. S.31. = Paul Tillich: *Systematic Theology* II. P.25.

50　「『疎外』概念の深さは、人間が疎外しているものに本質的に帰属していることに起因する」（Paul Tillich: Systematische Theologie II. S.52. = Paul Tillich: Systematic Theology II. P.45)。

　ここでティリッヒは、人間の実存的な「疎外」の状況の諸相についての分析を遂行することがキリスト教にとっての実存主義の貢献であると見做している。「実存主義は『古い世』、即ち疎外の状態にある人間と世界の状況を描述する。従って実存主義はキリスト教の本来的な同盟者である」（Paul Tillich: Systematische Theologie II. S.33. = Paul Tillich: Systematic Theology II. P.27)。かかる実存主義とキリスト教との関係規定は、『組織神学』Ⅰにおける「哲学」と「神学」の関係規定にも相当する。そこでティリッヒは、「（実存）哲学」を「存在それ自体の形態（Gestalt des Seins an sich = structure of being in itself)」を解明するものとして、また「神学」を「私たちにとっての存在の意味（Sinn des Seins für uns = meaning of being for us)」に関わるものとして、両者を区別しつつ関係付けている（Paul Tillich: Systematische Theologie I. S.30. = Paul Tillich: Systematic Theology I. P.22)。

第5章 「新しい存在」の開示としてのキリスト像 145

「実存の状態は疎外の状態である。人間は存在の根拠から、また他者
や自己自身から疎外している[51]」。

さらには

「実存的な自己展開において彼（＝人間）は、世界や自己自身へと向か
い、そして自己と世界の根拠との本質的な一致を喪失する[52]」。

かかる人間の実存的な「疎外」の状況における「神との本質的な一致
の分裂（Zerreißung der essentiellen Einheit mit Gott = disruption of the essential unity
with God)[53]」が、ティリッヒによれば全ての実存的な「疎外」の状況の本
源であるところの、「罪の根本的な性格[54]」に他ならない[55]。そして旧約聖書
の「堕罪物語」（創世 3,1ff. を参照）は、古代の世界・宇宙像の神話的に修
飾された彩色豊かな表象の装束を纏いながら、いわば「夢見る無垢から
罪責に満ちた現実化への移行（Übergang von träumender Unschuld zu schuldhafter
Verwirklichung = transition from dreaming innocence to actualization and guilt)[56]」として

51　Paul Tillich: *Systematische Theologie* II. S.52. = Paul Tillich: *Systematic Theology*
　　II. P.44.

52　Paul Tillich: *Systematische Theologie* II. S.55. = Paul Tillich: *Systematic Theology*
　　II. P.47.

53　Paul Tillich: *Systematische Theologie* II. S.56. = Paul Tillich: *Systematic Theology*
　　II. P.48.

54　Paul Tillich: *Systematische Theologie* II. S.56. = Paul Tillich: *Systematic Theology*
　　II. P.48.

55　「私たちの生全体の状態は他者と私たち自身からの疎外の状態である。何
　　故なら私たちは私たちの存在の根拠……から疎外しているからである」（Paul
　　Tillich: In der Tiefe ist Wahrheit. In: Religiöse Rede Ⅰ. S.176）。

56　Paul Tillich: *Systematische Theologie* II. S.40. = Paul Tillich: *Systematic Theology*
　　II. P.36.
　　ここでティリッヒは、彼がキェルケゴールの仮名著作『不安の概念』（1844
　　年）において罪過論の解明のために遂行される「不安」についての心理学的
　　な分析（cf. SV1 4. S.313ff.）から学んだ「夢見る無垢」概念を、さらに後期シ
　　ェリングの「動力学」をもって再解釈することを試みている（cf. Wolfdietrich
　　von Kloeden: Einfluß und Bedeutung im deutsch-sprachigen Denken. In: Bibliotheca
　　Kierkegaardiana 8. S.76ff. besonders 80ff.）。本章の注 19 を参照。

第Ⅲ部　「歴史から世界へ」

の実存的な「疎外」の淵源を巡っての、人間の根本問題（「問い」）を主題
としているのである。

　（2）さらに旧約聖書において「堕罪物語」の対称的な思想となる、いわ
ゆる「救世主（メシア）待望」が、新約聖書におけるキリスト論的な使信
の「答え」が初めて適切に展開されるための相関的な前提となるべき、ま
たそこから遡行しつつ人間の実存的な「疎外」の状況を克服する「新し
い存在」を先取りして取り扱うところの「問い」として位置付けられる。[57]
即ちここで神の「啓示」としてのキリスト論的な使信の「答え」が賦与さ
れるための、それに先立つ「準備」の象面が形成されることとなるのであ
る。[58]すでにここには人間の実存的な「疎外」の状況を克服する「新しい
存在」を目指した「問い」が措定されている。

───────────────

57　「それは、私たちの実存の自己疎外が克服されるところの現実性について
　　の問いであり、また和解や再一致の現実性について、創造的な力や意味、希
　　望についての問いである」（Paul Tillich: Systematische Theologie I. S.61. = Paul
　　Tillich: Systematic Theology I. P.49）。

58　『組織神学』Ⅰにおいてティリッヒは、イエス・キリストにおける神の「究
　　極的な啓示（letztgültige Offenbarung = final revelation）」に先立つ「準備」の象
　　面としての「普遍的な啓示（universale Offenbarung = universal revelation）」を
　　想定している。「普遍的な啓示の包括的な基礎付けにおいてのみ究極的な啓
　　示は登場しまた受け入れられることができた。……もし普遍的な啓示がキリ
　　スト教使信を準備しなかったとしたら、宣教は誰にも届き得なかったであろ
　　う」（Paul Tillich: Systematische Theologie I. S.167. = Paul Tillich: Systematic Theology
　　I. P.139）。かかる２つの「啓示」概念の関係は、旧約聖書の「救世主（メシ
　　ア）待望」と新約聖書におけるその「成就」の関係を準ったものであると言
　　えよう。それゆえにティリッヒが全ての宗教や文化の中に想定している「究
　　極的な啓示」を受容するための「準備の期間（Vorbereitungsperiode = period of
　　preparation）」（Paul Tillich: Systematische Theologie I. S.172. = Paul Tillich: Systematic
　　Theology I. P.144）は、さらにキェルケゴールが仮名著作『後書』（1846 年）に
　　おいてキリスト教固有の逆説的な宗教性の境位である「宗教性 B」が成立
　　するための前走として、一般的な宗教性を基盤として構想した「宗教性 A」
　　（SV1 7. S.485ff.）の実存象面にも相当するであろう。本書の 30 頁注 40 を参照。

第 5 章　「新しい存在」の開示としてのキリスト像　　　　　147

　「キリスト論的な問題は、人間が新しい存在について問う瞬間に、即
　ち人間がその実存的な状況を自覚しまたこの状況が事柄の新しい事態
　によって克服され得るかについて問う瞬間に提起される」[59]。

　そして人間の実存的な「疎外」の状況を克服する「新しい存在」につい
ての「問い」に向けて、神の「啓示」としてのキリスト論的な使信の「答
え」が賦与される[60]。

(2) キリスト論的な使信の「答え」──キリストにおける「新しい存在」

　　　　　「……時の満ちるに及んで神は御子を女から生まれさせ、律法の下に
　　　　　生まれさせて……」（ガラ 4,4）
　　　　　「そこでイエスは彼らに尋ねられた、『それでは、あなたがたはわたし
　　　　　をだれと言うか』。ペテロが答えて言った、『あなたそこキリストで
　　　　　す』」（マコ 8,29）。

　続いて『組織神学』II の後半部分においてティリッヒは、如何にして
人間の実存的な「疎外」の状況が克服され得るのか、あるいは如何にし
て「神との本質的な一致」が獲得され得るのかという「問い」を巡っての
「答え」として、そのキリスト論的な思惟を構築する[61]。

59　Paul Tillich: *Systematische Theologie* II. S.150. = Paul Tillich: *Systematic
Theology* II. P.138f.

60　ティリッヒの相関の方法において、「新しい存在」についての「問い」に
向けてキリスト論的な使信の「答え」が賦与されることは、新しい存在に
ついての問いが新しい存在の臨在を前提としていることを含意している（cf.
Paul Tillich: Systematische Theologie II. S.22. = Paul Tillich: Systematic Theology II.
P.16）。本章の注 35 頁を参照。

61　すでに『組織神学』I においてキリスト論的な使信の「答え」が、以下の
ように予告されている。「神の愛が人間実存の全ての問いに対する究極的な答
えである。……しかしこの答えは実存の諸制約の下での神の愛の表明を通し
てのみ賦与されることができる。それがキリスト論の答えである……」（Paul
Tillich: Systematische Theologie I. S.328. = Paul Tillich: Systematic Theology I. P.286）。

第Ⅲ部　「歴史から世界へ」

148

　（1）まずティリッヒのキリスト論的な思惟の出発点となるパウロ＝宗教改革的な義認論を基調とした「啓示」理解が——キリスト論的な使信としての「答え」はソクラテス＝プラトン的な「想起論（anamnesis）」とは全く異なって、ただ外側から罪人である人間に賦与されるという根本認識をもって——キェルケゴールの『哲学的断片』（1844年）における「啓示」概念[62]を敷衍しながら展開される。「実存的な疎外の状況の中にある人間は、想起（Errinnerung = recollection）によって新しい存在についての使信を受け取ることはできない。それは人間へ到来しなければならない。またそれは人間へ語られなければならない。そしてそれは啓示を通して生じるのである」[63]。即ち神の「啓示」としてのキリスト論的な使信の「答え」が、人間の実存的な「疎外」の状況についての「問い」に向けて賦与されるのである[64]。

　そしてここでティリッヒは、『組織神学』Ⅱの全体において一貫して枢要な役割を担うところの、「新しい存在」という独自の「存在」概念をもって——人間の実存的な「疎外」の状況における人間の自己存在や他者（世界）との相互存在の根拠でもある「全ての存在の根拠」としての神との本来的な関係の再現（反復）を巡っての「問い」に対する——キリスト論的な「答え」[65]のあり方を見事に描出している。

_____

62　キェルケゴールの『哲学的断片』において、真理認識を巡って仮想実験的に遂行されるソクラテス＝プラトン的な「想起論」とキリスト教的な「罪過論」の対比については、八谷俊久「生成する神——『哲学的断片』におけるキェルケゴールの『啓示』概念の構想」『新キェルケゴール研究（第6号）』2頁以下を参照。

63　Paul Tillich: *Systematische Theologie* I. S.151. = Paul Tillich: *Systematic Theology* I. P.125f.

64　「キリスト教的な使信は、人間実存の中にある問いに対する答えを与える。答えはキリスト教の基礎付けを形成する啓示の出来事の中にある……」（Paul Tillich: Systematische Theologie I. S.77. = Paul Tillich: Systematic Theology I. P.64）。

65　「もしキリスト教的な使信が『新しい存在』についての使信として理解されるならば、それは私たちの現在の状況の中にあるあるいは全ての人

第5章 「新しい存在」の開示としてのキリスト像 149

「新しい存在は実存の規定の下にある本質的な存在（das essentielle Sein unter den Bedingungen der Existenz = essential being under the conditions of existence）、即ちそこで本質と実存の隔絶（Kluft zwischen Essenz und Existenz = gap between essence and existence）が克服されるところの存在である。……新しい存在は、それが実存の規定の下にある本質的な存在の率直な表明（unverzerrte Manifestation des essentiellen Seins = undistorted manifestation of essential being）である限りにおいて、新しいのである。……それは実存の中にあって実存の疎外を克服する」[66]。

あるいは

「新しい存在は、それが疎外を克服する限りにおいて、疎外された実存に対して新しい。またそれが現実性へ入り込む限りにおいて、本質に対して新しい」[67]。

「存在の存在」あるいは「存在それ自体」、「全ての存在の根拠」としての神が「本質」と「実存」の彼方にある[68]のに対して、キリスト（メシア）は「実存の中の本質（Essenz in der Existenz）」（シュバンツ）である[69]「新しい存在」として特徴付けられる。「本質的な存在」と「実存的な存在」の分裂の和解論的な再統一における「新しい存在」の体現者としてキリストは、人間の実存的な「疎外」の状況を克服することによって「実存」の諸制約の下で「本質的な神＝人の統一（wesenhafte Gott-Mensch-Einheit = essential God-

---

間の状況の中にある問いに対する答えを内包するであろう」（Paul Tillich: Systematische Theologie I. S.62. = Paul Tillich: Systematic Theology I. P.49）。

66　Paul Tillich: *Systematische Theologie* II. S.130. = Paul Tillich: *Systematic Theology* II. P.118f.

67　Paul Tillich: *Systematische Theologie* II. S.162. = Paul Tillich: *Systematic Theology* II. P.150.

68　本書の 144 頁を参照。

69　Peter Schwanz: Das für Tillichs „Methode der Korrelation" grundlegende Problem der Vermittlung. In: *Neue Zeitschrift für Systematische Theologie* 15. S.258.

manhood)[70]」を本来的に再現（反復）する。別言するならば、「新しい存在」
であるキリストは「神と人間の復元された統一（wiederhergestellte Einheit
zwischen Gott und Mensch = re-established unity between God and man)[71]」へと向かっ
て——先の「堕罪」の規定であった「本質から実存への移行[72]」を逆行しつ
つ——いわば「実存から本質への移行」を決定的に実現するのである。

　（2）以上のように、「新しい存在」は「本質的な存在」それ自体ではなく、
かえって「実存的な存在」の中にある「本質的な存在」である。即ち人間
の実存的な「疎外」の状況の下にあって「新しい存在」は、「本質的な人
間存在（wesenhafte(s) Menschsein = essential manhood)[73]」としての「人格的な生
における完全な姿形（volle Gestalt in einem personhaften Leben)[74]」を体現するの
である。
　そしてキリスト教信仰は、「疎外」の状況の下にある「実存」の徴章と
は正反するものとしての「新しい存在」がキリストと呼ばれたナザレのイ
エスにおいて決定的に開示されていることを告白する。即ちキリストと[75]

70　Paul Tillich: *Systematische Theologie* II. S.104. = Paul Tillich: *Systematic Theology* II. P.94.

71　Paul Tillich: *Systematische Theologie* II. S.160. = Paul Tillich: *Systematic Theology* II. P.148.
　　ここでティリッヒによって提唱される「新しい存在」による「神と人間の復元された統一」概念は、キェルケゴールの「反復（Gjentagelse）」概念（SV1 3. S.189ff.）をさらにキリスト論的・救済論的に適用して再解釈したものであると言えよう。

72　本書の143頁を参照。

73　Paul Tillich: *Systematische Theologie* II. S.104. = Paul Tillich: *Systematic Theology* II. P.94.

74　Paul Tillich: *Systematische Theologie* II. S.131. = Paul Tillich: *Systematic Theology* II. P.120.

75　「どこで新しい存在は明らかになるのか。……イエス・キリストにおいてである。……逆説的な言明においてキリストと呼ばれるのは人間イエスである」（Paul Tillich: Systematische Theologie I. S.62. = Paul Tillich: Systematic Theology I. P.49f.）。

第 5 章 「新しい存在」の開示としてのキリスト像　　　　　　　　　　151

してのイエスの「人格的な生」は「空間と時間における新しい存在の表明
（Manifestation des Neuen Seins in Raum und Zeit = manifestation of the New Being in time
and space）[76]」あるいは「歴史における新しい存在の究極的な表明（endgültige
Manifestation des Neuen Seins in der Geschichte = final manifestation of the New Being in
history）[77]」であり、それはさらに別言するならば「新しい存在」についての
キリスト論的な使信が起因するところの、いわば「時の成就」（ガラ 4,4 を
参照）としての究極的・決定的な出来事である。

　　「もしそこで実存的な疎外が克服されるところの人格的な生がないな
　　らば、新しい存在は一つの要請や待望であって、空間と時間の中の現
　　実性ではなくなってしまうであろう[78]」。

　人間の実存的な「問い」に対する「答え」として措定されるキリスト論
的な使信は、「新しい存在」がイエス・キリストの「人格的な生」におい
て特定の「空間（場所）」と「時間」に規定された歴史的な現実性として
臨在することを言明する[79]。
　そして『組織神学』Ⅱにおいてティリッヒは、「啓示の出来事はキリス
トとしてのイエスである[80]」というキリスト教信仰の概括的な命題に「新し
い存在」という独自の存在論的な概念を結び付けながら、キリスト論的な
思惟の広範な展開を遂行するのである。

76　Paul Tillich: *Systematische Theologie* II. S.109. = Paul Tillich: *Systematic
　　Theology* II. P.99.

77　Paul Tillich: *Systematische Theologie* III. S.424. = Paul Tillich: *Systematic
　　Theology* III. P.364.

78　Paul Tillich: *Systematische Theologie* II. S.108. = Paul Tillich: *Systematic
　　Theology* II. P.98.

79　「神的なものが明かされるならば、それはいつも『肉において（im Fleisch）』、
　　即ち具体的な物理的・歴史的な現実性において啓示される」（Paul Tillich: Das
　　Christentum und die Begegnung der Weltreligionen. In: Gesammelte Werke 5. S.140）。

80　Paul Tillich: *Systematische Theologie* I. S.163. = Paul Tillich: *Systematic Theology*
　　I. P.136.

152 　　　　　　　　　　　　　　　　　　　第Ⅲ部 「歴史から世界へ」

4. イエス・キリストにおける「新しい存在」の現出としての「逆説」
ティリッヒの「逆説のキリスト論」の構想

(1)「新しい存在」の現出としての「逆説」──ティリッヒの「逆説」理解

　ところでティリッヒは、『組織神学』Ⅱにおける存在論的な中心概念である「新しい存在」に、すでにキェルケゴールの影響の下で熟知していた「逆説」概念を結び付けている。けれどもティリッヒの「逆説のキリスト論」においては、さらにキェルケゴールのそれとは異なった、「逆説」についての語源学的（etymologisch）あるいは意味論的（semantisch）な定義付けが新しく加味されている。即ちティリッヒによれば「弁証法的なもの」や「不合理的なもの」、「不条理的なもの」、「無意味なもの」[81]などの諸概念とは異なって、「逆説的なもの」は──「つまずき」概念[82]と同様に──人間実存と対立したもの、従って日常的な経験における人間の実存的な状況から導き出されるところの「表向きに正反する（gegen den Schein (die Doxa))」[83]ものである。

　そしてかかる「逆説」についての意味論的な定義付けをキリスト論的な思惟に適用するならば、ティリッヒにとって「逆説的なもの」とは、イエス・キリストにおける──「疎外」の状況の下にある「実存」の徽章とは

81　Paul Tillich: *Systematische Theologie* II. S.100ff. = Paul Tillich: *Systematic Theology* II. P.90ff. 本章の注 90 を参照。

82　Paul Tillich: *Systematische Theologie* II. S.102. = Paul Tillich: *Systematic Theology* II. P.92.

83　Paul Tillich: *Systematische Theologie* II. S.102. = Paul Tillich: *Systematic Theology* II. P.92.
　「表向きに正反する」ものとしての「逆説」についての、ティリッヒと同じ語源学的あるいは意味論的な定義付けは、バルトやブルンナーにも見られる（Karl Barth: Römerbrief. II. S.96. Karl Barth: Kirchliche Dogmatik I-1. S.172. Emil Brunner: Die Offenbarung als Grund und Gegenstand der Theologie. In: Anfänge der dialektischen Theologie 1. S.313）。八谷俊久『逆説から歴史へ』44 頁を参照。

第5章 「新しい存在」の開示としてのキリスト像　　　153

正反するものとしての——「新しい存在」の生起する出来事についての決定的な表現に他ならない。ティリッヒは、イエス・キリストにおける「新しい存在」の現出を告知するキリスト論的な使信を「キリスト教の唯一の包括的な逆説（das einzige, allumfassende Paradox des Christentums = the only all-embracing paradox of Christianity）」と呼称する。ここでティリッヒがキェルケゴールの影響下にありながらも、かえってそれとの批判的な対決をもって構想した『組織神学』IIにおける「逆説のキリスト論[84]」は、以下のように要約して言明される。

　　「新しい存在がキリストとしてのイエスにおいて現出したというキリスト教的な言明は逆説的である。それはキリスト教の唯一の包括的な逆説である[85]」。

　かくして『組織神学』IIの後半部分においてティリッヒは、さらに（初期）バルトやブルトマンのキリスト論の批判的な修正として、その独自の「逆説のキリスト論」を展開することとなる。

(2) イエス・キリストにおける「新しい存在」の現出——ティリッヒの「逆説のキリスト論」の構造

　　　　「（大祭司なる神の子イエスは）罪は犯されなかったが、すべてのことについて、わたしたちと同じように試練に会われたのである」（ヘブ 4,15b）。

84　ここでキリスト論的な「逆説」を巡っての、ティリッヒとキェルケゴール（あるいはヨハネス・クリマクス）の間の相違が明らかとなる（本書49頁を参照）。「キェルケゴールにとって逆説を理解しまた是認することは愚かなことであったかもしれない。ティリッヒにとってそれは神学的な課題であった」（Klaus-M. Kodalle: Auf der Grenze? Paul Tillichs Verhältnis zum Existentialismus. In: Paul Tillich. Studien zu einer Theologie der Moderne. S.325）。

85　Paul Tillich: *Systematische Theologie* II. S.100. = Paul Tillich: *Systematic Theology* II. P.90.

第Ⅲ部　「歴史から世界へ」

154

　ティリッヒによれば、「新しい存在」がイエス・キリストの「人格的な
生」において特定の「空間（場所）」と「時間（時代）」に規定された歴史
的な現実性として現出するというキリスト論的な使信は逆説的な性格を内
包している。何故ならイエス・キリストの「人格的な生」において実現す
る「新しい存在」は、(1)「実存」の諸制約の下にありながら、しかしま
た同時に (2)「実存」の諸制約を克服するからである。

　　「実存の諸制約の下での新しい存在の現出は、それを処置しながらま
　　た克服しながら、キリスト教的な使信の逆説である」[86]。
あるいは
　　「キリスト教的な使信の逆説は、人格的な生において本質的な人間存
　　在の形像（Bild wesenhaften Menschseins）が実存の諸制約の下で、しかし
　　それに圧倒されることなく、現出したことにある」[87]。

　「実存」の諸制約の下にある人間の「疎外」の状況を克服する者の現出
としてのキリスト教的な「逆説」は、初めてイエス・キリストの「人格的
な生」において実現する。そして「キリストとしてのイエス」についての
キリスト教信仰告白は、イエス・キリストが (1) 全ての人間と全く等し
く神と人間の「疎外」としての「実存」の諸制約の下にありながら、しか
しまた同時に (2) 全ての人間と全く異なってその人格的な生において「本
質的な神＝人の統一」を究極的に表明するという、ティリッヒがここで
「キリスト教の唯一の包括的な逆説」と呼称したところの逆説的な性格を
含意している[88]。

86　Paul Tillich: *Systematische Theologie* II. S.102. = Paul Tillich: *Systematic Theology*
　　II. P.92.

87　Paul Tillich: *Systematische Theologie* II. S.104. = Paul Tillich: *Systematic Theology*
　　II. P.94.

88　ツァールントは、キリスト像における 2 つの本質的な特徴の逆説的な統合
　　についてのティリッヒの理解を、「（大祭司なる神の子イエスは）罪は犯されな
　　かったが、すべてのことについて、わたしたちと同じように試練に会われた

第5章 「新しい存在」の開示としてのキリスト像　　　155

　「彼（＝キリストとしてのイエス）の存在の逆説的な性格は、彼が有限な
自由でありまた空間と時間の諸制約の下にありながら、しかしその存
在の根拠から疎外しないということにある」[89]。

　以上のように、ティリッヒのキリスト論的な思惟全体を基礎付けると
ころの「逆説のキリスト論」は神の人間化の出来事の「逆説」[90]からでは
なくて、「新しい存在」が「実存」の諸制約の下にある「人格的な生」に
おいて現出することを明示するところの、「本質的な人間存在の形像」に
おける逆説的な性格から出発する[91]。「（ティリッヒにとって）イエス・キリ
ストは神ではなくて、神と瑕疵なく合一した人間（der mit Gott ungebrochen
geeinte Mensch）である。イエス・キリストは真の神（vere Deus）＝真の人
（vere homo）であるという従来の垂直方向の神＝人の逆説性（vertikale gott-
menschliche Paradoxie）は、イエス・キリストは真実の（本質的な）人間（homo
essentialis）＝現実の（実存的な）人間（homo existentialis）であるという水平
方向の内人間的な逆説性（horizontale innermenschliche Paradoxie）に取って換
えられる」（ペールマン）[92]。
　かかるティリッヒの「逆説のキリスト論」においてイエス・キリストは
──もはやバルト[93]においてのように三一論における第二の位格の神と直

────────────

のである」（ヘブ 4,15b）の新約聖書の一節をもって要約した（Heiz Zahrnt: Die
Sache mit Gott. S.359）。

89　Paul Tillich: *Systematische Theologie* II. S.137. = Paul Tillich: *Systematic Theology*
　　II. P.126.

90　ティリッヒにとって神の人間化の出来事は「逆説的なもの」ではなく
　　て、まずは「無意味なもの」（Paul Tillich: Systematische Theologie II. S.104. = Paul
　　Tillich: Systematic Theology II. P.94）である。

91　「逆説的な言明においてキリストと呼ばれるのは人間イエスである。この
　　逆説がないならば、『新しい存在』は単なる理念性でありまた何の現実性で
　　もなく、従って人間の状況を巡る問いに対する答えではないであろう」（Paul
　　Tillich: Systematische Theologie I. S.62. = Paul Tillich: Systematic Theology I. P.50）。

92　Horst Georg Pöhlmann: *Abriß der Dogmatik*. S.219. auch S.205.

93　バルトの「啓示」理解については、八谷俊久、前掲書 143 頁以下を参照。

第Ⅲ部 「歴史から世界へ」

ちに同定されるのではなくて——（1）歴史の中で全ての人間と全く等しく、神からの人間の「疎外」の状況の下にありながら、しかしまた同時に（2）全ての人間と全く異なって、その「人格的な生」において「本質的な神＝人の統一」を究極的に表明するところの人間に他ならない[94]。ここでティリッヒは、神の人間化（人間となること）についての啓示論的・キリスト論的な教理に対して重要な意義を認めていない[95]。それゆえにティリッヒのキリスト論的な思惟形態は、古代キリスト教教理史における（アレキサンドリア学派の「上から」のキリスト論に対する）アンティオケ学派の「下から」のキリスト論的な思惟モデル[96]の系列に属するものであると言えよう。

　そして「下から」のキリスト論的な思惟モデルを基調としたティリッヒの思惟形態を究明することによって、これより本稿の論考は『組織神学』Ⅱにおけるティリッヒのキリスト論的な思惟の核心的な部分へとさらに踏み入っていくこととなる。

94　「カール・バルトとは異なってパウル・ティリッヒは、もし彼がイエス・キリストを見るならば、その目線をまず永遠性にではなくて歴史へと向けるであろう」（Heiz Zahrnt: Gespräch über Gott. S. 71）。

95　シュタインアッカーは「新しい存在」の現出を巡ってのティリッヒとシェリングの相違を指摘している。「この新しい存在は神的な運動から生起しまた有限性の諸制約の下で疎外を克服する。それはシェリングにおいては子なる神の卑下の受肉（kenotische(-) Inkarnation des Sohnes）において生じ、またティリッヒにおいてはキリストとしてのイエスの逆説（Paradox des Jesus als des Christus）において生じる」（Peter Steinacker: A.a.O. S.49）。

96　Cf. Horst Georg Pöhlmann: A.a.O. S.204f.
　なおアンティオケ学派とアレキサンドリア学派の2つのキリスト論的な思惟モデルの関係付けについては、本章の注220を参照。
　また上記の2つのキリスト論的な思惟モデルを含むキリスト教教理史における代表的なキリスト論的な思惟モデルについては、ドイザーが簡潔で精緻に解説している（Hermann Deuser: Kleine Einführung in die Systematische Theologie. S.94ff.）。本書の35頁注68を参照。

第 5 章 「新しい存在」の開示としてのキリスト像　　　　　　　　　157

5. 「低さのキリスト論」
ティリッヒ神学におけるキリスト論の展開

> 「キリストは、神のかたちであられたが、神と等しくあることを固守
> すべき事とは思わず、かえって、おのれをむなしうして僕のかたちを
> とり、人間の姿になられた。その有様は人と異ならず、おのれを低く
> して、死に至るまで、しかも十字架の死に至るまで従順であられた」
> （ピリ 2,6-8）

「……神人との信仰の同時性（Gleichzeitigkeit des Glaubens mit dem Gottmen-
schen）へのキリスト教の二千年の解釈史と影響史を無効にする飛躍の要請
──その可能性が歴史的な視点においては専ら断片の弟子たちによって
介された『世界史的な注意書き（weltgeschichtliche Notabene）』に限定される
べきであるという飛躍──を、ティリッヒは明確に拒否している」（シュ
ルッツ）[97]。キリスト教信仰においては神の啓示の「絶対的な逆説性」との
関係を主体的・内面的に習得するために「この世界史的な注意書き（dette
verdenshistoriske NB.）」より以上のキリスト像についての個々の具体的な歴
史記述を必要としないと看做したキェルケゴールの前期の仮名著作『哲学
的断片』（1844 年）の「逆説のキリスト論[98]」との批判的な対決の中で、テ

97　Heiko Schulz: Rezeptionsgeschichtliche Brocken oder Brocken in der deutschen
　　Rezeption. In: *Kierkegaard Studies. Year Book 2004*. S.413.

98　「下僕の姿の神がいたことが肝心であって、それ以外の歴史的な個々のこ
　　とはあまり重要ではない。……もし同時代の世代が、『神が某年に下僕の卑賤
　　の姿で現れ、私たちの間で生き教え、そして死んだ』という言葉だけしか残
　　さなかったとしても、それで十分である。同時代の人々は、必要なことを行
　　なったのである。何故ならこの小さな告知、この世界史的な注意書きは、後
　　の人々にとっての契機となるために十分だからであり、またどんなに詳細な
　　報告も、後の人々にとっては、決して永遠にそれ以上のものとはなり得ない
　　からである」（SV1 4. S.266）。
　　　なおキェルケゴールの『哲学的断片』における「逆説のキリスト論」の全
　　体構造と意義については、本書の 25 頁以下、またその限界については 28 頁
　　以下、さらに 20 世紀のプロテスタント神学（特にブルトマンと（初期）バル

ィリッヒは自己のキリスト論的な思惟を以下のように特徴付けている。

　「キェルケゴールは、信仰にとっては神が 1-30 年にその子を遣わした
　という使信で十分であると結論付けている。しかしそれに対して、も
　し新約聖書の形像の具体性（Konkretheit des neutestamentlichen Bildes）がな
　いならば、新しい存在は空疎な抽象性に過ぎないであろうと言われな
　ければならない」[99]。

　それによって「実存」の諸制約の下にある人間の「疎外」の状況が克服
され得るところの「新しい存在」は、まずは新約聖書が証言するように歴
史の中でナザレのイエスの特定な「人格的な生」において開示される。そ
して「実存」の諸制約へのイエス・キリストの参与は、「卑下（kenosis）」
（ピリ 2,6ff. の「キリスト讃歌」を参照）の「低さ（Niedrigkeit = smallness）」[100]に
ついてのメシア的な表象によって象徴化される。それゆえに「彼（＝キ
リストとしてのイエス）の振舞いや苦難は神との一致の表現（Ausdruck seiner
Einheit mit Gott）であり、それは彼の存在である新しい存在の表現（Ausdruck
des Neuen Seins, das sein Sein ist = expression(-) of the New Being which is his being）で
ある」[101]の一節をもって、ティリッヒの「低さ」からのキリスト論を特徴付
けることができよう。

　かかる視点からティリッヒは——バルトが『教会教義学』Ⅰ－Ⅱ（1932-
43 年）の中で広範に展開した啓示論[102]とは全く異なった——「下から」の
キリスト論的な思惟モデルを基調とした、いわば「『低さ』のキリスト論

───────────
　ト）への影響については 41 頁以下を参照。

99　　Paul Tillich: *Systematische Theologie* II. S.125. = Paul Tillich: *Systematic
　　Theology II. P.114.

100　　Paul Tillich: *Systematische Theologie* II. S.158. = Paul Tillich: *Systematic
　　Theology II. P.146.

101　　Paul Tillich: *Systematische Theologie* I. S.162. = Paul Tillich: *Systematic Theology*
　　I. P.135f.

102　　本書の 191 頁注 228 を参照。

第 5 章 「新しい存在」の開示としてのキリスト像　　　　　159

（„niedrige" Christologie = "low Christology")[103]をプロテスタント神学のキリスト論として構想した。これによってティリッヒのキリスト論的な思惟は——かつてキェルケゴールが前期の仮名著作『哲学的断片』の「逆説のキリスト論」についての自己修正として展開した——後期著作活動（特に仮名アンチ・クリマクスによる『キリスト教への修練』（1850 年））における苦難のキリスト像によるキリスト論[104]に極めて近接することとなる。[105]

　ティリッヒの「低さのキリスト論」は、「新しい存在」が「実存」の諸制約のもとで具体的な現実性として現出するところのキリスト像、即ちイエスの到来の「事実（Daß）」へのキリスト論的な関心を可能な限りの制限に一貫して傾注したブルトマン神学において露顕するキリスト教啓示の歴史性を捨象する危険性[106]を克服しつつさらにその「内容（Was）」や「様態（Wie）」を内包した現実性である「新約聖書の形像の具体性」を提示する。そしてそれによってティリッヒのキリスト論的な思惟は、（初期）バルトやブルトマンにおいてはいまだ未決の課題であった、「キリスト論への序説（Prolegomena zur Christologie)」[107]を踏み超えてキリスト論の主題内容へと到達するのである。

103　Paul Tillich: *Systematische Theologie* II. S.159. = Paul Tillich: *Systematic Theology* II. P.147.

104　キェルケゴールの著作活動におけるのキリスト論的な思惟形態の変貌の様相については、本書の 32 頁以下と 50 頁以下を参照。

105　「ティリッヒの逆説のキリスト論において……『キリスト教への修練』の中のキェルケゴールの思考方法との類似を追認してもよいであろう」(Hermann Fischer: Die Christologie des Paradoxes. S.128. cf. Hermann Fischer: Die Christologie als Mitte des Systems. S.215f.）。

106　本書の 99 頁以下を参照。

107　Karl Barth: Das Wort Gottes als Aufgabe der Theologie. In: *Anfänge der dialektischen Theologie* 1. S.218.

6. イエス・キリストの「人格的な生」についての「形像」

「形像の類比（Analogia Imaginis）」の提唱

(1) イエス・キリストの「人格的な生」における「新しい存在」の「形像」

ところでキリスト教信仰が起因する中心的な出来事は、「キリストとしてのイエス」という究極的な神の啓示の出来事である。そしてティリッヒによれば、この「キリストとしてのイエス」の出来事は、(1) ナザレのイエスの歴史的な事と、さらに (2) 信仰的な受容の対象の、2つの側面を包摂する。[108] かかるイエス・キリストにおける神の啓示の出来事の2つの側面の片一方をもし欠落するならば、はたしてキリスト教宗教は教会史の中で「グノーシス派」あるいは「エビオス派」の陥穽に落ちていたことであろう。[109] 啓示の出来事の2つの側面、即ち (1) その事実の客体的な側面と (2) 受容の主体的な側面は、キリスト教信仰において不可分の相互に依存的に結び付いている。[110] それゆえにティリッヒは、キリスト教信仰が「ナザレのイエスの歴史的な事実の承認（Anerkennung des historischen Faktizität des Jesus von Nazareth)」[111] に起因することを十分に了解している。[112] けれどもそれ

---

108   Cf. Paul Tillich: *Systematische Theologie* II. S.108. = Paul Tillich: *Systematic Theology* II. P.98.

109   Cf. Paul Tillich: *Systematische Theologie* II. S.109. = Paul Tillich: *Systematic Theology* II. P.98f.

110   Cf. Paul Tillich: *Systematische Theologie* I. S.135. = Paul Tillich: *Systematic Theology* I. P.111.

111   Paul Tillich: *Systematische Theologie* II. S.108. = Paul Tillich: *Systematic Theology* II. P.98.

112   「キリスト教は、人間『イエス』が生まれた瞬間に生まれたのではなくて、弟子たちの一人がイエスに向かって『あなたこそキリストです』と答えて言った瞬間に生まれたのである。そしてキリスト教は、この言明を繰り返す人間がいる限り存続するであろう」（Paul Tillich: Systematische Theologie II. S.107. = Paul Tillich: Systematic Theology II. P.97. マコ 8,29 を参照）。

第5章 「新しい存在」の開示としてのキリスト像 161

は、キリスト教信仰の基礎付けを形成する出来事が史的・批判的な研究の
手助けを借りて再構成され得るような歴史的な蓋然性に依存することでは
なくて、まずは「新しい存在」が「実存」の諸制約の下でそれによって
圧倒されることなく現出するところの、「本質的な人間存在の形像」であ
るイエス・キリストの「人格的な生」についての「形像」と関わることを
意味する。[114]

　「確かに信仰は、『イエス』という名前をキリストである者の名前とし

113　　Cf. Paul Tillich: *Systematische Theologie* II. S.111. = Paul Tillich: *Systematic Theology* II. P.101. auch Paul Tillich: *Systematische Theologie* II. S.168. = Paul Tillich: *Systematic Theology* II. P.157.
　　ここでティリッヒは、史的イエス研究のため新約聖書学の史的・批判的
な方法の意義と成果を是認しているが、また同時に——同時代の弁証法神学
者たちと同様に——史的・批判的な方法によってキリスト教信仰の基礎付け
を形成しようとする試みの挫折もすでに認識していた。「信仰の確かさは歴
史的な研究の問いに関する蓋然性を包摂しない」（Paul Tillich: Systematische
Theologie II. S.119. = Paul Tillich: Systematic Theology II. P.108.）。かかるキリスト
教信仰における「啓示」と「歴史」の関係付けについてのティリッヒの問い
が——恐らくは『哲学的断片』におけるキェルケゴールの問題設定に触発さ
れて——レッシングの言明「偶然的な歴史の真理は必然的な理性の真理につ
いての証明とはなり得ない」（G.E. Lessing: Über den Beweis des Geistes und der
Kraft. In: Lessing Werke 8. S.12. cf. SV1 7. S.74）を念頭に置いたものであること
は自明であろう。なお『哲学的断片』におけるキェルケゴールの問題設定
（「永遠の意識のために歴史的な出発点は存在するのか。如何にしてそのような出
発点は単に歴史的なもの以上の関心を抱かせることができるのか。歴史的な知識
の上に永遠の意識を基礎付けることはできるのか」（SV1 4. S.173））とレッシン
グの関係については、本書の 22 頁注 8 を参照。
　　またベンツは、ハレ時代の恩師であるケラーとの関係の下で、キリスト
教信仰における「啓示」と「歴史」の関係付けについてのティリッヒの見
解の足跡を詳細に辿っている（Gunther Wenz: Die reformatorische Perspektive:
Der Einfluß Martin Kählers auf Tillich. In: Paul Tillich. Studien zu einer Theologie der
Moderne. S.76ff.）。ただし『組織神学』II の中でティリッヒはケラーの名前を
全く挙げていない。

114　　「史的イエスではなくて、聖書のキリスト像（das biblische Christusbild）がキ
リスト教信仰の基礎付けである」（Paul Tillich: Auf der Grenze. S.33）。

て確証することができない。それは歴史的な認識の不確実性に帰属している。しかし信仰は、新約聖書がキリストとしてのイエスの形像において描出する人格的な生の中で、現実性が実際に転換していることを確証している[115]」。

　新約聖書におけるナザレのイエスの「人格的な生」についての「形像」こそが、キリスト教信仰の起因する歴史における「新しい存在」の表明の現実的な出来事である[116]。そして歴史的な事実と信仰の受容の統合をもって、「新しい存在」の決定的に現出するところのイエス・キリストの「人格的な生」についての「形像」、即ち「本質的な人間存在の形像」あるいは「本来的に人間において具現される神の形像（das Bild Gottes, das ursprünglich im Menschen verkörpert ist = the original image of God embodied in man）[117]」が開示される。それを逆に言えば、「キリストとしてのイエスの形像において私たちは、規範的な啓示の媒体物（Medium der normgebenden Offenbarung = medium of final revelation）として描出されることのできる人間の形像を見る[118]」のである。

　はたして新約聖書において証言されるキリスト像は──決して史的イエスについての史的・批判的な手法による再構成ではなくて──その存在が「新しい存在」でありまた「新しい存在」の体現者として「実存」の諸制約の下にある人間の「疎外」の状況を克服する人間の現実性についての躍動的な「形像」に他ならない。

115　Paul Tillich: *Systematische Theologie* II. S.118. = Paul Tillich: *Systematic Theology* II. P.107.

116　「ナザレのイエスは究極的な啓示の媒体物（Medium der letztgültigen Offenbarung = medium of the final revelation）である……」（Paul Tillich: Systematische Theologie I. S.164. = Paul Tillich: Systematic Theology I. P.136.）。

117　Paul Tillich: *Systematische Theologie* II. S.103. = Paul Tillich: *Systematic Theology* II. P.94.

118　Paul Tillich: *Systematische Theologie* I. S.160. = Paul Tillich: *Systematic Theology* I. P.133.

第5章　「新しい存在」の開示としてのキリスト像　　　　163

(2)「形像の類比（Analogia Imaginis）」

　ここでティリッヒは、「新しい存在」が「実存」の諸制約のもとで現出するイエス・キリストの「人格的な生」を、「内面的な参与（innere Teilnahme = profound participation）[119]」をもって、いわば「表現主義的（expressionistisch）[120]」に描述するために、「形像の表象（Bild-Vorstellung）」（フィシャー）[121]をその「逆説のキリスト論」に導入している。

　　「転換する力（umwandelnde Kraft）は、新しい存在が現出するところの者の形像（das Bild dessen, in dem das Neue Sein erschienen ist = the picture of him in whom it has appeared）である。この形像の個々の事柄が確実に実証されることはない。しかしこの形像を通して働く新しい存在が転換する力を保持していることは確信されよう[122]」。

　ティリッヒは、(1) イエス・キリストの「人格的な生」それ自体と (2) イエス・キリストにおける「新しい存在」を描出する「人格的な生」についての「形像」の関係の中に介在するところの、類比（アナロギア）的な構造、即ち「形像の類比（analogia imaginis）[123]」を見出した。イエス・キリストの「人格的な生」に類比的に相応する新約聖書のキリスト像は、そこ

119　Paul Tillich: *Systematische Theologie* II. S.127. = Paul Tillich: *Systematic Theology* II. P.116.

120　「……彼（＝表現主義的な画家）は、彼が描こうとするものの本質や現実性への内面的な参与（innere Teilnahme am Wesen und an der Wirklichkeit dessen, den er malen will）を通して、それを行なうことができる。かかる仕方で彼は、写真撮影でも自然主義的な模倣でも理想化でもなく、対象の最奥の本質の表現（Ausdruck des innersten Wesens seines Gegenstandes）を創作するのである」（Paul Tillich: Systematische Theologie II. S.127. = Paul Tillich: Systematic Theology II. P.116）。

121　Hermann Fischer: *Die Christologie des Paradoxes*. S.124.

122　Paul Tillich: *Systematische Theologie* II. S.125. = Paul Tillich: *Systematic Theology* II. P.114.

123　Paul Tillich: *Systematische Theologie* II. S.125. = Paul Tillich: *Systematic Theology* II. P.115.
　　Cf. Joachim Track: Analogie. In: TRE. 2. S.643.

164 第Ⅲ部　「歴史から世界へ」

で「新しい存在」が信仰者に対して「転換する力」を働きかけるところ
の、創造的な現実性を開示する。キリスト像において、イエス・キリスト
が「実存」の諸制約の下で表明する「新しい存在」は、創造的な現実性と
なって顕現する。

　　「それが弟子たちに生起した時、形像を造り上げたのはこの現実性で
　　ある。そして新しい存在の転換する力（verwandelnde Kraft = transforming
　　power）を放射するのは、この形像であったしまた絶えずそうである」。[124]

　ナザレのイエスの歴史的な事実それ自体ではなく、ただイエス・キリス
トの「人格的な生」が弟子たちに喚起した類比的な「形像」だけが、「新
しい存在」への創造的な勇気へと信仰者を駆り立てる。信仰者の決定的
な啓示体験において「ナザレのイエスの具体的な形像（das konkrete Bild Jesu
von Nazareth = the concrete picture of Jesus of Nazareth）は、新しい存在の現実性
（Realität des Neuen Seins = reality of the New Being）と不可分的」[125]に結び合わさ
っている。即ち「彼（＝ナザレのイエス）が臨在するところには、絶えず新
しい存在が臨在する」[126]のである。それゆえにティリッヒによれば、新約
聖書において証言されるキリスト像は当時の「救世主（メシア）待望」の
理念によって「捏造されたもの」ではなくて、「新しい存在」が信仰者
に対して「転換する力」を働きかけるところの者の人格的な生について
の「真実の形像（Realbild = real picture）」[127]である。新約聖書におけるイエス・
キリストの「人格的な生」についての「形像」は、「ただ新しい存在の力

124　Paul Tillich: *Systematische Theologie* II. S.125. = Paul Tillich: *Systematic
　　Theology II. P.115.

125　Paul Tillich: *Systematische Theologie* II. S.169. = Paul Tillich: *Systematic
　　Theology II. P.157.

126　Paul Tillich: *Systematische Theologie* II. S.169. = Paul Tillich: *Systematic
　　Theology II. P.157.

127　Paul Tillich: *Systematische Theologie* II. S.126. = Paul Tillich: *Systematic
　　Theology II. P.115.

第5章 「新しい存在」の開示としてのキリスト像　　165

がそれにおいてまたそれを通して表現されるからこそ、この創造的な力
（schöpferische Kraft＝creative power）を保持する[128]」のである。

　キリスト教信仰はキリスト像の個々の事柄の歴史的な事実性によって確
証されるのではない。何故なら新約聖書において証言されるキリスト像
は、信仰的な参与にとっての「キリストとしてのイエスにおける新しい存
在の転換する力の適切な表現（angemessener Ausdruck der verwandelnden Kraft des
Neuen Seins in Jesus als dem Christus＝adaquate expression of the transforming power of
the New Being in Jesus as the Christ）[129]」だからである。そしてそれは、ただ「信
仰が聖書のイエス像を保証する[130]」とも要約できよう。イエス・キリストの
「人格的な生」が喚起するところの類比的な「形像」だけが、「新しい存
在」への創造的な勇気へと信仰者を駆り立てるのである。「私たちは、ナ
ザレのイエスへの形像の類比（analogia imaginis）において信仰によって造
形された聖書のキリスト像と関わる」（ラッチョウ[131]）。

　以上のように、「低さのキリスト論」をもってティリッヒはナザレのイ
エスの歴史的な事実との「形像の類比」において「新しい存在」の開示と
しての聖書のキリスト像を構築することを試みている。それゆえにここで
キェルケゴールが『哲学的断片』の「逆説のキリスト論」についての自己
修正として構想した後期著作活動における「図像のキリスト論[132]」の今日的
な展開の可能性が示唆されているとも言えよう。

128　Paul Tillich: *Systematische Theologie* II. S.126. ＝ Paul Tillich: *Systematic
　　Theology II. P.115.

129　Paul Tillich: *Systematische Theologie* II. S.126. ＝ Paul Tillich: *Systematic
　　Theology II. P.115.

130　Paul Tillich: *Systematische Theologie* II. S.126. ＝ Paul Tillich: *Systematic
　　Theology II. P.115.
　　「それ（＝信仰）は……ナザレのイエスの実在、あるいは少なくとも聖書の
　　形像の本質的な特徴を保証する」（Paul Tillich: Systematische Theologie II. S.124. ＝
　　Paul Tillich: Systematic Theology II. P.114.）。

131　Carl Heinz Ratschow: *Jesus Christus*. S.128.

132　本書の 36 頁以下と 52 頁以下を参照。

7. 「十字架」と「復活」
新約聖書のキリスト像における2つの中心的な象徴

　さてティリッヒにおいて、新約聖書は「キリストとしてのイエス」という出来事の「統合的な諸要素[133]」である（1）事実の客体的な側面と（2）受容の主体的な側面の、2つの側面を「表現主義的」に内面的な参与をもって描述しているところの、唯一の証言として位置付けられる。新約聖書は「根源的・根本的な形式[134]」をもってイエス・キリストの「人格的な生」における「新しい存在」についての統一的な「形像」を内蔵する[135]。即ちティリッヒによれば、新約聖書のキリスト像は「実存の諸制約の下にある彼（＝キリストとしてのイエス）の中での新しい存在の臨在（Gegenwart des Neuen Seins = presence of the New Being）[136]」を決定的に開示しているのである。

　そこでティリッヒは、「新しい存在」であるイエス・キリストの「人格的な生」についての「形像」である新約聖書のキリスト像を、（1）「実存」の諸制約の下への従属と（2）「実存」の諸制約に対する勝利の、背反する2つの存在論的な特徴の逆説的な統一として理解している[137]。

　　「全ての具体的な個々の事柄においてキリストとしてのイエスについての聖書の形像（das biblische Bild von Jesus als dem Christus = the

---

133　Paul Tillich: *Systematische Theologie* II. S.128. = Paul Tillich: *Systematic Theology* II. P.117.

134　Paul Tillich: *Systematische Theologie* II. S.128. = Paul Tillich: *Systematic Theology* II. P.117.

135　Cf. Paul Tillich: *Systematische Theologie* II. S.148. = Paul Tillich: *Systematic Theology* II. P.136.

136　Paul Tillich: *Systematische Theologie* II. S.136. = Paul Tillich: *Systematic Theology* II. P.124.

137　Cf. Paul Tillich: *Systematische Theologie* II. S.148. = Paul Tillich: *Systematic Theology* II. P.136.

第 5 章 「新しい存在」の開示としてのキリスト像　　　167

biblical picture of Jesus as the Christ）は、新しい存在の体現者としてあ
るいはそこで神と人間の本質的な一致と人間の実存的な疎外の間
の葛藤（Konflikt zwischen der essentiellen Einheit von Gott und Mensch und der
existentiellen Entfremdung des Menschen = conflict between the essential unity of
God and man and man's existential estrangement）が克服された者としてその
性格を証言している[138]」。

あるいは

「それがキリストとしてのイエスにおける新しい存在についての形像
（Bild des Neuen Seins in Jesus als dem Christus = picture of the New Being in Jesus
as the Christ）である。……それは実存的な疎外の全ての帰結の下に従
属しながらも、しかしそこで疎外が克服されて神との瑕疵のない一致
（ungebrochene Einheit mit Gott = permanent unity...with God）が保持され続けて
いるところの人格的な生の形像（Bild eines personhaften Lebens = picture of
a personal life）である[139]」。

　そしてかかる 2 つの存在論的な特徴に対して、イエス・キリストの（1）
「十字架」と（2）「復活」の、新約聖書のキリスト像における 2 つの中心
的な象徴が相応することとなる。

　ところでティリッヒにとっては、古代の世界・宇宙像の中で神話的に潤
色された聖書の象徴の意味内容をまず「形像の類比」による関係付けを基
底として即応的に把握し、さらにそれを存在論的な諸概念をもって新しく
叙述し直すことがキリスト教神学の枢要な課題であった[140]。そこで「問い」

138　Paul Tillich: *Systematische Theologie* II. S.137. = Paul Tillich: *Systematic Theology* II. P.125.

139　Paul Tillich: *Systematische Theologie* II. S.146. = Paul Tillich: *Systematic Theology* II. P.134f.

140　「神学は、象徴を解釈することによって、実存的な啓示認識を神学的に展開しまた体系化することだけをなし得る」（Paul Tillich: Systematische Theologie I. S.281. = Paul Tillich: Systematic Theology I. P.243）。
　それゆえにティリッヒの宗教的な象徴の解釈の原理は、ブルトマンの聖書

第Ⅲ部　「歴史から世界へ」

と「答え」の相関の方法論的な原理の枠組みの中で遂行される、新約聖書のキリスト像においての中心的な象徴であるイエス・キリストの「十字架」と「復活」についてのティリッヒの再解釈を、以下において略述してみたい。

（1）十字架に付けられたイエス・キリスト──「実存」への従属

イエス・キリストは歴史の中の一人の「現実の（実存的な）人間（homo existentialis）」であり、またそれ自体では有限的な存在である。何故なら「有限的な存在として彼（＝キリストとしてのイエス）は自分自身によって成るものではなくて、実存へ『投企されて』いる全てのものの成り行きに従属している[141]」からである。そしてイエス・キリストの「十字架」における苦難と死の中には、「実存」の諸制約の下に従属した人間の状況のもたらすところの、いわば「実存の否定性（Negativitäten der Existenz = negativities of existence)[142]」の極めて深刻な現実性が集約されている。

そこでティリッヒは、「十字架」という聖書の象徴の存在論的な意味内容を「新しい存在の体現者が古い存在の破壊的な諸力（zerstörerische(-) Mächte(-) des alten Seins = destructive structures of the old being）に従属した[143]」こととして理解した。即ちティリッヒによれば、十字架に付けられたイエス・

の宣教（ケリグマ）の実存論的な解釈としての「非神話化（Entmythologisierung）」のプログラムへと内容的に極めて近接すると思われる。「……神話は宇宙論的（kosmologisch）にではなくて、人間論的（anthropologisch）に、あるいはより正確には実存論的（existential）に解釈されることを願っている」（Rudolf Bultmann: Neues Testament und Mythologie. In: Kerygma und Mythos 1. S.23）。　しかしながらティリッヒは、ブルトマンの「非神話化」の意図を誤解しながら批判している（Paul Tillich: Systematische Theologie II. S.168f. = Paul Tillich: Systematic Theology II. P.152）。

141　Paul Tillich: *Systematische Theologie* II. S.142. = Paul Tillich: *Systematic Theology* II. P.131.

142　Paul Tillich: *Systematische Theologie* II. S.145. = Paul Tillich: *Systematic Theology* II. P.134.

143　Paul Tillich: *Systematische Theologie* II. S.171. = Paul Tillich: *Systematic Theology* II. P.159.

第5章　「新しい存在」の開示としてのキリスト像　　　　　　169

キリストについて証言する新約聖書のキリスト像において、「生の悲劇的な曖昧さ（tragische(-) Zweideutigkeit des Lebens = tragic element of life)[144]」としての「実存」の諸制約の下にある人間の「疎外」の状況への「新しい存在」の全面的な従属の出来事が象徴化されているのである。

（2）復活のイエス・キリスト──「実存」に対する勝利

「実存」の諸制約の下への従属にもかかわらず、「新しい存在」の体現者としてのイエス・キリストは、「十字架」における苦難と死の中にあっても決して圧倒されることなく、かえって「古い存在の破壊的な諸力」に対して勝利する。「メシア的な業について絶望する限界的な状況の中にあっても、彼（＝キリストとしてのイエス）は彼を見棄てる神へと叫び声を上げる[145]」。そして「古い存在の破壊的な諸力」に対する勝利を通して、「実存の否定性は神との瑕疵のない一致へと向かう[146]」。それゆえにティリッヒは、それまで従属していた「実存の否定性」に対するイエス・キリストの絶対的な勝利を「復活」という神話的な象徴の普遍的な意義として見做したのである[147]。

復活のイエス・キリストについて証言する新約聖書のキリスト像においては、「実存」の諸制約の下にある人間の「疎外」の状況に対する「新しい存在」の勝利が象徴的・図像的な表象をもって告知される。ここでイエス・キリストは、（1）歴史の中の一人の「現実の（実存的な）人間」であると同時にまた（2）「真実の（本質的な）人間（homo essentialis)」でもある[148]。

144　Paul Tillich: *Systematische Theologie* II. S.143. = Paul Tillich: *Systematic Theology* II. P.132.

145　Paul Tillich: *Systematische Theologie* II. S.137. = Paul Tillich: *Systematic Theology* II. P.126. マコ 15,34 を参照。

146　Paul Tillich: *Systematische Theologie* II. S.145. = Paul Tillich: *Systematic Theology* II. P.134.

147　Cf. Paul Tillich: *Systematische Theologie* II. S.172. = Paul Tillich: *Systematic Theology* II. P.159.

148　本書の 149 頁を参照。

(3) イエス・キリストの「十字架」と「復活」

　以上のように、新約聖書のキリスト像においての中心的な象徴であるイエス・キリストの「十字架」と「復活」は、「本質的な神＝人の統一」としての「新しい存在」が「実存」の諸制約の下にあって現出するという「逆説」についての、不可分の相互に依存的な象徴的な表現である。[149]キリスト像における「十字架」と「復活」の、2つの象徴について不可分の相互に依存的な関係について、ティリッヒは以下のように要約している。

　　　「『キリストの十字架』は、死と実存的な疎外に勝利した者の十字架である。……『キリストの復活』は、キリストとして死と実存的な疎外に従属した者の復活である」[150]。

　新約聖書において多彩に潤色された神話的な象徴をもって証言される「十字架」と「復活」のキリスト像は、ティリッヒによれば「歴史における新しい存在の究極的な表明」に他ならない。[151]そしてこの「実存」の諸制約に対して勝利する「新しい存在」の救済的な力が、新約聖書のキリスト像において鮮明に現前する。

149　ティリッヒによれば、「十字架」と「復活」のキリスト像における2つの中心的な象徴は新約聖書において相互に不可欠に依存的であるが、そこでは2つの象徴の歴史的な事実性を巡っての細微な相違も示唆される。即ち「十字架は出来事と象徴（Ereignis und Symbol = an event and a symbol）の両者であり……復活は象徴と出来事（Symbol und Ereignis = a symbol and an event）の両者である」（Paul Tillich: Systematische Theologie II. S.166. = Paul Tillich: Systematic Theology II. P.153）と、「十字架」においてはその歴史的な事実性が、そして「復活」においては解釈学的な象徴性がより前面へ進出する。

150　Paul Tillich: *Systematische Theologie* II. S.165. = Paul Tillich: *Systematic Theology* II. P.153.

151　さらにティリッヒは、「実存の否定性」に対する絶対的な勝利についての象徴である「復活」を補完する神話的な象徴として「先在」と「後在」や「昇天」、「神の右の座」、「最後の審判の時の再臨」を挙げている（Paul Tillich: Systematische Theologie II. S.172ff. = Paul Tillich: Systematic Theology II. P.159ff.）。

第5章 「新しい存在」の開示としてのキリスト像　　　　　　　　　171

8. キリスト像における救済論的な機能
キリスト論から救済論へ

(1) イエス・キリストにおける「新しい存在」の救済的な力

　新約聖書の「十字架」と「復活」のキリスト像における人間の「実存」
の諸制約へのイエス・キリストの和解の参与は、さらに「新しい存在」の
救済論的な働きとして理解される[152]。イエス・キリストにおいて働く「新
しい存在」の力は、「実存」の諸制約の下にある人間の「疎外」の状況に
対する勝利をもたらし、そして「実存」の自己破壊的な否定性の桎梏から
人間を解放して「神と人間の復元された統一」の下で「新しい現実性」を
人間の内に実現する。

　　　「新しい存在の癒す力（heilende Kraft des Neuen Seins）は、神と人間ある
　　　いは人間と世界、人間と自己自身の分裂を克服する[153]」。

　それゆえにティリッヒによれば、人間にとっての救済者は神自身ではな
くて、「新しい存在」の最初の体現者として「実存」の諸制約へと参与し
それを克服するところの人間でなければならない。

　　　「救済は人間の状況へ完全に関与する者からのみ到来するのであり、
　　　地上を彷徨う神からではない[154]」。

152　Cf. Paul Tillich: *Systematische Theologie* II. S.189. = Paul Tillich: *Systematic Theology* II. P.174.

153　Paul Tillich: *Systematische Theologie* II. S.181. = Paul Tillich: *Systematic Theology* II. P.166.

154　Paul Tillich: *Systematische Theologie* II. S.159. = Paul Tillich: *Systematic Theology* II. P.146f.

172　　　　　　　　　　　　　　　　　　　　　　第Ⅲ部　「歴史から世界へ」

　そこでキリスト教信仰は、「疎外」の状況の下にある「実存」の徴章とは正反するものとしての「新しい存在」がキリストと呼ばれたナザレのイエスにおいて決定的に現出していることを告白する。イエス・キリストにおいて「新しい存在」は救済的な力となって罪過の縄目から人間を解放するようにと働く。はたしてイエス・キリストは、「新しい存在」の最初の体現者として「実存」の諸制約へと参与しそれを克服するところの「救済者（Erlöser = Savior）」なのである。

　　「キリストとしてのイエスは、新しい存在である彼の存在の直接的な
　　働きを通して救済者である」[155]。

　ティリッヒの罪過論によれば、もとより「全ての実存的な疎外の内側にある行為は実存的な疎外を克服することができない」[156]。「新しい存在」の最初の体現者として「実存」の諸制約の下で「本質的な神＝人の統一」を開示する救済者イエス・キリストによって、初めて罪過の縄目から人間を解放する「救済」がもたらされることとなる。

（2）　人間における「新しい存在」の救済的な力への参与

　そしてここでティリッヒは、その独自の存在論によって構想されたキリスト論に救済論を結び付ける。ティリッヒ神学においてキリスト論は救済論的な機能を体現する[157]。

155　　Paul Tillich: *Systematische Theologie* II. S.179. = Paul Tillich: *Systematic Theology* II. P.168f.

156　　Paul Tillich: *Systematische Theologie* II. S.87. = Paul Tillich: *Systematic Theology* II. P.78.

157　　フィシャーは、ティリッヒのキリスト論が「シュライエルマッハーに従って」、「救済論への傾斜（Gefälle zur Soteriologie）」を包摂していることを指摘している（Hermann Fischer: Friedrich Schleiermacher. S.115）。またゴーウェンスもほぼ同じ見解を挙げている（David J. Gouwens: Kierkegaard as Religious Thinker. p.144f. and 150）。

　　さらにベンツは、宗教改革の義認論におけるキリスト論の救済論的な機能

第5章 「新しい存在」の開示としてのキリスト像   173

「キリスト論は救済論の一つの**機能**（eine Funktion der Soteriologie = a function of soteriology）である。救済論の問題はキリスト論的な問いを作り出し、またキリスト論的な答えが与えられるべき方向を示唆する。何故なら新しい存在をもたらしそしてそれによって古い存在、即ち疎外と自己破壊からの救済（Erlösung vom alten Sein, nämlich von Entfremdung und Selbstzerstörung）をもたらすことがキリストの機能だからである」[158]。

新約聖書のキリスト像は、「新しい存在」の体現者であるイエス・キリストの中に臨在する救済論的な機能を描述する。イエス・キリストが「実存」の諸制約の下で「本質的な神＝人の統一」として開示するところの「新しい存在」へと参与することによって、信仰者はこれまでの「実存」の自己破壊的な否定性の桎梏から解放された「新しい現実性」を体験する。「新しい存在」であるイエス・キリストの下にあって信仰者は、「神と人間の復元された統一」[159]へと向かって――先の「堕罪」の規定であった「本質から実存への移行」を逆行しつつ――「実存から本質への移行」を実現するのである[160]。イエス・キリストにおいて現出する「新しい存在」への信仰者の参与を通して、罪過の縄目にかかった「古い存在」から「新しい創

を巡って、ティリッヒがケラーの衣鉢を継受していることを強調している（Gunther Wenz: Die reformatorische Perspektive: Der Einfluß Martin Kählers auf Tillich. S.81. auch 68）。

158　Paul Tillich: *Systematische Theologie* II. S.163. = Paul *Tillich*: *Systematic Theology* II. P.150.

159　本書の 150 頁を参照。

160　イエス・キリストにおいて決定的に開示される「新しい存在」への参与をもって実現される「神と人間の復元された統一」へと向かっての「実存から本質への移行」を巡っての救済論の諸問題は、続いて『組織神学』Ⅲにおいては「本質から実存的な疎外を経て本質化（Essentifikation = essentialization）」（Paul Tillich: Systematische Theologie III. S.475. = Paul Tillich: Systematic Theology III. P.421）への道程として描述される。即ち「それは単に潜在的なものから現実的な分離を経て、潜在性と現実性の分離を超越する再統一（Wiedervereinigung ＝ reunion）と成就への道である」（Paul Tillich: Systematische Theologie III. S.475. = Paul Tillich: Systematic Theology III. P.421）。

174 第Ⅲ部 「歴史から世界へ」

造」（Ⅱコリ5,17とガラ6,15を参照）へ向けての「救済」が生起する。

　そして「新しい創造」としての「救済」についてのキリスト論的な使信は——ティリッヒによれば、パウロの「キリストにある」（Ⅱコリ5,17を参照）ことの、いわゆる神秘的な信仰体験にも比定できるような——「キリストにおける新しい存在の霊的な力への参与（Teilnahme an der geistigen Kraft des Neuen Seins im Christus）[161]」を表明している。

　　「キリストとしてのイエスにおける新しい存在の救済する力（erlösende Macht des Neuen Seins）は、人間がそれに参与することによって生じる[162]」。

　ティリッヒにおいてキリスト論（和解論）は救済論と不可分的に結び付いている。かくして「新しい存在」の体現者であるイエス・キリストの人間の「実存」の諸制約への和解的な参与は、イエス・キリストにおける「新しい存在」へと人間が参与することによる「救済」に呼応することとなる。

　ここで「神は彼（＝キリストとしてのイエス）を見棄てた世界を受け入れる（受容する）[163]」というキリスト論的・和解論的な「逆説」は、さらに人間（あるいは世界）は肯定（受容）されたことを肯定（受容）する[164]という救済論的な「逆説」に連動する[165]。即ち「実存」の自己破壊的な否定性の中にあって、「それにもかかわらず（Trotzdem）」(1)神によって「肯定（受容）

161　Paul Tillich: *Systematische Theologie* II. S.93. = Paul Tillich: *Systematic Theology* II. P.84.

162　Paul Tillich: *Systematische Theologie* II. S.189. = Paul Tillich: *Systematic Theology* II. P.176.

163　Paul Tillich: *Systematische Theologie* II. S.162. = Paul Tillich: *Systematic Theology* II. P.150.

164　Cf. Paul Tillich: *Systematische Theologie* II. S.192. = Paul Tillich: *Systematic Theology* II. P.178.

165　「キリスト論的な逆説と罪人の義認の逆説は一つの同じ逆説である」（Paul Tillich: Systematische Theologie II. S.162. = Paul Tillich: Systematic Theology II. P.150）。

第 5 章 「新しい存在」の開示としてのキリスト像　　　175

されている」ことを、さらに（2）人間（あるいは世界）は「肯定（受容）す
る」という、いわば二重の「肯定（受容）[166]」において、キリスト教信仰に
よる人間実存の「新しい現実性」への救済論的な転換が実現するのであ
る[167]。

　　　「だれでもキリストにあるならば、その人は新しく造られた者である。
　　　古いものは過ぎ去った、見よ、すべてが新しくなったのである」（Ⅱ
　　　コリ 5,17）。

(3)「歴史から世界へ」──キリスト論の聖霊論的な展開の可能性

　ところでイエス・キリストが「実存」の諸制約の下で「本質的な神＝人
の統一」として開示するところの「新しい存在」へと（1）「参与（Teilnahme
＝ participation）」しまたそれを（2）「受容（Annahme ＝ acceptance）」することに
よって（3）「転換（Umwandlung ＝ transformation）」を習得する信仰者の創造
的な勇気は、さらに救済論を基盤とした新しいキリスト教（社会）倫理学
を形成することの可能性をもたらす[168]。もとよりティリッヒにとって、イ
エス・キリストの存在は「歴史における新しい存在の究極的な表明」であ
り、人間実存を包括する世界と自然の歴史を「新しい創造」への救済論的
な転換を実現するものであった。

166　Cf. Paul Tillich: *Der Mut zum Sein*. S.128ff.

167　「キリスト教が宣教するのはキリスト教ではなくて、新しい現実性である」
　　　（Paul Tillich: Das Neue Sein. In: Religiöse Rede Ⅱ . S.32）。

168　ここでティリッヒは、キリスト教的な救済を（1）「再生（Wiedergebur
　　　＝ Regeneration）」としての「新しい存在への参与」（Paul Tillich: Systematische
　　　Theologie II. S.189. ＝ Paul Tillich: Systematic Theology II. P.176）、（2）「義認（Recht-
　　　fertigung ＝ Justification）」としての「新しい存在の受容」（Paul Tillich: Syste-
　　　matische Theologie II. S.190. ＝ Paul Tillich: Systematic Theology II. P.177）、（3）「聖
　　　化（Heiligung ＝ Sanctification）としての「新しい存在による転換」（Paul Tillich:
　　　Systematische Theologie II. S.193. ＝ Paul Tillich: Systematic Theology II. P.179）の、
　　　いわゆる「救済の秩序（ordo salutis）」に沿って特徴付けている。

第Ⅲ部 「歴史から世界へ」

　「救世主（メシア）は個人をその歴史的な実存から引き出すような救
　済の仕方において個人を救うのではなくて、歴史の様相（historische
　Szene = historical existence）それ自体を変える。個人は社会と自然を含む
　新しい現実性へと向かう[169]」。

　それゆえにイエス・キリストにおいて究極的・決定的に開示される「新
しい存在」とそれに参与する人間個人（キリスト者）あるいは人間の共同
体（キリスト教会）、世界と自然の歴史（神の救済史）における「新しい存在」
の救済論の諸問題を巡っての関係付け[170]は、これより『組織神学』Ⅲ（第
4部「生命と聖霊」と第5部「歴史と神の国」）』（1963/66年）の中で聖霊論的
（pneumatologisch）・教会論的（ekklesiologisch）・終末論的（eschatologisch）に
広範に展開されることとなる。そこでティリッヒは、キリスト論と救済[171]
論の諸問題を新しく聖霊論的な視点から、即ち「聖霊―キリスト論（Geist-
Christologie = Spirit-Christology）[172]」として取り扱っている。かくしてティリッ

169　Paul Tillich: *Systematische Theologie* II. S.98. = Paul Tillich: *Systematic Theology*
　　II. P.88.

170　本章の注168を参照。

171　ツァールントは、バルトにおける神学的な関心の中心的な事柄をキリ
　　ストの「受肉（Inkarnation）」、ブルトマンにおけるそれを「十字架（Kreuz）」
　　と「復活（Auferstehung）」、そしてティリッヒにおけるそれを「聖霊降臨
　　（Pfingsten）」（Heiz Zahrnt: A.a.O. S.122）と指摘している（かかる指摘にもかかわ
　　らずツァールント自身がそこで『組織神学』Ⅲにおけるティリッヒの聖霊論につ
　　いて全く論及していないことは残念である）。それゆえに――バルトにおいては
　　未踏破の領野のままで終った――キリスト論（和解論）を経て聖霊論的・教
　　会論的・終末論的に構想された『組織神学』Ⅲにおいてティリッヒ神学の最
　　も特徴的な内容が展開されているとも言えよう。

172　Paul Tillich: *Systematische Theologie* III. S.171. = Paul Tillich: *Systematic
　　Theology* III. P.144.
　　ティリッヒの「聖霊―キリスト論」について、例えばモルトマンによって
　　提唱される「聖霊―キリスト論（Geist-Christologie）」あるいは「聖霊論的な
　　キリスト論（pneumatologische(-) Christologie）」（Jürgen Moltmann: Der Weg Jesu
　　Christi. S.92）との比較の中で、さらに今日的なキリスト教神学の視点から議
　　論を展開することも期待される。なおモルトマンのキリスト論については、

第5章 「新しい存在」の開示としてのキリスト像　　　177

ヒのキリスト論の視野は、人間個人（キリスト者）を遥かに越えてさらに人間の共同体（キリスト教会）あるいは世界と自然の歴史（神の救済史）における「新しい存在」の救済論の諸問題へと広がっていくのである。

補　論
従来のキリスト論についてのティリッヒの新しい解釈

　以上のように、ティリッヒにおいてキリスト論（和解論）は救済論と不可分的に結び付き、さらにそこではキリスト論の対象としてのイエス・キリストの「人格（Person）」と救済論の対象としてのその「業（Werk）」の教義学的な区別が止揚されて、両者は「キリストとしてのイエスにおける新しい存在についての教説（Lehre vom Neuen Sein in Jesus dem Christus = concept of the New Being in Jesus as the Christ)」[173]として統合される。イエス・キリストは、その「人格的な生」における「業」を通して、即ち「言葉」と「振舞い」、「苦難」[174]によって「本質的な神＝人の統一」を究極的に表明する救済者である。何故ならイエス・キリストの「振舞いや苦難は神との一致の表現であり、それは彼の存在である新しい存在の表現である[175]」からである。「新しい存在」の体現者としてのイエス・キリストの「人格的な生」についての新約聖書のキリスト像をもって、ティリッヒは「下から」のキリスト論的な思惟モデルを基調とした「低さのキリスト論」を構想したのである。[176]

　本書の 293 頁以下を参照。しかしバルト神学以後の、いわゆる「ポスト・モダンのキリスト論」（Jürgen Moltmann: A.a.O. S.13）の動向については、他日また別稿において報告したい。

173　　Paul Tillich: *Systematische Theologie* II. S.178. = Paul Tillich: *Systematic Theology* II. P.168.

174　　Cf. Paul Tillich: *Systematische Theologie* II. S.132ff. = Paul Tillich: *Systematic Theology* II. P.121ff.

175　　本書の 158 頁を参照。

176　　本書の 157 頁以下を参照。

第Ⅲ部　「歴史から世界へ」

　さてティリッヒは、「十字架」と「復活」の2つの中心的な象徴をもっ
て描出される新約聖書のキリスト像において開示された躍動的な神＝人関
係を、以下のように要約して言明している。

　　「キリストにおいて人間への神の永遠の関係（ewige Beziehung Gottes zum
　　Menschen ＝ eternal relation of God to man）が顕現する」[177]。
あるいは
　　「キリストにおいて本質的な神＝人の統一（wesenhafte Gott-Mensch-
　　Einheit ＝ eternal God-Man unity）が実存の諸制約の下で現出する」[178]。

　先述のように「低さのキリスト論」をもってティリッヒは、「十字架」
と「復活」の2つの中心的な象徴をはじめ多様な象徴的・図像的な表象に
よって彩色された新約聖書のキリスト像の中に「神と人間の復元された統
一」の実現としての躍動的な神＝人関係を発見したのである。そしてイエ
ス・キリストにおける神と人間（あるいは存在論的に別言するならば、「新し
い存在」における「全ての存在の根拠」と「実存的な存在」）の和解論的な関係
規定に基づいてティリッヒは、キリスト教教会史におけるキリスト論の教
理を絶えず斟酌しながら、その「キリストとしてのイエスにおける新しい
存在についての教説」を特徴付けることを試みた。

　それでは以下の「補論」において、キリスト教教理史におけるキリスト
論（和解論）の諸問題についてのティリッヒの新しい解釈を瞥見すること
をもって、その「キリストとしてのイエスにおける新しい存在についての
教説」をさらに鮮明に輪郭付けたい。

177　　Paul Tillich: *Systematische Theologie* II. S.106. ＝ Paul Tillich: *Systematic
　　Theology II. P.96.
178　　Paul Tillich: *Systematische Theologie* II. S.182. ＝ Paul Tillich: *Systematic
　　Theology II. P.169.

第5章 「新しい存在」の開示としてのキリスト像　　　　　　　　　　179

（1）古代世界の神話的な象徴によるキリスト論についての解釈

　古代の世界・宇宙像の中で神話的に修飾された彩色豊かな象徴を纏った
キリスト論について存在論的な視点からの解釈を遂行することをもって、
ティリッヒはイエス・キリストにおける「神と人間の復元された統一」の
現出としての躍動的な神＝人関係を明示した。

　（1）まず「十字架」における「実存の否定性」に対しての絶対的な勝利
についての象徴である「復活」をさらに補完するキリスト論的な象徴とし
てのキリストの「先在」と「後在[179]」は、ティリッヒによればイエス・キリ
ストにおける「本質的な神＝人の統一」についての絶対的・普遍的な「根
拠付け[180]」と「確信[181]」について、有限な人間と世界の歴史を遥かに越えた
神話的な「時間」の表象に翻訳して表明している。即ち「先在のキリスト
論」と「後在のキリスト論」は、共に「新しい存在が――イエス・キリス
トの出来事において歴史的に現存しつつ――永遠的に根拠付けられる[182]」と
いう存在論的な意味内容を包含するのである。

　（2）またイエス・キリストにおける「本質的な神＝人の統一」の臨在の
絶対性と普遍性についての「空間的なメタファー（räumliche Metapher(-) =
spatial metaphor(-)）[183]」である（1）「卑下」と（2）「高挙」のキリスト論的な象
徴は、それぞれ「新しい存在」の体現者の（1）「実存」の諸制約の下への
全面的な従属と（2）それに対する絶対的な勝利として解釈される[184]。

　（3）そしてイエス・キリストにおける「神と人間の復元された統一」の

179　本章の注151を参照。

180　Paul Tillich: *Systematische Theologie* II. S.161. = Paul Tillich: *Systematic
Theology* II. P.148.

181　Paul Tillich: *Systematische Theologie* II. S.172. = Paul Tillich: *Systematic
Theology* II. P.159.

182　Paul Tillich: *Systematische Theologie* II. S.172. = Paul Tillich: *Systematic
Theology* II. P.160.

183　Paul Tillich: *Systematische Theologie* II. S.172. = Paul Tillich: Systematic
Theology II. P.160.

184　Cf. Paul Tillich: *Systematische Theologie* II. S.172. = Paul Tillich: Systematic
Theology II. P.160.

180 第Ⅲ部 「歴史から世界へ」

現出としての躍動的な神＝人関係を最も鮮明に描出するキリスト論的な象徴が「神の子」の象徴である。「卑下」の「低さ」をもってイエス・キリストは神へと「十字架の死に至るまで従順」（ピリ2,8を参照）であり、またそれは「彼（＝キリストとしてのイエス）の神との一致についての決定的な証左[185]」でもあった。「キリストとしてのイエスの存在は全ての瞬間において神によって規定されている[186]」。それゆえにティリッヒによれば、イエス・キリストの「人格的な生」には「高慢（Hybris = huburis）や自己増長（Selbst-Erhöhung = self-elevation）の徴章[187]」は見られない。「ナザレのイエスは究極的な啓示の媒体物である。何故なら彼は自らをキリストとしてのイエスのために全て犠牲としたからである[188]」。まさしく神へ向けてのイエス・キリストの徹底的な「従順さ」として現前するところの「本質的な神＝人の統一」の中に、ティリッヒは「『神の子』の象徴の意味[190]」を見出したのである。

(2)「カルケドン信条」における「両性論」についての新しい意味付け

ところで「真の神（vere Deus）」と「真の人（vere homo）」としてイエス・キリストにおける2つの「本性（Natur = nature）」の関係を概念的に規定した古代キリスト教会の「カルケドン信条」（451年）の「両性論」は、ティリッヒによれば決して教義学的に定式化されまた正統主義的に権威化され

185　Cf. Paul Tillich: *Systematische Theologie* II. S.137. = Paul Tillich: Systematic Theology II. P.126. 本書 157 頁以下を参照。

186　Paul Tillich: *Systematische Theologie* I. S.164. = Paul Tillich: *Systematic Theology* I. P.136.

187　Paul Tillich: *Systematische Theologie* I. S.163. = Paul Tillich: *Systematic Theology* I. P.135.

188　Paul Tillich: *Systematische Theologie* II. S.137. = Paul Tillich: *Systematic Theology* II. P.126.

189　Paul Tillich: *Systematische Theologie* I. S.164. = Paul Tillich: *Systematic Theology* I. P.136.

190　Paul Tillich: *Systematische Theologie* I. S.164. = Paul Tillich: *Systematic Theology* I. P.136.

第5章 「新しい存在」の開示としてのキリスト像　　181

るべきではなくて、ただ「キリストとしてのイエスにおいて神と人間の永遠の統一が歴史的な現実性（historische Wirklichkeit = historical reality）となった[191]」という躍動的な神＝人関係として再解釈されなければならない。そこでティリッヒは、イエス・キリストの「人格」を「神性」と「人性」の2つの「本性」概念をもって規定したキリスト教教理史における伝統的な関係付けを形式的に踏襲あるいは墨守することなく[192]、かえってイエス・キリストにおける「本質的な神＝人の統一」を、(1)「実存」の諸制約の下への従属としての「イエス＝性質（Jesus-Charakter）」と(2)「実存」の諸制約に対する勝利としての「キリスト＝性質（Christus-Charakter）」の、2つの人格的な「性質」を統合する関係規定として新しく理解したのである[193]。

　そしてかかる2つの人格的な「性質」をもってイエス・キリストが開示するところの「本質的な人間存在の形像」において、「実存」の諸制約の下にあっても決して破壊されない「本質的な神＝人の統一」が究極的な仕方で現前する。ここで「カルケドン信条」の「両性論」が含意するところの「真の神」と「真の人」としてのイエス・キリストは、先のペールマンの指摘の通りに(1)「実存」の諸制約の下に全面的に従属する「現実の（実存的な）人間（homo existentialis）」であると同時に、しかしまた(2)それを絶対的に克服する「真実の（本質的な）人間（homo essentialis）」として再解釈されることとなる[194]。

　以上が、イエス・キリストにおける躍動的な神＝人関係の規定からティリッヒが導き出したところの、古代キリスト教会の「両性論」についての

191　Paul Tillich: *Systematische Theologie* II. S.160. = Paul Tillich: *Systematic Theology* II. P.148.

192　「カルケドン信条」における「両性論」を批判して、ティリッヒは人間に適用された「本性」概念を「曖昧」でありまた神に適用されたそれを「誤り」であると結論付けている（Paul Tillich: Systematische Theologie II. S.157. = Paul Tillich: Systematic Theology II. P.147）。

193　Cf. Paul Tillich: *Systematische Theologie* II. S.157. = Paul Tillich: *Systematic Theology* II. P.146.

194　本書の 155 頁を参照。

第Ⅲ部 「歴史から世界へ」

新しい解釈学的な意味付けである。

（3）シュライエルマッハーの「原型のキリスト論」との比較

　さらに古代キリスト教会の「両性論」についての新しい解釈学的な意味付けと関連してティリッヒは、その「不変の力強さ」[195]が全ての人間との異同を鮮明にするところの、いわゆるイエスにおける神＝人関係の表現としての「神意識（Gottesbewußtsein = God-consciousness）」の「原型（Urbild = „original image")」[196]について論及した、19世紀の神学者シュライエルマッハーに注目している。[197]

　けれども両者の間に横たわる相違もティリッヒはすでに洞見していた。シュライエルマッハーの「原型のキリスト論」との比較の中でティリッヒは、救済論と不可分的に結び付いたキリスト論（和解論）を「キリストとしてのイエスにおける新しい存在についての教説」として特徴付けた。かつてシュライエルマッハーがイエスにおける「人間実存に対立する本質的な人間存在」[198]を規定する「原型」概念を専ら人間論的（anthropologisch）に理解したのに対して、ここでティリッヒは「新しい存在」という存在論的（ontologisch）な概念をもって、[199]イエス・キリストにおける「原型であ

195　Friedrich Schleiermacher: *Der christliche Glaube* Ⅱ. S.52.

196　Paul Tillich: *Systematische Theologie* Ⅱ. S.162. = Paul Tillich: *Systematic Theology* Ⅱ. P.150.

197　キリスト論（および救済論）を巡っての、ティリッヒとシュライエルマッハーの神学的な類似点については、Ulrich Kühn: *Christologie*. S.271. を参照。あるいは本章の注157を参照。
　またシュライエルマッハーのキリスト論（および救済論）については、クーン（Ulrich Kühn: A.a.O. S.224ff.）やフィシャー（Hermann Fischer: A.a.O. S.110ff.）が簡潔に解説している。

198　Paul Tillich: *Systematische Theologie* Ⅱ. S.162. = Paul Tillich: *Systematic Theology* Ⅱ. P.150.

199　「（ティリッヒの）それ（＝本質的な神＝人の統一）が存在論的な性格を持つのに対して、シュライエルマッハーの『神＝意識』は人間論的な性格を有する」（Paul Tillich: Systematische Theologie Ⅱ. S.162. = Paul Tillich: Systematic Theology Ⅱ. P.150）。

第5章 「新しい存在」の開示としてのキリスト像　　183

る者の実存への参与（Teilnahme dessen, der Urbild ist, an der Existenz = participation of him who is also the Urbild)[200]」に着目した。それゆえにティリッヒ神学においては、「彼（＝イエス・キリスト）は人間の原型（Urbild）を描出すると同時に、その歪曲された形像（Zerrbild）に参与するという……逆説」（ペールマン）[201] が、そのキリスト論の主題となるのである。はたしてイエス・キリストは、「新しい存在」の体現者として「本質的な人間存在の形像」をもって、しかし「実存」の諸制約の下で「本質的な神＝人の統一」を開示したのである。

（4）「養子のキリスト論」と「受肉のキリスト論」の関係

そして最後にティリッヒが「下から」のキリスト論的な思惟モデルを基調として構想した「低さのキリスト論」において、いわゆる「養子のキリスト論」が好意的に評価されていることについて論及される。それはティリッヒによれば、「養子のキリスト論」が「神はその霊を通してナザレのイエスをメシアに選んだ[202]」というキリスト論的な使信を鮮明にすることによって、「新しい存在」の体現者であるイエス・キリストが開示するところの「本質的な人間存在の形像」を主題とすることができるからである。

「養子のキリスト論」と比較して、ティリッヒは「受肉のキリスト論」に対して重要な役割を認めていない。[203] 何故ならそれは――古代神話の化身物語において描述されるような――神（の言葉）の「変貌（Metamorphose = metamorphosis）[204]」として理解されるならば、全く「無意味な」[205] ものだから

200　Paul Tillich: *Systematische Theologie* II. S.162. = Paul Tillich: *Systematic Theology* II. P.150.

201　Horst Georg Pöhlmann: A.a.O. S.205.

202　Cf. Paul Tillich: *Systematische Theologie* II. S.161. = Paul Tillich: *Systematic Theology* II. P.149.

203　本章の注 217 を参照。

204　Paul Tillich: *Systematische Theologie* II. S.161. = Paul Tillich: *Systematic Theology* II. P.149.

205　Paul Tillich: *Systematische Theologie* II. S.104. = Paul Tillich: *Systematic*

である[206]。そこでは確かに「古代の受肉のキリスト論の真理を言明するためには、キリスト論の問題の新しい表現が必要とされている」（フィッシャー）[207]と言えよう。ティリッヒにとって「受肉」概念は、それが「人格的な生における人間の状況への神の救済的な参与（Gottes erlösende Teilnahme an der menschlichen Situation in einem personhaften Leben）[208]」を言明するものとして解釈される限りにおいてのみ、キリスト論的な「逆説」を適切に表現するものであった。従ってティリッヒによれば、「受肉のキリスト論」は「養子のキリスト論」を前提することによって初めて有効な教理命題となる。逆に「もし養子説の要素を欠くならば、受肉論はキリスト像を非現実的なものと化してしまうであろう」[209]。

　以上のようにして、ティリッヒにおいて「受肉のキリスト論」は「養子のキリスト論」の視点から再解釈され、「実存」の諸制約の下にあって「本質的な人間存在の形像」を開示した、「新しい存在」の体現者であるイエス・キリストにおける「本質的な神＝人の統一」について躍動的に叙述するキリスト論的な思惟モデルとして新しく方向付けられることとなるのである[210]。

　　　Theology II. P.94.

206　本章の注 90 を参照。

207　Hermann Fischer: A.a.O. S.217.

208　Paul Tillich: *Systematische Theologie* II. S.105. = Paul Tillich: *Systematic Theology* II. P.95.

209　Paul Tillich: *Systematische Theologie* II. S.162. = Paul Tillich: *Systematic Theology* II. P.149.

210　「それゆえにティリッヒは、もし人が『永遠の神＝人の統一』について語るならば、受肉論的な要素と養子論的な要素を『躍動的な展開過程（dynamische(r) Prozeß）』へと結び付けるであろうと考えている」（Carl Heinz Ratschow: A.a.O. S.127）。

第 5 章　「新しい存在」の開示としてのキリスト像　　　　　　　　　　185

結　論

ティリッヒの「低さのキリスト論」の意義と限界

　「新しい存在」の体現者であるイエス・キリストが「本質的な人間存在
の形像」において開示する「本質的な神＝人の統一」は、信仰者が救済
論的に参与する神と人間の（あるいは存在論的に別言するならば「新しい存在」
における「全ての存在の根拠」と「実存的な存在」の）和解論的な関係付けに
他ならない。ここでティリッヒの「低さのキリスト論」は、「新しい存在」
が「実存」の諸制約の下にあるイエス・キリストの「人格的な生」におい
て現出する「本質的な人間存在の形像」をキリスト論的な論考の出発点に
据えていることが明らかとなる[211]。別言するならば、ティリッヒの「低さ
のキリスト論」において神の人間化（人間となること）の出来事の逆説性は
本来的に重要な役割を果たしていない。何故なら『組織神学』Ⅱの「低さ
のキリスト論」において「ティリッヒ神学の中心には神の逆説的な自己顕
在化（paradoxale Selbstvergegenwärtigung Gottes）ではなくて、十字架に付けら
れたキリスト像（Bild des gekreutigten Christus）が立っている」（コダーレ）[212]か
らである[213]。それゆえにティリッヒにとって、イエス・キリストは三一論

211　「……もし実存の諸制約の下にある本質的な人間存在の形像について語
　　　るならば、思想の明快さはより適切に保証される」（Paul Tillich: Systematische
　　　Theologie II. S.104. = Paul Tillich: Systematic Theology II. P.94）。

212　Klaus-M. Kodalle: A.a.O. S.326.

213　本書の 157 頁以下を参照。
　　　それゆえに 1920 年代には「逆説のキリスト論」についての考察（本書の
　　　132 頁以下を参照）から『組織神学』Ⅱのキリスト論的な思惟への展開の中で、
　　　「ティリッヒは『哲学的断片』から『キリスト教への修練』へのキェルケゴー
　　　ルの思惟の進展を辿っている」（Hermann Fischer: A.a.O. S.128）というフィシャ
　　　ーの主張をもって要約できよう。何故ならティリッヒは『組織神学』Ⅱの中
　　　でキェルケゴールが後期著作活動において展開した「下から」のキリスト論
　　　的な思惟モデルを下敷きにして、そのキリスト論的な論考を開始しているか
　　　らである（本章の注 98 と注 104、注 105 を参照）。

における第二の位格の神として啓示された神ではなくて、まずは「新しい存在」の最初の体現者として「実存」の諸制約の下で「本質的な神＝人の統一」を表明するところの、特定の「空間（場所）」と「時間」に規定された歴史の中の一人の「現実の（実存的な）人間（homo existentialis）」でありながらもまた同時に「真実の（本質的な）人間（homo essentialis）[214]」という逆説的な性格を畳み込んだ存在なのである。そして「新しい存在」の最初の体現者として「実存」の諸制約の下で「本質的な神＝人の統一」を開示するイエス・キリストによって、初めて「救済」が人間へともたらされることとなる。「救済は人間の状況へ完全に関与する者からのみ到来する……[215]」。はたしてここに――バルトやブルトマンとは全く異なって構想された――その独自の存在論と密接に結び付いたティリッヒの神学思想の全体を底通する「低さのキリスト論[216]」が見出されよう。

　しかしながら新約聖書においてナザレのイエスが「新しい存在」の最初の体現者を超えた存在、即ち神の決定的な「啓示」として証言されていることは、ティリッヒのキリスト論において十分に考慮されていないと思われる。全ての人間と全く異なった特殊性をナザレのイエスに賦与する「本質的な人間存在の形像」は、その「現実の（実存的な）人間」でありながらもまた同時に「真実の（本質的な）人間」であることの逆説性からではなくて、まずはイエス・キリストにおける神の人間化（人間となること）の出来事に根拠付けられるものであろう。ナザレのイエスだけが「本質的な神＝人の統一」を実現し得ることの特殊性の根拠は、「上から」のキリスト論が主題とするところの、イエス・キリストにおける神の人間化の存在論的な優先において見出されるはずである。それはまずイエス・キリストにおける神の人間化（神が人間となること）が、その人間存在（「現実の（実

214　本書の 155 頁を参照。

215　本書の 171 頁を参照。

216　「もしティリッヒがイエスの真の人性を弁証しそのために特定の崇高な属性を犠牲としても、彼はこの低さのキリスト論を同様に適切に表現するであろう」（Horst Georg Pöhlmann: A.a.O. S.208）。

第5章　「新しい存在」の開示としてのキリスト像　　　187

存的な）人間」でありながらもまた同時に「真実の（本質的な）人間」という人間であること）に存在論的に先行するからである。教義学的に別言するならば、「受肉のキリスト論」が「養子のキリスト論」の成立の存在論的な根拠なのである[217]。それゆえに、何故に「新しい存在」が、全ての人間と全く異なって、まずイエス・キリストにおいて「実存」の諸制約の下でそれによって圧倒されることなく現出しまた臨在したのか、あるいは何故に「神の霊」は──全ての人間と全く異なって──まずナザレのイエスを「歴史的な人性にとっての新しい存在の決定的な結合」[218]へと選んだのかと、コダーレの言葉を借りるならばイエス・キリストにおける「例外実存（Ausnahmeexistenz）」[219]に関する問題を、ティリッヒに対して批判的に問わなければならない。

　パウロ＝宗教改革的な義認論によれば罪過の縄目から人間を解放することのできる救済者は、「新しい存在」の最初の体現者として神と全く合一したところの歴史の中の一人の人間ナザレのイエスではなく、はたして歴史において人間とて到来した神イエス・キリストだけである。ここにイエス・キリストにおける神の人間化（神が人間となること）を主題とする「上から」のキリスト論の意義が現前し、そして全ての人間と全く等しい人間存在（「真の人」）でありながらも、全ての人間と全く異なった神的な存在（「真の神」）であるイエス・キリストの特殊性を看過するところに、ティリッヒの「低さのキリスト論」の限界が伏在していると思われる。従って「上から」と「下から」のキリスト論的な思惟モデル[220]の一方の選択にお

217　それゆえにラッチョウは、「養子のキリスト論」に一方的に傾斜するティリッヒの「低さのキリスト論」の限界を看破して、「もしこのティリッヒの立場を徹底的にキリスト論的に思索するならば、ここでもバルトにおいてのように人間となる者の先在（Präexistenz des Menschgewordenen）が受け入れられている」（Carl Heinz Ratschow: A.a.O. S.127. Anm.26. auch S.130. Anm.28）と語っている。

218　Paul Tillich: *Systematische Theologie* III. S.171. = Paul Tillich: *Systematic Theology* III. P.144.

219　Klaus-M. Kodalle: A.a.O. S.324.

220　「キリスト論は認識論的（noetisch）には下からのキリスト論であり、存在

第Ⅲ部 「歴史から世界へ」

いてではなく両者を有機的に組み合わせながら、即ち「上から」と「下から」の2つの方向において、「真の神（vere Deus）」と「真の人（vere homo）」としてイエス・キリストにおける2つの「本性」の関係を規定した古代キリスト教会の「両性論」のキリスト論を改めて躍動的な仕方で再構築することがキリスト教神学の本来的な課題となるのである。[221]

　にもかかわらず20世紀のキリスト教神学におけるティリッヒの「低さのキリスト論」の意義は決して過小評価されてはならない。何故ならそれは、それまでの一方的に「上から」のキリスト論的な思惟モデルを基調として構想されたバルトの『教会教義学』Ⅰ－Ⅱにおける啓示論の神学を批判的に修正する補完的な機能を担っているからである。[222]「新しい存在」の開示としてのキリスト像を探求する「低さのキリスト論」をもって、ティリッヒの「弁証論的な神学」はキリスト論的な思惟のさらに新しい地平を切り拓くための視点と方向付けを示唆していると言えよう。[223]

────────────

論的（ontologisch）には上からのキリスト論である。従って下からのキリスト論は、同時に上からのキリスト論である」（Horst Georg Pöhlmann: A.a.O. S.232. auch S.207）と、ペールマンは古代キリスト教教理史におけるアンティオケ学派とアレキサンドリア学派のキリスト論的な思惟モデルの関係を規定している。

221　『教会教義学』Ⅳ 1-3（和解論）において「上から」と「下から」のキリスト論的な思惟モデルを相互に組み合わせながら、これまで『教会教義学』Ⅰ－Ⅱの中で展開した啓示論の神学をバルト自身が批判的に修正している。特に『教会教義学』Ⅳ-2（1955年）におけるバルトのキリスト論（「主としての僕」）は、「下から」のキリスト論的な思惟モデルを基調として構想することによって、それまでのバルト神学のキリスト論を遥かに凌ぐ内容を展開している。

　　なお『教会教義学』Ⅳにおけるバルトのキリスト論の全体構造と内容については、八谷俊久、前掲書198頁を参照。

222　バルトの「教義学的な神学」やブルトマンの「宣教論的な神学」にとっての「必須な補完（notwendige Ergänzung = completion）」（Paul Tillich: Systematische Theologie I. S.12. = Paul Tillich: Systematic Theology I. P.6）として、ティリッヒは自らの「弁証論的な神学」を特徴付けている。ここにティリッヒの「弁証論的な神学」それ自体の、時代状況に即応した対話的・対論的な性格が鮮明にされる。

223　トラックはバルトとティリッヒの対立点の中で新しいキリスト教神学の

第 5 章 「新しい存在」の開示としてのキリスト像　　　　189

　そしてこれより聖霊論・教会論・終末論が論述される『組織神学』Ⅲの中でティリッヒは——バルトにおいては未踏破の領野のままで終った——「聖霊—キリスト論」を展開することとなるのである。[224]

　展望を探求することを提案している（Joachim Track: A.a.O. S.156）。
224　本章の注 171 と注 172 を参照。

第6章　他者のためのキリスト

ボンヘッファーにおけるキリスト論な思惟の構造と意義

「この大祭司は、わたしたちの弱さを思いやることのできないようなかたではない。罪は犯されなかったが、すべてのことについて、わたしたちと同じように試練に会われたのである」（ヘブ 4,15）。

序　論
「イエス・キリストは誰か」の問いを巡って

「私（＝ボンヘッファー）を不断に動かしているものは、キリスト教とは何か、あるいはまたキリストは今日の私たちにとって本来誰かという問い（die Frage,……wer Christus heute für uns eigentlich ist）である。……キリストはもはや宗教の対象ではなくて、全く異なったもの、本当に世界の主（Herr der Welt）である。しかしそれは何であるのか」[225]。

（1）ボンヘッファー神学全体がキリスト論的な思惟をその本源としていることは疑い得ない。確かに「イエス・キリストは誰か」というキリスト論の根本問題は、絶えずボンヘッファーの実存的・学問的な関心の中心にあった。

そして「イエス・キリストは誰か」というキリスト論の根本問題を巡って、ボンヘッファー神学は2つの方向性を内包していた。

225　Dietrich Bonhoeffer: *Widerstand und Ergebung.* DBW. 8. S.402ff.

第6章　他者のためのキリスト　　　　　　　　　　　　　191

（1）ボンヘッファーは「神の全能などの一般的なもの」についての教義学的な関心からではなくて、まずは「イエス・キリストとの出会い（Begegnung mit Jesus Christus）[226]」を巡っての実存的な問いをもってその神学的な思考作業を開始する。ボンヘッファーにとってキリスト教的な神認識が絶えずイエス・キリストに向けて凝集することはもとより自明のことであった。

　　　「私たちは今日でもイエス・キリストという名前以外で神を持つことはない」[227]。

　ボンヘッファー神学も——バルトと全く同様に——近代の人間中心的な主観主義の最後の残滓までも拭い去った「キリスト論的な集中（christologische Konzentration）」を基調として構想された。
（2）加えてボンヘッファーにおいては——バルトよりもさらに明確に[228]——キリスト教的な神認識がキリスト論へ向かって収斂することによって、神の現実性についての理解と「今日の私たち」の世界の現実性についての

────────────────────────

226　　A.a.O. S.558.

227　　Dietrich Bonhoeffer: *Schöpfung und Fall*. DBW. 3. S.70.

228　　Cf. Heinz Zahrnt: *Die Sache mit Gott*. S.179f.
　　　しかし「キリスト論的な集中」を巡るバルトとボンヘッファーの神学的な相違についてのツァールントの評価（「バルトは天上に魅了されているのに対して、ボンヘッファーは世界に関与する」（Heinz Zahrnt: A.a.O. S.179.））は、バルトにとって過酷であろう。もとより『教会教義学・Ⅰ－Ⅱ』におけるバルトの「キリスト論的な集中」は、ナチ独裁政権下におけるキリスト教信仰の刷新と確立を目指して構想されたのであり、加えてそれがヒットラー抵抗運動のための最も有効な神学的な武装でもあったことは周知の通りである（なお『教会教義学・Ⅰ－Ⅱ』におけるバルトの啓示論およびキリスト論の全体構造や内容また問題点については、以下の拙論を参照。八谷俊久『逆説から歴史へ——バルトにおけるキリスト論的な思惟の変貌』142頁以下）。また逆にボンヘッファー神学の性向についてのツァールントの評価も不当であろう。ボンヘッファーにおいて世界に関与することの始まりは、天上の神への信頼と感謝に基づくものであったからである。

第Ⅲ部　「歴史から世界へ」

理解が不可分に結び付くようにとキリスト教神学に対して要請されていた。

　　「イエス・キリストにおいて神の現実性は世界の現実性へ入っていく。
　　神の現実性についての問いと世界の現実性についての問いが解答を獲
　　得するところの場所は、イエス・キリストという名前によってのみ描
　　出される。この名前において神と世界は囲まれる。これよりイエス・
　　キリストについて語ることなしには、神と世界について語ることはで
　　きない。彼を看過する全ての現実性の概念は抽象である」[229]。

あるいは

　　「2つの現実性があるのではなくて、ただ1つの現実性がある。そし
　　てそれはキリストにおいて啓示されたところの、世界の現実性の中の
　　神の現実性である。……キリストの現実性は世界の現実性を内包す
　　る」[230]。

　神と世界の2つの現実性は、ただイエス・キリストにおいて神の側から
架橋されて結び付く。「今日の私たち」の世界へと向けて神が踏み入る唯
一の道筋がイエス・キリストであり、そこでは「世界から神へではなくて、
神から世界へ（von Gott zur Welt）とイエス・キリストの道は通じている」[231]。
イエス・キリストの足跡は神が世界へと向かうための道程を写す行路図で
ある。それゆえにボンヘッファーにとってイエス・キリストの聖軌を辿る
ことは、神の現実性を畳み込んだ「人間イエス・キリストにおける神の啓
示の秘密（Geheimnis der Offenbarung Gottes）」[232]を解読するためにこの世界の現
実性へと赴く巡礼行でもあったと言えよう。そしてここに「ボンヘッファ
ーのキリスト論の神学の基本形態」（イルゼ・テート）[233]の輪郭が素描されて

229　　Dietrich Bonhoeffer: *Ethik*. DBW. 6. S.39.

230　　A.a.O. S.43.

231　　E. S.378.

232　　Dietrich Bonhoeffer: *Ethik*. DBW. 6. S.40.

233　　Ilse Tödt: Anmerkung 29. In, Dietrich Bonhoeffer: *Ethik*. DBW. 6. S.40.

第 6 章　他者のためのキリスト　　　　　　　　　　　　　　193

いる。[234]

　（2）以上のようにして、ボンヘッファーにおいてはそのキリスト教的な
神認識が（1）神の自己啓示としてのイエス・キリストに向けて絶えず凝
集すると同時に、（2）そこから——バルト神学の中に韜晦する、いわゆる
「啓示実定主義（Offenbarungspositivismus）[235]」の陥穽に落ちることがないよう
に——「今日の私たち」の世界の現実性へと限りなく広範にその射程を伸
長していく。イエス・キリストをその中心点に据えた、神の現実性から人
間世界の現実性への、2 つの現実性の認識を巡っての不可逆的な遠心運動
が、ボンヘッファーのキリスト論の神学を絶えず刷新して躍動的なものに
している。

　　「キリストに関与しつつ、私たちは神の現実性と世界の現実性の中に
　　同時に立つ[236]」。
あるいは
　　「神の啓示としてのイエス・キリストの現実性に属することを告白す
　　る者は、また同じ瞬間に神の現実性と世界の現実性に属することを
　　告白する。……まさしくキリストに帰属しながら、彼（＝キリスト者）
　　はまさしく世界の中に立つのである[237]」。

―――――――――――――――――――

234　それゆえに「イエス・キリストにおける啓示の中にある神の現実性」が、
　　ボンヘッファーにとって「キリスト教倫理学の根源」（Dietrich Bonhoeffer:
　　A.a.O. S.33）を形成するのは自明のことである。さらに「2 つの領域があるの
　　ではなくて、神の現実性と世界の現実性が互いに一致するところの、ただ 1
　　つの領域がある。従って教会の歴史を絶えず支配してきた 2 つの領域の主題
　　は、新約聖書とは無縁である」（a.a.O. S.43f.）とボンヘッファーが記す時、そ
　　こではナチ独裁政権の温床ともなったルター＝ルター派教会の、いわゆる「二
　　王国論（Zwei-Reiche- oder Regimenten-Lehre）」の「キリスト論的な集中」によ
　　る克服が目指されていると言えよう。

235　Dietrich Bonhoeffer: *Widerstand und Ergebung*. DBW. 8. S.404.

236　Dietrich Bonhoeffer: *Ethik*. DBW. 6. S.43.

237　A.a.O. S.47f.

第Ⅲ部 「歴史から世界へ」

そしてかかるキリスト論的な視点から最晩年のボンヘッファーの神学的な関心は、「成人した世界（die mündige Welt oder die mündig gewordene Welt）」あるいは「世界の成人性（die Mündigkeit der Welt）[238]」における将来のキリスト教信仰のあり方に向けられた。さらにボンヘッファーのキリスト論的な思惟は、宗教批判と密接に連動して「聖書的な諸概念の非宗教的な解釈（nicht-religiöse Interpretation der biblischen Begriffe）[239]」のための解釈学的な構想と結び付き、またそれはナチ独裁政権下における反ヒットラー抵抗運動と関連して「他者のための教会（Kirche für andere）[240]」を標榜した教会論を基調とするキリスト教（社会）倫理学の形成へと結実していき、ついには苦難のキリスト像に倣いドイツ教会闘争の若き旗手として獄死の結末を甘受した20世紀の殉教者の運命の道標ともなった。

（3）そこで本稿では、まずボンヘッファー神学の一切の本源であったキリスト論的な思惟全体の輪郭を素描することを通して、ボンヘッファーの神学思想の基本構造を解明解明することに寄与したい。それはボンヘッファーのキリスト論的な思惟やそこから提唱された「まねびの神学」は現代のキリスト教神学の辿るべき針路を占なう羅針盤のようでもあり、またそこには今日のキリスト教会にとっての緊切の課題であるキリスト教（社会）倫理学を構築するための見取り図が伏在しているように思われるからである。

1. 2つのキリスト論的な思惟モデル
ボンヘッファーのキリスト論の始まり

すでに『キリスト論講義』（1933年夏学期の講義録・1960年出版）の中でボ

238　Dietrich Bonhoeffer: *Widerstand und Ergebung*. DBW. 8. S.477.

239　A.a.O. S.509 und 529. 本書の247頁以下を参照。

240　Dietrich Bonhoeffer: A.a.O. S.560. 本書の244頁以下を参照。

第 6 章　他者のためのキリスト　　　　　　　　　　　　　　　　　　　　195

ンヘッファーは、「イエス・キリストは誰か」というキリスト論の根本問
題について論究している。

　まずボンヘッファーは、イエス・キリストについての「如何に（様相）
の問い（Wie-Frage）」と「誰か（人格）の問い（Wer-Frage）」を方法論的に
峻別する。即ち「如何に（様相）」についての問いが、いわば「内在につ
いての問い」であるのに対して、「誰か（人格）」についての問いは「超越
についての問い（Frage nach der Transzendenz）[241]」である。そしてボンヘッフ
ァーによれば、「如何に（様相）の問い」の思惟形式の中ではイエス・キ
リストの存在は単に「即物的な思惟（dingliche(s) Denken(-)）[242]」による観察の
ための対象として取り扱われてしまう。けれども「超越についての問い」
である「あなたは誰か（Wer bist Du?）」というイエス・キリストについて
の「誰か（人格）の問い」は――「如何に（様相）の問い」をもっては決
して汲み取ることのできない――それについて「問う者自身の実存の問い
（Existenzfrage）[243]」を包摂している。従って「誰か（人格）の問い」は、「予め
明かされた答え（die vorher ergangene Antwort）[244]」であるイエス・キリストの存
在（臨在）を先験的に前提としてまたそこで問う者の「信仰において[245]」の
み挙げられる神学的な問いとして設定されることとなる。

　続いてボンヘッファーは、イエス・キリストについての「誰か（人格）
の問い」を古代キリスト教会のキリスト論の教理史の中に位置付ける。古
代キリスト教会は「本性（Natur）」概念を援用し、それによってイエス・
キリストを――キリスト教信仰が「ドケティズム派」あるいは「エビオ
ス派」の異端的な教説に陥ることがないように[246]――「神性（Gottheit）」と
「人性（Menschheit）」の相反する 2 つの「本性」の一致と矛盾の弁証法的な

241　　Dietrich Bonhoeffer: *Christologie*. GS. 3. S.170.
242　　A.a.O. S.231.
243　　A.a.O. S.170.
244　　A.a.O. S.171.
245　　Ibid.
246　　Cf. a.a.O. S.229.

関係をもって理解した。けれどもそこではイエス・キリストにおける「神性」と「人性」の弁証法的な関係付けが、——「如何に（様相）の問い」においてのように「論理的・観察的な仕方[247]」で考察されるのではなくて——、ただ「誰か（人格）の問い」の仕方をもって取り扱われなければならない。そしてボンヘッファーによれば、イエス・キリストを「真の神（vere Deus）」と「真の人（vere homo）」として理解した古代キリスト教会の「カルケドン信条」（451年）は、キリスト論的な諸概念についての思弁的な解説ではなくて、神と人間（私あるいは私たち）の間の救いの出来事を巡っての信仰の決断の告白として、もとより「誰か（人格）の問い」と関わる実存的な営為であった。

> 「もし人がキリストについての如何にの問いを終らせるならば、如何にの問いそれ自身が破棄されているカルケドン信条へと辿り着くであろう。そこには、あなたは誰か（Wer bist du?）ということについての示唆が残存している。カルケドン信条は明らかに誰かの問いと関わっている[248]」。

　さて『キリスト論講義』の中でボンヘッファーは、イエス・キリストにおける「神性」と「人性」の弁証法的な関係付けを巡っての「カルケドン信条」の「両性論」についての議論を、さらに（1）（アンティオケ学派の「下から（von unten）」のキリスト論に対する）アレキサンドリア学派の「上から（von oben）」のキリスト論的な思惟モデルと、（2）状態（あるいは様態）論的なキリスト論におけるキリストの「高さ（status exaltationis）」と「低さ（status exinanitionis）」の2つの状態（あるいは様態）のキリスト論的な思惟モデルの、2つのキリスト論的な思惟モデルをもって再解釈する[249]。そして2

247　A.a.O. S.230.

248　A.a.O. S.231.

249　「カルケドン信条」の「両性論」と関連付けて、バルトはキリスト教教理史における三つのキリスト論的な思惟モデル（（1）アレキサンドリア学派の

第6章　他者のためのキリスト　　　　　　　　　　　　　　　197

つのキリスト論的な思惟モデルの組み合わせが、キリスト教教理史におけ
るボンヘッファーのキリスト論の位置を特徴付けている。

（1）キリストにおける「人間となった神」の臨在──「上からのキリスト論」

　『キリスト論講義』においてボンヘッファーのキリスト論は、バルトに
見習って「上から」のキリスト論的な思惟モデルをもって出発する。まず
そこでボンヘッファーは「イエス・キリストは誰か」というキリスト論
の根本問題に対して、イエス・キリストは神によって「養子とされた者」
ではなくて、「人間となった神（der Gott, der Mensch geworden ist）[250]」であると
答える。「上から到来する神の言葉（das von oben kommende Wort Gottes）[251]」は、
ボンヘッファーにとっての人間イエス・キリストに他ならない。

　そして「神の人間化（人間となること）」のキリスト論をもってボンヘッ
ファーは、さらに「上から到来する神の言葉」としての人間イエス・キリ
ストの臨在を究明する。ここで「神の人間化」は、神が人間に似た仮現の
装束を身に纏ったことではなくて、イエス・キリストにおいて人間と等し
い実存様式（Existenzweise）を持ったことを含意する。即ちイエス・キリス
トにおいて神は、人間と等しい実存様式を持つことの「自由[252]」を開示する

　　「上から」とアンティオケ学派の「下から」のキリスト論、（2）キリストの
　　「高さ」と「低さ」についての状態（あるいは様態）論的なキリスト論、（3）
　　キリストの三職（「預言者」、「王」、「祭司」）論）を組み合わせながらキリスト
　　の「歴史」を物語る（Karl Barth: Kirchliche Dogmatik Ⅳ -1. S.171）ことによって
　　壮大な和解論の神学（『教会教義学』Ⅳ（1-3））を構築した。なお『教会教義
　　学』Ⅳ（1953年－未完）におけるバルトの「和解論」の全体構造と内容につ
　　いては、八谷俊久、前掲書196頁を参照。

250　　Dietrich Bonhoeffer: A.a.O. S.231.

251　　A.a.O. S.232. ヨハ 1,14 を参照。

252　　ボンヘッファーは──バルトと同様に（八谷俊久、前掲書151頁を参照）
　　──人間化（人間となること）における神の主体性の「自由」を強調してい
　　る。「人間化は想像を絶するものまた不可能的なもの、神の自由の中にある
　　もの、全く演繹されない神の到来（das ganz und gar nicht deduzierbare Kommen
　　Gottes）である」（Dietrich Bonhoeffer: A.a.O. S.212）。そしてここでは、「神は人
　　間から自由なのではなくて、人間のため（für den Menschen）に自由なのであ

のである。イエス・キリストは、神が人間の実存様式を持つことを通して
「私たちのための神（Gott für uns）[253]」として人間世界の中に臨在することの
証左である。

　ボンヘッファーは、イエス・キリストにおける「神の人間化（人間とな
ること）」を人間世界の中での神の決定的な自己啓示の出来事として理解
する。

　　　「神の人間化は、人間であることにその栄光を見た神の称賛
　　　（Verherrlichung Gottes）についての使信である。それは隠された啓示で
　　　はないことが注目されなければならない。イエス・キリストは神の隠
　　　されない似像（das unverhüllte Ebenbild Gottes）である[254]」。

　イエス・キリストにおける「神の人間化（人間となること）」をもって
「神の称賛」が人間世界の中で表明される。そこで「神は被造物と自由に
結び付き、人間となった者において自由に称賛される[255]」。「人間となった
神」であるイエス・キリストは、「称賛された神（der verherrlichte Gott）[256]」に
他ならない。それゆえに「人間となった神」であるイエス・キリストを、
ボンヘッファーは「神の隠されない似像」と呼称するのである。

　けれどもボンヘッファーにとって、イエス・キリストにおける「神の
隠されない似像性」は、決して「神の可視的な称賛（sichtbare Verherrlichung

　　る」（Dietrich Bonhoeffer: Akt und Sein. DBW. 2. S.85）という、1930/31年の神論
　　的に方向付けられた言明が、さらに啓示論的・キリスト論的に転義されてい
　　る。

253　Dietrich Bonhoeffer: Christologie. GS. 3. S.232.
　　それゆえにボンヘッファーによれば、イエス・キリストにおける「神の人間
　　化（人間となること）」をもって「被造物への神の愛（Liebe Gottes zu seiner
　　Kreatur）」（Dietrich Bonhoeffer: Ethik. DBW. 6. S.148）が認識される。

254　Dietrich Bonhoeffer: *Christologie*. GS. 3. S.234.

255　A.a.O. S.235.

256　A.a.O. S.234.

第 6 章　他者のためのキリスト　　　　　　　　　　　　199

Gottes）」[257]と同義ではない。何故なら「人間となった神」であるイエス・キ
リストは「神の隠されない似像」において「称賛された神」であると同
時に、しかしまた人間と等しい実存様式を持った者でもあるからである。[258]
「神の隠されない似像」としての「神の称賛」は、人間世界の中ではイエ
ス・キリストの卑賤の「下僕の姿」としてのみ可視的となる。

　かくしてボンヘッファーにおいてキリスト論の主題は、これより卑賤の
「下僕の姿」の神＝人イエス・キリストへと向かって収斂するのである。

(2)「卑下」と「高挙」の神＝人－状態（あるいは様態）論的なキリスト論

　ボンヘッファーは──恐らくキェルケゴールの後期著作活動のキリス
ト論において学んだであろう仕方をもって──[259]アレキサンドリア学派の
「上から」のキリスト論的な思惟モデルをさらに状態（あるいは様態）論的
なキリスト論と結び付けて具体化させる。[260]ここでも「カルケドン信条」
の「両性論」のキリスト論は継受されるけれども、それは状態（あるいは
様態）論的な「高さ」と「低さ」のキリスト論の立場から再解釈されて、[261]

───────────

257　A.a.O. S.235.

258　それゆえにインコグニトーとしての卑賤の「下僕の姿」において、神
　　は「顕れる神（Deus revelatus）」であると同時にしかしまた「隠れる神（Deus
　　absconditus）」でもあると言えよう。

259　なおキェルケゴールの後期著作活動におけるキリスト論については、本
　　書の 31 頁以下を参照。

260　なお（1）「神の人間化（人間となること）」における「卑下」と（2）状
　　態（あるいは様態）論における神＝人イエス・キリストの「卑下」の、2 つの
　　キリスト論的な思惟モデル（本稿の注 11 を参照）の教義学的な区別について、
　　ボンヘッファーはすでに『キリスト論講義』において明確に認識していた
　　（Dietrich Bonhoeffer: A.a.O. S.181 und 234. cf. Wolf Krötke: Der begegnende Gott und
　　der Glaube. In: Bonhoeffer-Studien. S.28f. auch Hans-Jürgen Abromeit: Das Geheimnis
　　Christi. S.232）。そしてそれはキェルケゴール研究においてマランツクが、「下
　　僕の姿」の神の「卑下」の形態を（1）神の人間化としての啓示の出来事に
　　おける「質的な卑下」と（2）「下僕の姿」において苦しむキリストの「量的
　　な卑下」の 2 つに区分している（Gregor Malantschuk: Dialektik og Eksistens hos
　　Søren Kierkegaard. S.331）内容に相当する（本書の 35 頁注 67 を参照）。

261　『教会教義学』Ⅳ -1 の中でバルトも、「カルケドン信条」における「両性

ついには「歴史的なイエス・キリストの人格的な存在構造（die personale Seinsstruktur des ganzen geschichtlichen Jesus Christus)[262]」が究明されることとなる。

さてそこでイエス・キリストにおける（1）「卑下（低さ）」の状態と（2）「高挙（高さ）」の状態の2つの状態をもって、「人間となった神」の実存様式が具体的な歴史として描出される。

（1）人間化（人間となること）の出来事において神は、まず「卑下」の状態にある人間の実存様式を甘受する。イエス・キリストの歴史において「人間となった神」は、「飼葉おけから十字架までの卑下の神＝人（der erniedrigte Gott-Mensch)[263]」である。そしてこの「卑下の神＝人」は、ボンヘッファーによれば十字架において「神に絶望して死んだ人間[264]」でもある。十字架に付けられたイエス・キリストの「卑下」は、「罪と死の世界」へと入っていくところの、「人間となった神」の実存様式である。

　　「卑下（Erniedrigung）においてキリストは、代価なし（aus freien Stücken）で罪と死の世界へと入っていく。……彼はインコグニトーの中で貧しい者として貧しい者たちの中へと、また排斥された者として排斥された者たちの中へと、絶望した者として絶望した者たちの中へと、死せる者として死せる者たちの中へと入っていく。彼は罪なき者

論」の「抽象性」がキリストの「高さ」と「低さ」についての状態（あるいは様態）論的なキリスト論から「解釈されることによって」（Karl Barth: Kirchliche Dogmatik Ⅳ -1. S.146）克服されるべきことを示唆している。

262　Dietrich Bonhoeffer: A.a.O. S.178.
　　「イエス・キリストとは誰か」というキリスト論の根本問題を、さらに「抽象的に定式化」して別言するならば、「キリスト論の対象は歴史的なイエス・キリストの人格的な存在構造である」（a.a.O. S.178）。

263　A.a.O. S.236.

264　A.a.O. S.235.
　　それゆえにボンヘッファーによれば、イエス・キリストにおける「十字架」をもって「全ての肉に対する神の審判（Gericht Gottes über alles Fleisch)」（Dietrich Bonhoeffer: Ethik. DBW. 6. S.149）が認識される。

第 6 章　他者のためのキリスト　　　　　　　　　　　　　　　　201

（Sündenloser）として罪ある者たちの中へと入っていくけれども、また罪ある者（Sünder）としても罪ある者たちの中へと入っていく」[265]。

「卑下」の状態においてイエス・キリストは、「神の隠されない似像」であると同時にしかしまた「人間の肉の現実的な似像（das wirkliche Ebenbild der menschlichen Sarx）」[266] でもある。ここでイエス・キリストの十字架における「卑下」は、「神の似像」としては「不可知なまでに彼は人間の罪ある実存様式（sündige Existenzweise der Menschen）へと踏み入った」[267] ことを開示する。卑賤の「下僕の姿」において神は罪ある人間と共にいる。それゆえに「人間となった神」の「卑下」は「私たちのためのキリストの姿（Gestalt des Christus pro nobis）」[268] に他ならない。「人間となった神の卑下についてのボンヘッファーの教説の特徴的な性格は、神が私たちのため（pro nobis）にいるという唯一の様式としてこの卑下を理解したことに基づいている」（クレトケ）[269]。

（2）けれども「人間となった神」は十字架に付けられた者であるだけではなくて、また同時に復活する者でもある。罪ある人間と共にいる「卑下」の神＝人は、「私たちのため」に神の栄光をこの世界にもたらす「高挙」の神＝人でもある[270]。「人間となった神」イエス・キリストにおける「卑下」と「高挙」の2つの状態の弁証法的な関係を、ボンヘッファーは以下のように描述している。

————————————————

265　Dietrich Bonhoeffer: *Christologie*. GS. 3. S.236.
266　A.a.O. S.236.
267　A.a.O. S.237.
268　A.a.O. S.239.
269　Wolf Krötke: A.a.O. S.30.
270　Cf. Dietrich Bonhoeffer: A.a.O. S.240.
　　それゆえにボンヘッファーによれば、イエス・キリストにおける「復活」をもって「新しい世界への神の意志（Wille(-) Gottes zu einer neuen Welt）」（Dietrich Bonhoeffer: Ethik. DBW. 6. S.149）が認識される。

第Ⅲ部 「歴史から世界へ」

　「彼（＝卑下の神＝人）は、私たちのように盗人や殺人者、姦淫者として罪過を負った。……そして罪過を負った者として、しかし全ての人間と全く異なって、彼は罪なき者また聖なる者、主、父の子である」[271]。

　「人間となった神」であるイエス・キリストは、高挙の者としての卑下の者であると同時に卑下の者としての高挙の者であり、また復活する者としての十字架に付けられた者であると同時に十字架に付けられた者としての復活する者であり、罪過を負った者としての罪なき者であると同時に罪なき者としての罪過を負った者である。それゆえに「私のため（für mich ＝ pro me）」あるいは「私たちのため（für uns ＝ pro nobis）」という「問う者自身の実存の問い」を包摂した「イエス・キリストとは誰か」についてのキリスト論の根本問題に対して、ボンヘッファーは「イエスは十字架に付けられた者としてまた復活する者として臨在するキリスト（der gegenwärtige Christus als Gekreuzigter und Auferstandener）である」[272]と答えるのである。

　そしてこの十字架に付けられた者でありまた復活する者である「人間となった神」イエス・キリストは、「私のため」にあるいは「私たちのため」に神と人間を和解する者として臨在する。

2.「仲保者」として「真中」に臨在するイエス・キリスト

　（1）『キリスト論講義』においてボンヘッファーの関心は、「人間となった神」であるイエス・キリストの出来事へ向かって絶えず収斂する。イエス・キリストにおける「神の人間化（人間となること）」は、神の現実性と人間世界の現実性についての理解が始まるところの、この歴史の中での神の自己啓示の成就の出来事である。それはただ神の側から、即ち神の主体

271　Dietrich Bonhoeffer: *Christologie*. GS. 3. S.237.

272　A.a.O. S.237.

第6章　他者のためのキリスト　　　　　　　　　　　　　　　　203

性の「自由」によって不可逆的に生起するのであり、ここで特定の神概念
や人間（世界や歴史）理解による先験的な基礎付けは不可能であることが
認識される。何故なら「人間となった神」イエス・キリストを通してのみ
神は人間へと向かいまたそこで人間は神と出会うのであり、別言するなら
ば「神がイエス・キリストにおいて人間となる以前は、神や人間につい
て何も知ることはできない」からである。それゆえに「人間となった神」
であるイエス・キリストは、「仲保者（Mittler）」（Ⅰテモ 2,5 を参照）として
人間実存や人間世界の現実性の「真中（in der Mitte）」に、その存在（臨在）
の場所を持つのである。「世界の真中として世界の真中にあるキリストは、
神と世界と真の現実性との仲保者である。それは彼が神の仲保者であるか
らである」（ファイル）。

　かかる「仲保者」として「真中」に臨在するというキリスト理解はボン
ヘッファーのキリスト論の神学の主題となって、すでに『キリスト論講
義』ではイエス・キリストについての「誰か（人格）の問い（Wer-Frage）」
とまたそれに連動した「何処に（場所）の問い（Wo-Frage）」に対する答え
として取り挙げられている。

　　　「キリストの人格の本質は、時間的・空間的に真中にあることである。
　　言葉やサクラメント、教会の中に臨在する者が、人間実存や歴史、自
　　然の真中にいる。真中に存在すること（(d)as in der Mitte-Sein）は彼の人
　　格の構造（Personstruktur）に帰属する。もし私たちが何処にの問いを
　　誰かの問いへと再び向けるなら、答えは以下のようである。キリス
　　トは私のために存在する者（der pro-me Daseiende）としての仲保者であ
　　る。それが彼の本質でありまた彼の実存様式である。人間のための存
　　在（Dasein für den Menschen）において、また歴史のための存在（Dasein
　　für die Geschichte）において、自然のための存在（Dasein für die Natur）に

―――――――――――――――――――
273　本章の注 252 を参照。
274　Dietrich Bonhoeffer: A.a.O. S.230.
275　Ernst Feil: *Die Theologie Dietrich Bonhoeffers*. S.139.

おいて、3 つの仕方においてに彼は真中にいる[276]」。

「私のため」の「仲保者」としてイエス・キリストは、「私（Ich）」の中の「古い実存と新しい実存[277]」の間の「真中」にだけではなくて、「私と神[278]」の間の「真中」にも臨在する。けれども「私のため」に人間の「仲保者」であるイエス・キリストの臨在は、さらに「私たちのため」に世界の歴史と自然の「真中」にも見出される[279]。

（2）さて『キリスト論講義』において胎動した、人間実存と世界の歴史と自然の「真中」にあるイエス・キリストの「私のため」と「私たちのため」の臨在についてのボンヘッファーの見解は、これより『服従』（1935/36 年冬学期の講義・1937 年出版）において「仲保者としてのキリスト」理解をもって広範に議論される。そこで「真中」にあるイエス・キリストについての「何処に（場所）の問い」は、さらに「仲保者」としてのイエス・キリストについての「誰か（人格）の問い」をもって展開されることとなる。はたして「キリストの人格の真中の位置付け（Mittestellung）から、その仲保の機能（Mittelfunktion）が生じる」（アブロマイト[280]）。

> 「彼（＝キリスト）は仲保（Mittel）であろうとする。それは全て彼を通してのみ生じる。……彼は、神と人間の間の仲保者（Mittler）であるだけではなく、人間と人間の間の、また人間と現実性の間の仲保者でもある。全ての世界は彼を通してまた彼に向けて創造されたので……、彼は世界の中の唯一の仲保者である。キリスト以来、神や世界への人間の直接的な関係はもはや存在しない。キリストが仲保者であろうと

276　Dietrich Bonhoeffer: A.a.O. S.195.
277　A.a.O. S.194.
278　A.a.O. S.195.
279　Cf. a.a.O. S.199.
280　Hans-Jürgen Abromeit: A.a.O. S.296f.

第 6 章　他者のためのキリスト　　　　　　　　　　　　　　　　　205

するからである」[281]。

　ここでボンヘッファーは、「仲保者」としてのイエス・キリストにおける（1）神と人間の間の「仲保」[282]と（2）人間と人間の間の「仲保」[283]、（3）人間と世界の間の「仲保」[284]の、3つの「仲保」の関係を挙げている。即ち「仲保者」としてのイエス・キリストは、（1）神と人間（「私（Ich）」）の間の「私のため」の垂直方向の関係における和解論的な「仲保」だけではなくて、さらには（2）人間（「私（Ich）」）と人間（「あなた（Du）」）の間の「私たちのため」や（3）人間（「私」と「あなた」の「私たち（Wir）」）と世界の間の「私たちのため」の水平方向の関係においても和解論的な「仲保」を実現するのである。

　以上のように、ボンヘッファーにとって「人間となった神」であるイエス・キリストは和解の「仲保者」として臨在する。かかるイエス・キリストの和解論的な「仲保」なしには、人間（「私」）の（1）「神の前で（coram Deo）」の関係だけではなくて、さらには人間（「私」）の（2）「人間の前で（coram hominibus）」の関係あるいは（3）「世界の前で（coram mundo）」の関係も成立しないであろう[285]。逆に言うならば、この「仲保者」イエス・キリストなしに措定され得るかのような、直接的な神認識は「欺瞞（Trug）」[286]

281　Dietrich Bonhoeffer: *Nachfolge*. DBW. 4. S.88f.

282　「仲保者についての認識なしには、神の賜物についての正しい認識はない。それは仲保者のために神の賜物が私たちに与えられるからである」（a.a.O. S.91）。

283　「子と父の間にまた男と女の間に、個人と民族の間に仲保者であるキリストが立つ」（a.a.O. S.90）。

284　「彼（＝キリスト）はその人間化をもって、私と世界の所与性の間へと立った」（a.a.O. S.88）。

285　Cf. Hans Jürgen Abromeit: A.a.O. S.297, 299, 300 und 304.

286　Dietrich Bonhoeffer: A.a.O. S.90.
　　　なおボンヘッファーの「仲保者」としてのキリスト理解には、国家社会主義の政治イデオロギーと直接的な自己同一化を纏って当時のナチ独裁政権の情宣活動の走狗となった「ドイツ・キリスト者」の運動に対する批判が込め

第Ⅲ部　「歴史から世界へ」

に過ぎないのである。

　かくして「真中」に立つイエス・キリストの和解論的な「仲保」をもって、ボンヘッファーは「仲保者による直接性の止揚（破棄）」（ファイル）[287]を確信するのである。

> 「和解者（Versöhner(-)）である神＝人イエス・キリストの姿が、神と世界の間の真中（Mitte zwischen Gott und Welt）へと、全ての出来事の中心点（Mittelpunkt alles Geschehens）へと入っていく」[288]。

　そしてこの和解の「仲保者」であるイエス・キリストは、罪業深い人間と世界のための苦難の主でもある。これより本稿の論考はボンヘッファーのキリスト論の神学の深奥へと踏み入っていくこととなる。

3.　苦難の「代理者」としてのイエス・キリスト

「他者のためのキリスト」

(1)　キリストの苦難の「代理」

> 「イエスは、苦しみの中で見棄てられたキリスト（der im Leiden verworfene Chrisuts）である」[289]。

　『服従』の中でボンヘッファーは──キェルケゴールの後期著作活動における「和解者」としての苦難のキリスト像[290]　と酷似して──イエス・キリストの和解論的な「仲保」を「私のため」あるいは「私たちのため」の

　られていることについては後述される（本書の 230 頁以下を参照）。

287　Ernst Feil: A.a.O. S.181.

288　Dietrich Bonhoeffer: *Ethik*. DBW. 6. S.69.

289　Dietrich Bonhoeffer: *Nachfolge*. DBW. 4. S.70.

290　本書の 32 頁以下と 50 頁以下を参照。

第6章　他者のためのキリスト　　　207

苦難の「代理（Stellvertretung）」として理解する。

　「……キリストは世界のために代理をして（stellvertretend für die Welt）苦しむ[291]」。

　それゆえにここでキリストが甘受する苦難は、罪業深い人間と世界のための、いわば「和解の苦難（Versöhnungsleiden）[292]」である。
　すでに『服従』の中で萌芽した──そしてボンヘッファー自身が後年に「想像を絶して崇高な思想[293]」とも呼称した──イエス・キリストの「代理」概念が、1940年頃に起筆された神学的な断片草稿である『倫理学』（1940年－未完・1949年出版）においてさらに「罪責の継受（Schuldübernahme）[294]」の思想と結び付いてより尖鋭化して論及される。

　「イエスが……人間となった神の子として私たちのために代理をして（stellvertretend für uns）生きたので、全ての人間の生は彼によって本質的に代理する生である。イエスは自らの完全性へと到達することを願う個人ではなく、ただ全ての人間の自我（das Ich aller Menschen）を自らに引き受け背負われる者として生きた。彼の全生涯と行ないと苦難は代理（Stellvertretung）であった。……彼の人間的な実存が形成するこの真の代理において、彼はまさしく責任応答的に生きる者（der Verantwortliche schlechthin）である[295]」。

　「仲保者」として苦難のキリストは──自らは罪なき者であるにもかかわらず（ヘブ4,15bを参照）──神の審判の下にある罪業深い人間と世界の

291　Dietrich Bonhoeffer: A.a.O. S.84.

292　A.a.O. S.81.

293　Dietrich Bonhoeffer: *Widerstand und Ergebung*. DBW. 8. S.34.

294　Dietrich Bonhoeffer: *Nachfolge*. DBW. 4. S.257.

295　Dietrich Bonhoeffer: *Ethik*. DBW. 6. S.257f.

ために和解の「代理」をしてその罪過と罪責を継受する。[296] そしてここで「十字架の神学（theologia crucis）」を基調としたボンヘッファーの「罪責の神学」が展開される。

> 「イエスにとっては新しい倫理的な理念の宣言や実現ではなくて、……ただ現実的な人間への愛（Liebe zum wirklichen Menschen）が問題なのである。それゆえに彼は罪責の共有へと入り込み罪責を負うことができる。……人間の歴史的な存在の中で責任応答的に行動する者（im geschichtlichen Dasein des Menschen verantwortlich Handelnder）としてイエスは罪責ある者となろうとする」。[297]

あるいは

> 「無私の愛（selbstlose(-) Liebe）の故に、イエスは無罪性（Sündelosigkeit）から人間の罪責（Schuld）へと入っていき、それを自らに引き受けられた。無罪性と罪責を負うことは、彼において不可分に結び付いている」。[298]

　ボンヘッファーにおいてイエス・キリストの「代理」概念は、ナチ政権による非民主的・独裁的な国家の罪過についての告発とそれに不当に加担

296　もとよりボンヘッファーの神学草稿である『倫理学』の中でイエス・キリストの「代理」概念の構想は断片的に略述されているに過ぎない。しかし『教会教義学』IV-1 においてバルトが、「祭司」＝キリスト論（本書の273頁を参照）と関連付けて、「私たちに代わって裁かれる者（der unserer Stelle Gerichtete）」（Karl Barth: Kirchliche Dogmatik IV-1. S. 231）としてのイエス・キリストの「代理」概念を広範に展開している。
　なお「祭司」キリストの「苦しみ」による「代理」概念はすでにキェルケゴールの小講話「大祭司」（1849年）の中で論述されている（cf. Toshihisa Hachiya: Paradox, Vorbild und Versöhner — S. Kierkegaards Christologie und deren Rezeption in der deutschen Theologie des 20. Jahrhunderts. S.196ff.）が、それとボンヘッファーやバルトにおける「代理」概念との直接的な関連についてはいまだ不明である（八谷俊久、前掲書221頁注131を参照）。

297　Dietrich Bonhoeffer: A.a.O. S.275.

298　A.a.O. S.276.

第6章　他者のためのキリスト　　　　　　　　　　　　　　209

したドイツの教会の罪責の告白に直結し、さらにはその罪過と罪責を自らに引き受けることによって和解の平和をもたらす神イエス・キリストの讃美へと昇華する。罪業深い人間と世界に代わってその罪過と罪責を継受するキリストの苦難の「代理」は、ボンヘッファーにとって神なき世界を孤独に彷徨う人間の罪の現実性へ向けて開示されるところの、いわば「神の愛の深さ（Abgrund der Liebe Gottes）」の証左であった。

　　「……神の愛の深さは、世界の最深の神喪失（abgründigste Gottlosigkeit
　　der Welt）さえも包み込む。全ての正しく敬虔な思想の想像を絶する転
　　換において、神はご自身を世界に対して罪責あるものと宣言され、そ
　　れによって世界の罪責を抹消される。神は恭順な和解の道を歩まれ、
　　それによって世界に無罪を宣告される。神は私たちの罪責に対して罪
　　責あるものとなろうとし、また罪責が私たちにもたらした罰と苦しみ
　　を自らに引き受けられた。……神が自らに引き受け苦しみ贖われない
　　ような神喪失や憎悪、罪過は存在しない。神と和解しないまた平和の
　　中にないような現実性や世界はもはや存在しない。それを神は、愛す
　　る子イエス・キリストにおいて行なわれる」[299]。

　ここでキリストの苦難の「代理」は「全ての宗教的・倫理的な思想の転換（Umkehrung alles religiösen und ethischen Denkens）」（グレンヘィ）[300]をもたらして、イエス・キリストにおける人間と世界との神の愛による和解の交わりの実現を示唆する[301]。それゆえにグレンヘィによれば、「（イエス・キリスト

────────────────

299　　A.a.O. S.69f.

300　　Jørgen Glenthøj: Der unbegreiflich hohe Gedanke der Stellvertretung. In: *Dietrich Bonhoeffer aktuell*. S.264.

301　　もっとも『倫理学』の中で構想されたボンヘッファーの「教会の罪責告白」の草案（Dietrich Bonhoeffer: A.a.O. S.125ff.）は、いまだ輪郭的に素描されただけのものであった。けれどもそれは第二次世界大戦直後のドイツ福音主義教会による「シュトットガルト罪責告白」（1945 年）や特に「ダルムシュタット宣言」（1947 年）の精神を大きく先取りするものでもあったと言えよう。

における）代理の原理は神の愛の中に置かれている」[302]。苦難の「代理」に
おいてイエス・キリストは神の愛を人間に向けて開示するのである。

> 「……この世界において神は無力であり弱い。まさしくそのようにし
> て神は私たちの下にありまた私たちを助ける。……キリストはその全
> 能によってではなくて、その弱さと苦難によって助ける。聖書は人間
> に神の無力と苦難を示す。ただ苦しむ神（der leidende Gott）だけが助け
> ることができる」[303]。

(2)「他者のための存在」としての苦難のキリスト

　そしてボンヘッファーのイエス・キリストの「代理」概念は、遺稿とな
った獄中文書『反抗と信従』（1943 年－未完・1951 年出版）の神学的な断片
草稿の中で、キリスト論的な思惟から出発して救済論的・教会論的に構想
された「イエス・キリストの『他者のための存在（Für-andere-dasein）』」の
定式へと結実していく。

> 「イエス・キリストとの出会い！　それはイエスはただ他者のため
> に存在することにおいて、全ての人間存在の転置（Umkleidung alles
> menschlichen Seins）がここで賦与されるという経験である。イエス
> の『他者のための存在』は超越経験（Transzendenzerfahrung）である！
> ……」[304]。

「人間の姿における神（Gott in Menschengestalt）[305]」の苦難と十字架の死は、
イエス・キリストが「他者のための人間（Mensch für andere）[306]」として存在し

302　Jørgen Glenthøj: A.a.O. S.266.

303　Dietrich Bonhoeffer: *Widerstand und Ergebung*. DBW. 8. S.534.

304　A.a.O. S.558.

305　Ibid.

306　Ibid.

第 6 章　他者のためのキリスト　　　　　　　　　　　　　　　　211

たことを証示する。そしてこれより「他者のためのキリスト」についての
キリスト論的な思惟は、絶えず「代理」概念と密接に連動して、最晩年の
ボンヘッファー神学における中心思想となる。

(3)「他者のための存在」としての苦難のキリスト者

　以上のようにして、ボンヘッファーにとってキリスト教信仰は「人間と
なった神」イエス・キリストの「他者のための存在」への参与において神
との本来的な関係を築くことを意味していた。イエス・キリストにおける
「他者のための存在」は、さらにそれに参与する人間の中に「全ての人間
存在の転置」である「悔い改め・回心（メタノイア）」を呼び起こして、キ
リスト者としての「新しい生」をもたらす。

　　　「信仰はイエスのこの存在（人間化や十字架、復活）への参与である。
　　　……神への私たちの関係は、『他者のための存在』における新しい生
　　　（neues Leben im „Dasein-für-andere“）あるいはイエスの存在への参与にお
　　　ける新しい生である」[307]。

　イエス・キリストが「他者のための存在」でありまたその苦難の「代
理」において人間と世界の罪過と罪責を継受するのであるならば、そこ
で全ての人間存在は「彼（＝イエス・キリスト）によって……代理へと規定
される」[308] こととなり、さらにこのキリストの苦難の「代理」に呼応しつ[309]
つ、人間も「他者のための存在」として「他者のため」の「代理」を遂行
することができる。「全ての人間は、もし責任応答的に生きようとするな
らば、代理しつつ他者のために尽力するようにと招かれている」（ティマー

307　Ibid.

308　Dietrich Bonhoeffer: *Ethik*. DBW. 6. S.258.

309　「イエスが……人間となった神の子として私たちのために代理として生き
　　たので、全ての人間の生は彼によって本質的に代理する生（stellvertretendes
　　Leben）である」（Dietrich Bonhoeffer: A.a.O. S.257）。

リング[310])。

神と人間の（垂直方向の）関係における苦難の「代理」をもってイエス・キリストは、人間同士の（水平方向の）新しい和解の交わりの関係を実現する。代理する「仲保者」としての苦難のキリストは、キリスト者を「他者のためのキリスト」への参与において人間（他者）と世界との本来的な関係へと善導する。「キリスト教的な生は、世界とのキリストの出会いへの参与（Teilnahme an der Christusbegenung mit der Welt）である[311]」の実現に他ならない。

> 「キリスト者であること（Christsein）は……人間であること（Menschsein）である。私たちの中にキリストは一つの人間の類型ではなくて、人間を造る。……この世的な生において神の苦しみへと参与すること（das Teilnehmen am Leiden Gottes im weltlichen Leben）がキリスト者を作る。これが『悔い改め（Metanoia）』である。……イエスは新しい宗教ではなくて、生へと招く[312]」。

結　論

キリスト論から「まねびの神学」へ

以上のように、イエス・キリストは「他者のための存在」であり、また「キリストのまねび（imitatio Christi）」の参与をもってキリスト者も「他者のため」の「代理」を遂行することができる。

「彼（＝イエス・キリスト）は他の人間とあなたの真中に立っている。

310　Peter Zimmerling: Dietrich Bonhoeffer – Leben und Werk. In: *Dietrich Bonhoeffer aktuell*. S.27.

311　Dietrich Bonhoeffer: A.a.O. S.151.

312　Dietrich Bonhoeffer: *Widerstand und Ergebung*. DBW. 8. S.535ff.

第6章 他者のためのキリスト   213

……そこでまねぶ者には、仲保者を越えて他者へと向かう新しい真
の道（der neue und allein wirkliche Weg zum Anderen über den Mittler）が示され
る[313]」。

イエス・キリストの苦難の「代理」において人間の交わりの関係を形成
するための唯一の根拠が証示される。そして「他者のためのキリスト」へ
の「まねび」の参与をもって、キリスト者は「他者のため」の「代理」と
して存在することができる[314]。かくしてイエス・キリストの「代理」概念は、
さらに「まねび＝モチーフ」を基調として救済論的・教会論的に展開され
ることとなる。

さてキリストの苦難の「代理」概念によるキリスト論的な思惟をもって
ボンヘッファーは——『キリスト論講義』の執筆の頃（1933 年）までは十
分に斟酌されなかった——「まねびの神学」の展開に着手する[315]。そして
「まねびの神学」において——「仲保者」としてのイエス・キリスト像と
並んで——「模範」としてのイエス・キリスト像がボンヘッファーのキリ
スト論の前面へと進出する。

そこで次章では、さらにボンヘッファーの「模範＝キリスト論（Vorbild-

313　Dietrich Bonhoeffer: *Nachfolge*. DBW. 4. S.94.

314　「ユダヤ人のために抗議の声を上げる者だけがグレゴリア聖歌も歌うこと
　　が許される」とボンヘッファーが教会闘争の最前線から叫び声を上げる時、
　　そこではキリスト者（教会）の共にあるべき「他者」として、当時のナチ独
　　裁政権下にあって差別と迫害の過酷な境遇に晒されていたユダヤ人たちが絶
　　えず念頭に置かれていたと思われる。しかしボンヘッファーにとっての、キ
　　リスト者（教会）の共にあるべき「他者（隣人）」としてのユダヤ人の存在に
　　ついては、なお残されたボンヘッファー研究の課題として他日また別稿を準
　　備したい。

315　1931 年の按手礼の受領の頃からヒトラーがナチ政権を樹立した 1933 年に
　　掛けて、ボンヘッファーの内面では一つの伝記的な転換（ベートゲの表現を借
　　りるならば、「第 1 期・神学者」から「第 2 期・キリスト者」への転換（Eberhard
　　Bethge: Dietrich Bonhoeffer. S.532ff.）が体験され、これに伴って「まねび＝モ
　　チーフ」がボンヘッファー神学の前面へと進出することとなる（本書の 224
　　頁を参照）。

Christologie）」とそこから提唱される「まねびの神学」の内的な構造と実践的な意義について論及したい。

第 7 章　他者のためのキリスト者

ボンヘッファーにおける「まねびの神学」の構造と意義

「キリストも、あなたがたのために苦しみを受け、御足の跡を踏み従うようにと、模範を残されたのである」（I ペテ 2,21）。

「それから（イエスは）群集を弟子たちと一緒に呼び寄せて、彼らに言われた、『だれでもわたしについてきたいと思うなら、自分を捨て、自分の十字架を負うて、わたしに従ってきなさい』」（マコ 8,34）。

「信仰も……行いを伴わなければ、それだけでは死んだものである」（ヤコ 2,17）。

序　論

（1）ボンヘッファーは――19 世紀のキリスト教神学に対するバルトの徹底した宗教批判[316]についての深い共感にもかかわらず――『教会教義

316　「バルトは最初の神学者として――それは彼の全く偉大な功績である――宗教批判を始めた」（Dietrich Bonhoeffer: Widerstand und Ergebung. DBW. 8. S.415）。
　　なおバルトにおいて 19 世紀の文化プロテスタント主義に対する徹底した宗教批判は反ヒトラー抵抗運動と密接に連動していた。20 世紀の国家社会主義の政治イデオロギーに韜晦する擬似宗教化の欺瞞性の病根と病弊を剔抉して、バルトは当時のナチ独裁政権の情宣活動の走狗となった「ドイツ・キリスト者」の運動を「（19 世紀の）新プロテスタント主義の存在の最後の究極的なそして最悪の所産である」（Karl Barth: Abschied von >Zwischen den Zeiten<. In: Anfänge der dialektischen Theologie 2. S.318）と断罪している。ナチ独裁政権下においてキリスト教信仰の刷新と確立を目指して構想された『教会教義学』I ―II の中の、バルトの「キリスト論的な集中」を基調とした「啓示」理解は、

学』Ⅰ－Ⅱ（1932-42年）において「キリスト論的な集中（christologische Konzentration）」の仕方をもって構想されたバルトの神学（啓示論と神論）が、「（人間の）理解の諸条件や可能性についての考慮なしに（ohne Rücksicht auf seine Verstehensbedingungen und -möglichkeiten）」（フィシャー）[317]、キリストにおける神の「啓示」の出来事を人間理性にとっての絶対的に把握し得ないものと見做し[318]、はたしてそこではキリスト教信仰の全内容が「啓示」の一点へ向かって奔流の勢いで収斂することとなる、いわゆる「啓示実定主義（Offenbarungspositivismus）[319]」に陥っているという批判を抱いていた。獄中のボンヘッファーは友人ベートゲに宛ててこう書き送った（1944年5月5日付け）。

　　「バルトは最初の神学者として——それは彼の全く偉大な功績である——宗教批判を始めた。しかし彼はそれからそれに代わって実定主義的な啓示論（positivistische Offenbarungslehre）を据えた。そしてそこでは、いわば『一か八か』で、処女降誕や三一論あるいは全てが同等かつ同様のものとなり全体が飲み込まれしまうかあるいは飲み込まれず残ってしまう。それは聖書的ではない。認識の段階と有意義性の段階がある[320]」。

　そしてボンヘッファーは、バルト神学（啓示論と神論）の中に韜晦する

　国家社会主義の政治イデオロギーの擬似宗教化の欺瞞性を炙り出すところの、まさしくナチ独裁政権にとっての不倶戴天の敵となって、反ヒトラー抵抗運動のための最も破壊力を湛えた神学的・倫理学的な武装であり続けた。八谷俊久『逆説から歴史へ——バルトにおけるキリスト論的な思惟の変貌』171頁以下を参照。

317　Hermann Fischer: *Systematische Thaologie*. S.182.

318　Cf. Peter Zimmerling: Dietrich Bonhoeffer – Leben und Werk. In: *Dietrich Bonhoeffer aktuell*. S.23f.

319　Dietrich Bonhoeffer: A.a.O. S.404.

320　A.a.O. S.415.

第 7 章　他者のためのキリスト者　　　　　　　　　　　　　　　　　217

「啓示実定主義」の危険性を剔抉する中で、そこでなおキリスト教信仰に
とって必要とされるところの「具体性への志向（Drängen nach Konkretion）」
（ツィマーリング）[321]を自らのキリスト教思想の核心として据えるべきことを
すでに認識していた。ボンヘッファーのキリスト論的な思惟は、まさしく
バルト神学との批判的な対決の中で錬成されたのである。

　（2）さて 1951 年、自身に向けられたボンヘッファーの獄中文書の中の
「啓示実定主義」批判がバルトの心の琴線に触れた。そしてこれよりバル
トは、──「キリスト論的な集中」をもって解釈された「啓示」理解がボ
ンヘッファーの指摘した「啓示実定主義」の陥穽に落ちることがないよう
に──、ボンヘッファーとの真摯な対話の中で和解論（キリスト論）の神
学を新しく構想することとなった。[322]かつてバルトを見習らう中で構築さ

―――――――――――――――

321　　Peter Zimmerling: A.a.O. S.24.

322　　ブッシュによれば、バルトがボンヘッファーの獄中文書『反抗と信従』
　　（1951 年出版）の中の「啓示実定主義」批判を知ったのは 1951 年であった
　　（Eberhard Busch: Karl Barths Lebenslauf. S.395）。それはバルトが『教会教義学』
　　III -4「創造論」（1951 年）をすでに脱稿して、新しく『教会教義学』IV -1「和
　　解論」（1953 年）の執筆に着手する頃であった。そしてボンヘッファーの指
　　摘した「啓示実定主義」の陥穽に落ちないために、これよりバルトはキリス
　　ト教教理史における 3 つのキリスト論的な思惟モデル（本書の 35 頁注 68 を
　　参照）を組み合わせながらキリストの「歴史」を物語る（Karl Barth: Kirchliche
　　Dogmatik IV -1. S.171）ことによって壮大な和解論の神学（『教会教義学』IV
　　1-3）を構築した。
　　　なお『教会教義学』IV におけるバルトの「和解論」の全体構造と内容につ
　　いては、八谷俊久、前掲書 196 頁を参照。
　　　それゆえにボンヘッファーの獄中文書が刊行された後に起筆された『教会
　　教義学』IV「和解論」（1953 年─未完）は、ボンヘッファーの「啓示実定主義」
　　批判に学んだバルトが満腔の感謝をもって手向ける神学的な成果の返礼であ
　　り、また獄死によって未完に終ったボンヘッファー神学を体系的に補完し再
　　構成するための佳作であったと言えよう。だがその壮大な和解論の神学もつ
　　いには完結することなく暮れた。バルトもまた見果てぬ夢を抱き遠い約束の
　　地を目指して遥かな旅に赴く神学の旅人であった。それはバルト神学の不名
　　誉な汚点ではなくて、むしろキリスト教神学が決して無謬かつ不磨の「神の
　　神学（theologia Dei）」ではあり得ず、この世にあっては絶えず途上にある「旅

第Ⅲ部　「歴史から世界へ」

れたボンヘッファーの神学思想が、逆に第二次世界大戦後間もなくバルト
に対して深い影響を及ぼして、さらなるバルト神学の転換を慫慂したので
ある。それゆえに新進のボンヘッファーの神学思想は、すでに晩年のバル
トの和解論（キリスト論）の神学を先取りしていたとも言えよう。[323]

　実際に『教会教義学』Ⅳ-2（1955 年）の中でバルト自身が、その「和
解論」の一部分の論述はボンヘッファーの「まねびの神学（Nachfolge-
Theologie）」を模倣していることを率直に言明している。

　　「それ（＝「まねび（Nachfolge）」）について書かれた比類なく最良のも
　　のは、ディートリッヒ・ボンヘッファーの『服従』（1937 年）の中に
　　あるように、私（＝バルト）には思われる。まさしく冒頭に登場する
　　『まねびへの招き』や『素朴な従順』、『まねびと単独者（der Einzelne）』
　　の各章の中で、そこで語られているものより上手く私が語り得るのか
　　私は本当に確かではないので、ここでは単に大部な引用として組み入
　　れて済まそうと試みた程に、事柄は深く把握されまた精緻に取り扱わ
　　れている。……それでも私自身の筆法に従うことによって、この箇所
　　で生じるように、他人をほとんど模倣してもよいことは喜ばしいこと
　　である」。[324]

───────────

　人の神学（theologia viatorum）」に過ぎないことについての真摯な証しに他な
　らない。八谷俊久、前掲書 195 頁を参照。

323　それゆえにここで、「バルト」―「ボンヘッファー」に代わって、「バル
　　ト（『教会教義学』Ⅲ「創造論」まで）」―「ボンヘッファー」―「バルト（『教
　　会教義学』Ⅳ「和解論」から）」の、キリスト教和解論を巡っての新しい神学
　　的な系図表を提唱したい。本書の 265 頁を参照。
　　ただしバルト神学へのボンヘッファーの影響の痕跡は、すでに『教会教
　　義学』Ⅲ「創造論」（1945-51 年）の中にも見られる。ここでバルトは、ボン
　　ヘッファーの『創造と堕罪』（SF. S.61）から継受したと思われる「関係の類
　　比（analogie relationis）」概念を人間の「神の似像（Gottebenbildlichkeit）」の理
　　解のために援用している（Karl Barth: Kirchliche Dogmatik Ⅲ-1. S.218 und 221. cf.
　　Wilfried Härle: Sein und Gnade. S.206. Anm.156 und S.207）。八谷俊久、前掲書 194
　　頁注 15 を参照。

324　Karl Barth: *Kirchliche Dogmatik* Ⅳ-2. S.604.

第 7 章　他者のためのキリスト者　　　　　　　　　　　　　　　219

　かくして遺稿となった神学的な断片草稿や獄中文書の刊行と相まって、ボンヘッファーの「まねびの神学」が第二次世界大戦後間もなくキリスト教神学界において再評価され始めた。まさしくボンヘッファーは現代に生きる神学者となったのである。

　（3）そこで本章では、バルトも激賞したボンヘッファーの『服従』（1935/36 年冬学期の講義・1937 年出版）を中心として、（1）「まねびの神学」の基礎付けとなる「模範のキリスト論」の叙述から出発し、（2）「まねびの神学」の基本構造を分析することを通して、（3）ルター（主義）神学におけるパウロ＝宗教改革的な義認論との関係を究明し、（4）さらに「まねびの神学」による新しいキリスト教（社会）倫理学の構想の可能性について考察したい。それはルター（主義）批判を内包した「まねび＝モチーフ」を構築する神学的な営為の中に、いつしかカルヴァン（主義）神学と触れ合いけれどもやがてはそれをも遥かに踏み越えて教会闘争の最前線へと駆けていったボンヘッファーの神学思想の至高の境地を垣間見ることができると思われるからである。

1. 「模範」としての苦難のキリスト像

「まねびの神学」における「模範のキリスト論」

（1）キリスト像──「神の似像」としての苦難のキリスト

　「イエスは、苦しみの中で見棄てられたキリスト（der im Leiden verwor-fene Chrisuts）である」[325]。

325　Dietrich Bonhoeffer: *Nachfolge*. DBW. 4. S.70.

第Ⅲ部 「歴史から世界へ」

キリストの苦難の「代理」概念によるキリスト論的な思惟[326]をもってボンヘッファーは──『キリスト論講義』の執筆の頃（1933年）までは十分に斟酌されなかった──「まねびの神学」の展開に着手する。そして「まねびの神学」において──「仲保者」としてのイエス・キリスト像と並んで──「模範」としてのイエス・キリスト像がボンヘッファーのキリスト論の前面へと進出する。[327]

神が本来的にそれに基づいて人間を創造されたにもかかわらず人間が罪過の中で喪失した「神の似像（Ebenbild Gottes）」を人間の内奥に再生するために、神は人間の姿を纏い人間の下へと来られた。それは堕落した罪ある人間が自らの内奥に「神の似像性」をもはや見出し得ないからである。

> 「神は人間の像（Menschenbild）と等しくならなければならない。何故なら人間は神の像（Gottes Bild）と等しくなることができないからである」。[328]

それゆえに「神の人間化（人間となること）」の出来事であるイエス・キリストにおいて、ボンヘッファーによれば「人間の神の像への変成（Umwandlung des Menschen in Gottes Bild）」[329]が生起することとなる。

かくして「人間の像」と全く等しくなった「神の像」であるイエス・キリストにおいて、人間の新しい「神の似像性」が示現する。けれどもボンヘッファーにとって新しい「神の似像」としてのイエス・キリストは、また同時に十字架に付けられた者、即ち「十字架において神と人間から見棄

───────────────

326　キリストの苦難の「代理」概念によるボンヘッファーのキリスト論については、本書の206頁以下を参照。

327　ボンヘッファーが「模範のキリスト論」を構想する時、そこにはイエスの歴史を捨象して新約聖書の実存理解に還元したブルトマンのキリスト論（本書の100頁以下を参照）が絶えず念頭にあったと思われる。なおボンヘッファーのブルトマン批判については、他日また別稿を準備したい。

328　Dietrich Bonhoeffer: A.a.O. S.298.

329　A.a.O. S.299.

第7章　他者のためのキリスト者　　　　　　　　　　　　　　221

てられ見放された者[330]」でもある。新しい「神の似像」としてのキリスト像
は、絶えず十字架における苦難と結び付いている。

　　「神の似像は十字架におけるイエス・キリスト像である[331]」。

　新しい「神の似像」としてイエス・キリストは人間のために存在する者
であるだけではなくて、さらには人間のために十字架において苦しむ者で
もある。「キリストは世界のために代理をして苦しむ[332]」。ここでは十字架
における人間のための苦難の「代理」が、イエス・キリストの「神の似像
性」を明示する。
　ボンヘッファーにとって「新しい神の像としての人間（Mensch als das
neue Bild Gottes）[333]」は、十字架に付けられた者である苦難のイエス・キリス
トの姿である。

　　「イエス・キリストにおいて神の似像が、失われた人間の生の姿をも
　　ってまた罪過の肉と同じ姿（Gleichgestalt des Fleisches der Sünde）をも
　　って私たちの下へ入ってきた。彼の教えや行ない、生と死においてその
　　像が明らかとなる。彼において神はその似像をこの世の中で新しく創
　　造された。イエス・キリストの人間化、言葉と行ない、十字架におけ
　　る死は変わることなくこの像に帰属する[334]」。

　人間の姿において苦しみ十字架に付けられた「神の像」こそは、ボンヘ
ッファーの「まねびの神学」が絶えず凝集するところのイエス・キリスト
に他ならない。そしてこのキリスト像が人間を「まねび」へと招く。ここ

────────────────────

330　　A.a.O. S.300.

331　　A.a.O. S.301.

332　　A.a.O. S.84. 本書の 207 頁を参照。

333　　Dietrich Bonhoeffer: A.a.O. S.300.

334　　A.a.O. S.300.

で「人間の像（Menschenbild）」において苦難を受け十字架に付けられた「神の像（Gottes Bild）」であるイエス・キリストが、新しい「神の似像（Ebenbild Gottes）」として、人間にとってのまねぶべき唯一の「模範（Vorbild）」[335]となる。

(2)「まねび」へのイエス・キリストの招き

　「彼（＝イエス・キリスト）は今日の私たちから何を欲しておられるのか（Was will er heute von uns）」[336]。

　さてボンヘッファーの主著『服従』の冒頭に挙げられた、上記の「まねびの神学」の根本問題は、「人間となった神」であるイエス・キリストとの交わりにおける新しい生を実現することについての実践と結び付いたキリスト教信仰の要請を提起する。かかるボンヘッファーの問いは、いわゆるキリスト教的な生についての教義学的・倫理学的な問題設定と関わるのではなくて、ただ「まねび」におけるイエス・キリストとの「正しい関係」の実現を目指したものとして理解されねければならない。

　そしてボンヘッファーによれば、人間を「まねび」においてイエス・キリストとの「正しい関係」へと善導するものは教義学的・倫理学的な規範の要請ではなくて、ただ「仲保者」である神＝人イエス・キリストである。

　「まさしく神の子が人間となりまた彼が仲保者であるので、まねびは彼との正しい関係である。まねびは仲保者と結び付いている。ただ仲保者である神＝人がまねびへと招くことができる」[337]。

　イエス・キリストの招きだけが、人間をその「これまでの実存（bisherige(-)

335　A.a.O. S.303.

336　A.a.O. S.8.

337　A.a.O. S.47.

第 7 章　他者のためのキリスト者　　　　　　　　　　　　　　　223

Existenz)」[338]から引き離して、イエス・キリストとの「正しい関係」の下に
ある具体的な状況の中で新しい実存を人間の内面に創造することができ
る。[339]そこではただ招きにおけるイエス・キリストの「絶対的・直接的・
自明的な権威（unbedingte, unvermittelte und unbegründete Autorität)」[340]だけが問題
となる。即ち「イエスがキリストであることが、招くためのまたその言葉
に対する従順を要請するための全権を彼に与える」[341]のである。そしてこの
イエス・キリストの権威に満ちた招きは学問的な教説についての直接的・
客観的な伝達ではなく、「仲保者」としてのイエス・キリストとの交わり
における新しい生への人格的な導きをもたらす。

　　「イエスは、ただ教師や模範としてではなく神の子キリストとして、
　　まねびへと招いている」[342]。

　ボンヘッファーにとっては「正しい関係」へと招く「仲保者」としての
イエス・キリストが、キリスト者のまねぶべき唯一の「模範」となる。学
問の教師や倫理的・宗教的な模範者ではなくて、罪業深い人間と世界のた
めの和解の「代理者」としてその罪責と罪過を継受するところの「仲保
者」だけが「まねび」のための「模範」となることができる。「まねびの
神学」においてキリスト像の「仲保者」から「模範」への順序は不可逆的
であることが、すでにボンヘッファーには確信されていた。
　「模範」であるイエス・キリストの招きに対する信仰者の実践と結び付
いた真摯な応答が、ボンヘッファーにとっての「キリストのまねび」に他
ならない。ここでボンヘッファーは、かつてキェルケゴールがルターやデ
ンマーク・ルター派国教会と対峙する中で発見しまた展開した「まねびの

338　　A.a.O. S.46.

339　　A.a.O. S.51 und 72.

340　　A.a.O. S.45.

341　　A.a.O. S.45.

342　　Ibid.

第Ⅲ部 「歴史から世界へ」

神学」を見事に再現する。

2. „Imitatio Christi“
ボンヘッファーの「まねびの神学」の基本構造

　「仲保者」イエス・キリストへの信仰から、キリスト者が「模範」とし
ての苦難のキリスト像へと参与するための「キリストのまねび（imitatio
Christi）」が錬成されるという、『服従』においてボンヘッファーの「まね
びの神学」が、キェルケゴールの後期著作活動における「模範のキリスト
論」[343]を見習いつつ、1930年代半ばのヒトラーがその独裁的な権力を磐石
なものとした時代背景の下で構築された。即ち1931年の按手礼の受領の
頃からヒトラーがナチ政権を樹立した1933年に掛けて、ボンヘッファー
の内面では一つの伝記的な転換（ベートゲの表現を借りるならば「第一期・神
学者」から「第二期・キリスト者」への発展）が体験され[344]、さらに1933年4
月7日のナチ政権によるユダヤ人公職排斥令（いわゆる「アーリア人」条項）
の発布に遭遇して、「車の下の犠牲者たちに包帯をするだけではなく車そ

343　ベートゲは、ボンヘッファーがベルリン大学での1935/36年冬学期の講
　　義のために『服従』の原稿を起筆した際に晩年のキェルケゴールの日誌記述
　　についてのキュテマイアーによる1934年の独語訳本（Sören Kierkegaard: Der
　　Einzelne und die Kirche. übers. von Kütemeyer）を参照していたことを、その蔵
　　書の中から確認している（Eberhard Bethge: Eberhard Bethge: Dietrich Bonhoeffer.
　　S.524. Anm.73a）。またボンヘッファー英語訳全集の編集者であるケリーとゴッ
　　ジーは、ボンヘッファーの「まねびの神学」の思想的な背景として――
　　ルターと並んで――キェルケゴールの「まねび＝モチーフ」を強調してい
　　る（Gaffrey B. Kelly and John D. Godsey: Editor's Introduction to the English Editon.
　　In: Discipleship. Dietrich Bonhoeffer Works 4. p.10ff. さらに Gaffrey B. Kelly: The
　　Influence of Kierkegaard on Bonhoeffer's Concept of Discipleship. In: Irish Theological
　　Quarterly 41-2. p.148ff.）。
　　　なおキェルケゴールの後期著作活動における「模範のキリスト論」につい
　　ては、本書の39頁以下と59頁注146を参照。
344　本章の注315を参照。

第7章　他者のためのキリスト者　　225

れ自体を停めること」[345]の決意を秘かに結んだボンヘッファーの心の琴線に
キェルケゴールの「まねび＝モチーフ」が触れたのである。これより、国
家社会主義の政治イデオロギーの擬似宗教化の欺瞞性を糊塗するための理
論付けとして転用された錯誤のルター（主義）神学[346]に対する批判の尖鋭
化と告白教会による「バルメン神学宣言」（1934年5月31日）の正当性を
堅持することの要請の緊迫化と歩調を合わせるようにして、「まねびの神
学」がボンヘッファーの思想活動の前面へと進出する[347]。

　かくしてドイツ・ルター派教会の義認論の奥底に永く封印されてきた
「まねびの神学」が、20世紀のボンヘッファーにおいて多色の光彩を放
つこととなる。「ただ D. ボンヘッファーの『服従』……だけが、現在の
ドイツ神学においてこの（＝「キリストのまねび」の）主題を受け継いで来
た」（モルトマン）[348]。そして（ベートゲの伝記的な区分に従うならば「第三期・
同時代人」において）ボンヘッファーの「まねびの神学」は、さらに宗教
批判と密接に連動して「聖書的な諸概念の非宗教的な解釈（nicht-religiöse

345　Dietrich Bonhoeffer: *Berlin 1932-1933*. DBW. 12. S.353.

346　　バルトの主導により「キリスト論的な集中」を基調にして起草された
　　　──カルヴァン＝改革派教会の「キリストの王権（Königsherrschaft Christi）」
　　　の神学の色彩の濃い──「バルメン神学宣言」に対抗して、「大地」と「血」
　　　に繋がれたドイツ民族共同体の「運命」と「秩序」を「キリストの福音」に
　　　優先させた「アンシュバッハ勧告」（1934年6月11日）がルター＝ルター派
　　　教会の、いわゆる「二王国論（Zwei-Reiche- oder Regimenten-Lehre）」を旗印に
　　　して「ドイツ・キリスト者」の運動の指導的な神学者たちによって公表され
　　　た。八谷俊久、前掲書171頁注279を参照。

347　　グレンヘィに従うならば、1927年頃に萌芽した「エレミヤ＝モチーフ」
　　　を主題（エレ 20,7）とする説教（Dietrich Bonhoeffer: London 1933-1935. DBW. 13.
　　　S.347ff. 1934年1月24日付け）をもって、ボンヘッファーにおける「まねびの
　　　神学」の嚆矢とすることもできよう（Jørgen Glenthøj: Dietrich Bonhoeffers Weg
　　　vom Pazifismus zum politischen Widerstand. In: Dietrich Bonhoeffer aktuell. S.46）。

348　　Jürgen Moltmann: *Der Weg Jesu Christi*. S.138. Anm.66.
　　　　モルトマンは「まねびの神学」を専らボンヘッファーから学んだようであ
　　　る（Jürgen Moltmann: Der gekreuzigte Gott. S.36ff.）。他方で同じくボンヘッファ
　　　ーにおいて学んだバルトの「まねびの神学」（本書の306頁注686を参照）に
　　　ついてモルトマンは全く関心を示していない。

第Ⅲ部　「歴史から世界へ」

Interpretation der biblischen Begriffe)」[349]のための解釈学的な構想と結び付き、また
たそれはナチ独裁政権下における反ヒトラー抵抗運動と並行して「他者の
ための教会（Kirche für andere）」を標榜した教会論を基調とするキリスト教
（社会）倫理学の形成へと結実していき、ついには苦難のキリスト像に倣
いドイツ教会闘争の若き旗手として獄死の結末を甘受した 20 世紀の殉教
者の運命の道標ともなった。

　そこで本節では、(1)『服従』におけるボンヘッファーの「まねび＝モ
チーフ」の構造を分析することを通して、(2) その思想的な射程や (3)
「まねび」へのイエス・キリストの招きが信仰者の内面において喚起する
新しい救済論的な実存可能性について究明したい。

(1) イエス・キリストの招きへのキリスト者の応答としての「まねび」──「まねび＝モチーフ」の構造

　イエス・キリストとの交わりに与かる信仰者は、苦難のキリスト像にま
ねぶようにと招かれている。「まねび」はイエス・キリストの招きに対す
る信仰者の応答として生起する。そしてかかる「まねびの神学」の原理を、
ボンヘッファーは以下のように要約した。

　　「まねぶ者がいつも眼前に置きまたその前では全ての他の形像は消え
　　去ってしまうイエス・キリスト像は、彼に迫ってきて彼を満たしそし
　　て弟子が教師に似るようにあるいは等しくなるようにと彼を変える。
　　イエス・キリスト像は、日々の交わりの中で弟子の像を刻む。まねぶ
　　者は、死滅したような無為の観察の中で（神の）子の像を見ることは
　　できない。この像から改造する力（umschaffende Kraft）が生じる。イエ
　　ス・キリストに全く信従する者はその（＝イエス・キリストの）像を背
　　負うであろうしまた背負わなければならない。彼は神の子となり、神
　　の似像として同じ姿の見えない兄弟であるキリストの横に立つのであ

349　Dietrich Bonhoeffer: *Widerstand und Ergebung*. DBW. 8. S.509 und 529. 本書の
　　252 頁以下を参照。

第 7 章　他者のためのキリスト者　　　227

る」[350]。

あるいは

「何故なら私たちはキリストと等しくされているので、それゆえに私たちは『キリストのように（wie Christus）』あることができる。私たちがキリスト像に等しくされるので、私たちは模範（Vorbild）に従って生きることができる。ここで実際に行ない（Taten）が生じる。ここでキリストと等しい生がまねびの素朴さにおいて生かされる。ここで言葉に対する単純な従順（der schlichte Gehorsam gegen das Wort）が生じる」[351]。

　キリスト教信仰はイエス・キリストの招きに従うことについての「言葉に対する単純な従順」をもって「キリストのまねび」を要請する。はたして「信仰への道はキリストの招きに対する従順を通っていく」[353]。ボンヘッファーにおいて、「仲保者」としてのイエス・キリストについての「信仰」と「まねび」へのイエス・キリストの招きに対する「従順」は一つに重なり合っている。

　　「……イエスの招きに対する従順の他に信仰への道はない」[354]。

　それゆえに「信仰だけが従順であり、また従順だけが信じる」[355]と、ボンヘッファーは「まねびの神学」における「信仰」と「従順」の内的な関係を要約している。

　そして信仰者が「単純な従順」をもってまねぶところの「模範」は、苦難のキリスト像である。ここでボンヘッファーは、「まねび」におけるキ

350　　Dietrich Bonhoeffer: *Nachfolge*. DBW. 4. S.297.

351　　A.a.O. S.304.

352　　「この招きに対して、ただ素朴な従順の答え（Antwort des einfältigen Gehorsams）だけがある」（a.a.O. S.71）。

353　　A.a.O. S.51.

354　　A.a.O. S.30.

355　　A.a.O. S.52.

リストの苦難の「代理」への信仰者の責任応答的な参与を要請する。ボンヘッファーにとってキリスト者であることは、キリストのように苦しむことである。「苦しみを被ること（passio passiva = Leidenmüssen）[356]」としての「まねび」において、信仰者は「苦難のキリストとの結び付き（Bindung an den leidenden Christus）[357]」を実現する。

> 「苦しまなければならないこと（Muß des Leidens）を明らかに弟子たちに関係させる必然性がイエスのために与えられている。キリストは苦しみ見棄てられる者としてキリストであるように、弟子も苦しみ見棄てられる者としてまた共に十字架に付けられる者として弟子なのである[358]」。

「キリストのまねび」とは、キリストの苦難の「代理」への傍観的ではない、ただ「従順」をもって共に苦しむ信仰者の責任応答的な参与、即ち「キリストのための苦しみへとあるいは十字架の下での生へと導かれること」（セェー[359]）である。それゆえにここで「苦しみ」は、ボンヘッファーにとって「キリストにまねぶ者たちの徴章（Kennzeichen der Nachfolger Christi）[360]」に他ならない。

ところで「模範」としてのイエス・キリストの招きに対する信仰者の実践と結び付いた応答である「まねび」をもって、信仰者は「仲保者」であるイエス・キリストとの交わりへと入っていく。「従ってまねびへの招きはただイエス・キリストの人格との結び付き（Bindung an die Person Jesu Christi）である[361]」。

---

356   A.a.O. S.82.

357   A.a.O. S.82.

358   A.a.O. S.70.

359   N.H. Søe: Nachfolge Christi. In: RGG. 3.Auf. Ⅳ. S.1293.

360   Dietrich Bonhoeffer: A.a.O. S.82.

361   A.a.O. S.47.

第7章　他者のためのキリスト者　　　　　　　　　　　　　　　　229

　けれどもここで「まねび」におけるイエス・キリストとの交わりにおける「結び付き」は、同時にこの人間を取り巻くこの世界の諸制約からの解放も含意している。

　　「イエスの招きにおいて、人間が生存するところの自然的な諸所与との決別（Bruch mit den natürlichen Gegebenheiten, in denen der Mensch lebt）がすでに遂行されている」[362]。

　それゆえにボンヘッファーにおいてイエス・キリストの招きに対する信仰者の責任応答的な参与としての「まねび」は、（1）イエス・キリストとの「結び付き」と（2）この世界の諸制約との「決別」の、2つの意味を内包する。まず「まねび」へのイエス・キリストの招きは、「生の相対的な確かさ（relative(-) Sicherungen des Lebens）から全くの不確かさ（völlige Unsicherheit）へ（即ち真にイエスの交わりの絶対的な確かさと安らかさ（absolute Sicherheit und Geborgenheit der Gemeinschaft Jesu）へ）」[363]と人間を善導する。さらにボンヘッファーがキリスト教信仰への唯一の道程としての「まねび」における「この世の直接性との決別（Bruch mit den Unmittelbarkeiten der Welt）」[364]について論及する時、そこでの「キリストのまねび」の弁証法は「苦しみ」による「直接性からの死滅（Afdøen fra Umiddelheden ＝ das der Unmittelbarkeit Absterben）」[365]についてのキェルケゴールの建徳的な言明に極めて近接することとなる。「キリストの全ての招きは死に至る」[366]けれども、「イエス・キリストとの出会いにおける古い人間の死（Sterben des alten Menschen）」[367]をもって信仰者の「まねび」が始まる。ボンヘッファーにお

────────────────────

362　　A.a.O. S.87.

363　　A.a.O. S.46.

364　　A.a.O. S.89.

365　　Søren Kierkegaard: SV1 7. S.401 ＝ AUN-2. S.169.

366　　Dietrich Bonhoeffer: A.a.O. S.81.

367　　A.a.O. S.81.

いては——キェルケゴールと同様に——「苦しみ」による「この世の直接性との決別」と「キリストのまねび」が一つに重なり合っている。

そしてこの世における全ての直接的な所産との徹底的な「決別」は、さらに神なき世界とそこで迎合的に世俗化していくキリスト教会への妥協のない苛烈な攻撃へと「まねびの神学」を方向付ける。はたして「まねび＝モチーフ」はボンヘッファーの生涯の結末を決定することとなる。

(2) この世に対する攻撃としての「まねび」－「まねびの神学」の射程

「まねび」はイエス・キリストの招きへの信仰者の責任応答的な参与である。そしてイエス・キリストにまねぶ者は、決まって神の現実性と世界の現実性の緊迫した葛藤に逢着する。ここでは世界の現実性とのイエス・キリストにまねぶ者の関わりが、ボンヘッファーの「まねびの神学」の時代的な要請との関連において考察される。

「（キリストに）まねぶ者はいつもキリストだけを見る。キリストと世界を見るのではない」[368]。けれどもボンヘッファーにとって、「キリストのまねび」におけるこの世界の諸制約との「決別」は世界から孤立した隠遁をもたらすのではなく、かえって神なき邪悪な勢力に対する抵抗の仕方でのこの世界への参与を含意していた。「まねびは世界から人間を連れ出し十字架の下へと引き入れ、さらにはそれによって世界へと引き入れる」（ファイファー）[369]。『服従』においてボンヘッファーは、「イエスを十字架に付けた」神なき邪悪な世界との緊張関係の中でキリスト教信仰を回復するようにと、その「まねびの神学」を彫琢したのである。

　「もし神学が生の直接性を正当化するために神と人間の間のイエスの仲保を用いるならば、それは神学の重大な誤謬である。……私たちが再び良心をもって（mit gutem Gewissen）、直接的に世界と、イエスを十

368　A.a.O. S.167.

369　Hans Pfeifer: *Theologie und Biographie. Zum Beispiel Dietrich Bonhoeffers*. S.65.

第 7 章　他者のためのキリスト者　　　　　　　　　　　　　　　231

字架に付けた世界と関わることができるために、イエスは神と私たち
の仲保者である[370]」。

　ボンヘッファーは、1933 年にヒトラーが権力を掌握することに足並み
を合わせるようにして台頭した「ドイツ・キリスト者」の運動に対する抵
抗のための論理として「まねびの神学」を構想した[371]。国家社会主義の政
治イデオロギーと直接的な自己同一化を纏って当時のナチ独裁政権の情宣
活動の走狗となった「ドイツ・キリスト者」の運動に向けて、ボンヘッフ
ァーは「仲保者」としてのキリスト像に仰ぎ従うキリスト者の「まねび」
を対峙させる。神の現実性は決して直接的に認識されるのではなくて、た
だ「仲保者」イエス・キリストを通して「まねび」において認識される
ことができる。それゆえに「仲保者」イエス・キリストなしに措定され得る
かのような、直接的な神認識は単なる「欺瞞[372]」に過ぎない。そこでボン
ヘッファーは――キェルケゴールの「まねび＝モチーフ」を縦横に駆使しな
がら――迎合的に世俗化されたドイツのキリスト教会に対するイデオロギ
ー批判を伴った攻撃をさらに尖鋭化させた。「キェルケゴールと同様にボ
ンヘッファーは、既存の社会と同一化しまた同一化することによって自己
の教会的な同一性を喪失する危険のある教会を攻撃する」（リッヘス[373]）。
　ところで「まねび＝モチーフ」を巡ってのキェルケゴールとボンヘッフ
ァーの共通性に対して、それぞれの時代状況における両者の攻撃の方向と
対象は異なっていた。まずキェルケゴールがその最晩年の教会攻撃におい
て繁栄と自由を求める 19 世紀の西欧キリスト教市民社会における民主化
運動の中で誤用され看過されたキリスト教真理を内面的・実存的に回復す
ることを試みたのに対して、ボンヘッファーの抵抗運動はドイツ第三帝国
における非民主的・独裁的な国家の支配形態の凶暴性に向けられていた。

370　Dietrich Bonhoeffer: A.a.O. S.90.

371　本書の 224 頁以下を参照。

372　Dietrich Bonhoeffer: Ibid. 本書の 205 頁以下を参照。

373　John K. Riches: Nachfolge Jesu. In: TRE. 23. S.699.

第Ⅲ部　「歴史から世界へ」

それゆえにキェルケゴールにおいて「まねびの神学」が専らデンマーク・ルター派国教会の内部に向けての宗教的な「内面化」によるキリスト教信仰への「覚醒」と「建徳」[374]を関心事としていたのに対して、ボンヘッファーにおいてはヒトラーが樹立したナチ独裁政権への政治的な闘争としてその射程を伸長したのである[375]。

　けれどもそれぞれの時代状況の中でキェルケゴールとボンヘッファーが、神なき邪悪な世界とそこで迎合的に世俗化していったキリスト教会への妥協のない苛烈な攻撃のための闘争の武器として「まねびの神学」を発見したことは確かに言えよう。そこでイデオロギー批判を伴った「まねび＝モチーフ」は――それが宗教批判へとあるいは社会批判へと方向付けられているかには関わりなく――決して一般的・普遍的な真理要請へと抽象化されることなく絶えず具体的な状況と結び付いて構想された。そして苦難のキリスト像へと責任応答的に参与するためのボンヘッファーの「キリストのまねび」の巡礼行は――あたかもコペンハーゲン市中の「嘲笑の殉教者」[376]としてのキェルケゴールの数奇な運命を辿るようにして――教授資格剥奪（1936年）と牧師研修所閉鎖（1940年）を経て、ついには「ドイツ告白教会の殉教者」（モルトマン）[377]として強制収容所における獄死を甘受する苛酷な結末へと続いた。ボンヘッファーの「まねびの神学」の旗幟は絶え

374　キェルケゴールの後期著作『死に至る病』（1849年）は「建徳と覚醒のため（til Opbyggelse og Opvækkelse = zur Erbauung und Erweckung）の一つのキリスト教的な単純な説明」（Søren Kierkegaard: SV1 11. S.113 = KT. S.1）であり、さらに『キリスト教への修練』（1850年）は「覚醒と内面化のために（til Opvækkelse og Innerliggjørelse = zur Erweckung und Verinnerlichung）」（Søren Kierkegaard: SV1 12. S. iii = EC. S.11）上梓された。

375　「従ってまねびは密教的に世界から背を向けた振舞いではなくて、国家社会主義体制に対する従順の拒否を意味する」（Hans Pfeifer: Ibid.）。

376　Søren Kierkegaard: Pap. X-1 A 120.

377　Jürgen Moltmann: *Der Weg Jesu Christi*. S.221.
　なおモルトマンは、ボンヘッファーの「殉教」を「不当かつ不正な暴力に対する抵抗における苦しみ」（a.a.O. S.225）の次元の「キリスト教的－政治的な殉教」（a.a.O. S.223）として理解している。

第 7 章　他者のためのキリスト者　　　　　　　　　　　　　　　233

ず鮮明であった。

(3)「まねび」における新しい実存可能性──「まねび＝モチーフ」の帰結

　以上のようにボンヘッファーは、イエス・キリストへの信仰のあり方と
しての「まねび」を、(1) 神への「単純な従順」と (2) 神なき邪悪な世界
に対する抵抗において実践した。ボンヘッファーにとって「まねび」は、
イエス・キリストとの交わりにある本来的な人間存在[378]としての自己実
存の形式への刷新をもたらすものであった。[379]何故ならイエス・キリスト
との交わりへの招きは、堕落した罪ある人間を「これまでの実存」から引
き離すからである。そして「まねび」によるイエス・キリストとの交わり
の中で、信仰者は「実存の新しい創造（Neuschöpfung der Existenz）[380]」を体験
する。ここで信仰者が「まねび」をもって習得するところの新しい救済
論的な実存可能性は、「キリスト教的な実存全体の究極的な可能性（letzte
Möglichkeit christlicher Existenz überhaupt）[381]」として、即ち「人間における可能
性（Möglichkeit bei den Menschen）[382]」とは全く無縁の「人間へのイエスの恩恵
の贈り物（das gnädige Angebot Jesu an den Menschen）[383]」として理解される。

378　Cf. Dietrich Bonhoeffer: A.a.O. S.301.
　　　ボンヘッファーの「まねびの神学」において、キリストであることとキリ
　　スト者であることは明確に区別されている。「キリストのように」あること
　　を意味する「まねび」は、しかしキリストであることではなくて、キリスト
　　者であること、即ち本来的な人間自己であることの可能性をもたらすので
　　ある。「私たちはキリストではない。しかし私たちがキリスト者であろうと
　　するならば、それは私たちが責任応答的な行為においてキリストの心の広
　　さ（Weite des Herzens Christi）を共有するべきであることを意味する」（Dietrich
　　Bonhoeffer: Widerstand und Ergebung. DBW..8. S.34)。

379　「イエスの招きは政治綱領（プログラム）や政治理念（イデオロギー）へと
　　改変されるべきではない。……招きは新しい完全な実存を創造する」（Eberhard
　　Bethge: A.a.O. S.523)。

380　Dietrich Bonhoeffer: *Nachfolge*. DBW. 4. S.50.

381　A.a.O. S.72.

382　A.a.O. S.76.

383　Ibid.

第Ⅲ部 「歴史から世界へ」

　そして「まねび」へのイエス・キリストの招きが信仰者の内面において
喚起する新しい救済論的な実存可能性は、ボンヘッファーの「まねびの
神学」においてはさらにキリスト教（社会）倫理学と密接に連動して、（1）
「神の前で（coram Deo）」の方向と（2）「世界の前で（coram mundo）」の方向
の、2つの方向付けをもって示現する。

　（1）まずイエス・キリストにまねぶ信仰者は、「神の前で」の自己実存
を発見するという新しい可能性を獲得する。「まねぶ者は、究極的に関わ
るべきまたキリストと共にあるいはキリストを通してのみ関わるべきとこ
ろの神へと向う」（ファイル）[384]。
　そしてボンヘッファーによれば、イエス・キリストにまねぶ信仰者が見
出すべき「神の前で」の実存は「神の模倣者（Nachahmer Gottes）」としての
自己実存である。

　　　「まねぶ者は、彼が従う者だけを見つめる。人間となり十字架に付け
　　　られ復活したイエス・キリスト像をまねびにおいて背負う者について
　　　また神の似姿となった者について、ここでついにこう言われる。彼は
　　　『神の模倣者』であるように召されていると。イエスにまねぶ者は神
　　　の模倣者である」[385]。

　「神の模倣者」としての「神の前で」の自己実存は、イエス・キリスト
にまねぶ者の実存様式の特徴である。ボンヘッファーの「まねびの神学」
において、イエス・キリストの招きが信仰者にもたらす新しい救済論的な
実存可能性は本来的に「神の前で」の方向付けによって規定されている。

　（2）次に「まねび」においてイエス・キリストとの交わりに与かる信仰

384　Ernst Feil: A.a.O. S.188.
385　Dietrich Bonhoeffer: A.a.O. S.304.

第 7 章　他者のためのキリスト者　　　　　　　　　　　　　　235

者の新しい救済論的な実存可能性は、さらにキリスト教（社会）倫理学と
密接に連動して、世界の中の「単独者（der Einzelne）」としての実存へと結
実する。ここでボンヘッファーは、かつてキェルケゴールが「単独者（少
数者）＝真理」（あるいは「大衆（多数者）＝非真理」）概念[386]をもって明示し
た（社会）倫理学的な視点の広がりを伴った実存可能性についての理解を
反芻する。

　　「まねびへのイエスの招きは弟子を単独者にする[387]」。

　　「イエスは単独者を招く。そしてこの単独者には大衆（Menge）の中に埋
没することはもはや許されない」（ベートゲ）[388]。「キリストのまねび」にお
ける「単独者」としてのキリスト者の実存は、決まって全体主義的な大衆
社会との齟齬をもたらして、そこで絶えず苦難を甘受する運命となる。け

386　「『まねび』は『単独者』を、全ての単独者を理念との関係へ置く」（Søren
　　Kierkegaard: Pap. X-4 A 354 = Sören Kierkegaard: Der Einzelne und die Kirche. übers.
　　von Wilhelm Kütemeyer. S.165）。
　　　キェルケゴールの後期著作活動において「単独者（den Enkelte = der
　　Einzelne）＝真理」概念は――「大衆（Mængde = Menge）＝非真理」概念と
　　密接に連動して――「キリスト者となること」の建徳的な機能だけではな
　　くて、社会批判的な修正剤の機能も内含する。「古代の隠者とは反対に、単
　　独者であるキリスト者は『この世において、この世のものとしてではなく』
　　（ヨハ 15,19）という御言葉に従って生きなければならない」（Marie Mikulová
　　Thulstrup: The Single Individual. In: Bibliotheca Kierkegaardiana 16. p.24. ただしここ
　　ではヨハ 15,19 は正確に引用されていない）。さらに M.M. トゥルストゥルップ
　　は、「キリストのまねび」における「単独者」の人間社会に向けての批判的
　　な関与と「愛」の交わりの形成の二重の関係を「この世からの決別」と「こ
　　の世への帰還」（Marie Mikulová Thulstrup: The Concept of the World. In: Bibliotheca
　　Kierkegaardiana 16. p.145f.）として規定している。
　　　なおキェルケゴールの後期著作活動における「単独者（少数者）＝真理」
　　（あるいは「大衆（多数者）＝非真理」）概念については、本書の 32 頁以下を
　　参照。
387　Dietrich Bonhoeffer: A.a.O. S.87.
388　Eberhard Bethge: Ibid.

れどもボンヘッファーにとって、国家社会主義の政治イデオロギーとの容赦のない衝突の中で「単独者」として苦難のキリストにまねぶことは、ナチ独裁政権下にあるキリスト者の焦眉の課題であることがすでに自覚されていた。キェルケゴールの提唱した「まねび＝モチーフ」の中にボンヘッファーは、神なき邪悪な世界にあってキリストの真理を真摯に生きるための、いわばキリスト教信仰の奥伝の「秘義」[389]を見出していたのである。

3. パウロ＝宗教改革的な義認論についての新しい解釈としての「まねびの神学」

(1)「恩恵」の成果としての「まねび」

　続いてボンヘッファー神学におけるキリスト教信仰と「まねび＝モチーフ」の関係について論及したい。

　前述のように、ボンヘッファーは「信仰」を「まねび」へのイエス・キリストの招きに対する「従順」として理解した。ここでの「まねび」へのイエス・キリストの招きは「律法主義（Gesetzlichkeit）」の再現ではなくて、「全ての律法主義の全く逆のもの」[390] として理解されなければならない。しかもこの「全ての律法主義の全く逆のもの」をもって「律法主義」を「律法主義」に対する闘いと取り換えることもできない。何故なら「律法主義」に対する闘いは、ボンヘッファーによれば「最も律法主義的」[391]だからである。かえって「律法主義」は、ただ「律法がイエス自身によって成就

389　最晩年のボンヘッファーは、時代の「世俗化（Profanierung）」の潮流からキリスト教真理を守護するための「秘義保持の訓練（Arkandisziplin）」（Dietrich Bonhoeffer: Widerstand und Ergebung. DBW..8. S.415）を再現することを要請した。そこでボンヘッファーにとって全体主義的な大衆社会の中にあって保持すべきキリスト教信仰の深奥の「秘義」とは、「単独者」となって神なき邪悪な世界と立ち向かい苦難のキリストへの「まねび」の道程をその終りまで辿るようにと、キリストの真理を生きるために胸底で結んだ秘匿の誓いではなかったであろうか。

390　Dietrich Bonhoeffer: *Nachfolge*. DBW. 4. S.46f.

391　A.a.O. S.74.

第7章　他者のためのキリスト者　　　　　　　　　　　　　　　237

されまた保持されるところの、まねびへのイエス・キリストの恩恵による
招きに対する従順（Gehorsam gegen den gnädigen Ruf Jesu Christi in die Nachfolge）
によって克服される」[392]ことができる。別言するならば、「まねび」へのイ
エス・キリストの招きはイエス・キリストを「仲保者」として信仰する新
しい実存状況への転換として神の「恩恵」による「義認」を含意するので
ある。

　それゆえにボンヘッファーにとって「まねび」へのイエス・キリス
トの招きに対する「従順」は、中世カトリック教会における行為義認
論的に理解されたキリスト教信仰への条件としての功徳や善行とは全
く無縁の――かつてキェルケゴールにおいて「まねび」が「信仰の果実
（Troens Frugt = Frucht des Glaubens）[393]」として「キリストへの信仰の現実的な姿
（Wirklichkeitsgestalt des Glaubens an Christus）」（ゲルデス）[394]であったように――
ただ神の「恩恵」への「信仰」を前提としてそこから形成されるところの、
いわば「良い果実（gute Frucht）」に他ならない。

　　　「良い果実が良い木に結ぶように、従順は信仰に続く。……まず信仰
　　　であり、それから初めて従順である[395]」。

　まずは神の「恩恵」の助けをもって、信仰者は十字架に付けられた神イ
エス・キリストにまねぶことができる。即ちキリスト教信仰において人
間の「まねび」の行為は、神の「恩恵」の条件（原因）ではなくて、神の
「恩恵」から生じる成果（結果）である。

　　　「私たちがキリストの像に等しくされるので、私たちは模範（Vorbild）

392　　Ibid.

393　　Søren Kierkegaard: Pap. X-4 459. = Sören Kierkegaard: *Der Einzelne und die
　　　Kirche*. übers. von Kütemeyer. S.153.

394　　Hayo Gerdes: *Das Christusbild Sören Kierkegaards*. S.112. auch S.116.

395　　Dietrich Bonhoeffer: A.a.O. S.52.

第Ⅲ部　「歴史から世界へ」

に従って生きることができる。ここで実際に行ない（Taten）が生じる」[396]。

　そしてここでボンヘッファーは、パウロ＝宗教改革的な義認論を辿りながら、「恩恵」と「まねび」の不可逆的な順序における「原因－結果（Weil-Darum）」構造[397]を究明している。

　　「何故なら（weil）私たちはキリストの似像とされているので、それゆえに（darum）私たちはキリストのようでなければならない。何故なら（weil）私たちはキリストと等しくされているので、それゆえに（darum）私たちはキリストのようであることができる」[398]。

　もとよりパウロ＝宗教改革的な義認論は、ボンヘッファーにとっての「明白な前提」（ベートゲ）[399]であった。ここでキリスト者の「まねび」は神の「恩恵」の条件（原因）ではなくて、そこでの一つの成果（結果）に他ならない。ボンヘッファーにとって神の「恩恵」による罪人の「義認」は、キリスト教信仰にとっての究極的な関心事であり、キリスト者の「まねび」はそこから付随して発出する応答的な行為である[400]。確かにボンヘッ

396　A.a.O. S.304.

397　なおグレムメルスは、「恩恵」と「まねび」の不可逆的な順序における「原因－結果（Weil-Darum）」の構造を「ルターの義認論の根本形態」（Christian Gremmels: A.a.O. S.105）と見做している。

398　Dietrich Bonhoeffer: A.a.O. S.304.

399　「義認は明白な前提でありまた何の補足も必要としない」（Eberhard Bethge: A.a.O. S.520）。

400　ここでの神の「恩恵」による罪人の「義認」についての信仰とそこから派生する人間の「まねび」の関係は、後にボンヘッファーが『倫理学』において――ルター＝ルター派教会の「二王国論」についての再解釈をカルヴァン＝改革派教会の「キリストの王権」の神学と関連付けて――断片的に構想した「究極のもの（das Letzte）」と「究極以前のもの（das Vorletzte）」（Dietrich Bonhoeffer: Ethik. DBW. 6. S.137ff.）の関係付けの原型であると言えよう。

第7章　他者のためのキリスト者　　　　　　　　　　　　　239

ファーは、パウロ＝宗教改革的な義認論の神学に久しく親炙してきたドイ
ツ・ルター派教会の神学者であった。

(2) ルター（主義）批判としての「まねびの神学」

けれども「キリストのまねび」を軽視したところでは、決まって「恩恵
の値引き（Verbilligung der Gnade）[401]」が蔓延り、ついにイエス・キリストの十
字架による罪のゆるしの神の「恩恵」は「安価な恩恵（billige Gnade）」へ
と切り下げられることとなる。そこでボンヘッファーは、「まねび」を看
過したキリスト教信仰における「安価な恩恵」を、憤怒を込め「（イエス・
キリストの）十字架のない恩恵（Gnade ohne Kreuz）」との兌状を付けて告発
する。

　　「安価な恩恵とは、教えや原理、体系としての恩恵であり、一般的な
　　真理としての罪のゆるしである。……安価な恩恵とは、まねびのない
　　恩恵（Gnade ohne Nachfolge）、十字架のない恩恵、生きたそして人間と
　　なったイエス・キリストのいない恩恵である[402]」。

そして神の恩恵を「安価な恩恵」へと切り下げる時代のキリスト教会の
趨勢との闘いの中で、ボンヘッファーは「まねび」へのイエス・キリスト
の招きを「高価な恩恵（teuere Gnade）」の回復の要請として理解した。

　　「それは高価である。何故ならそれはまねびへと招くからである。そ
　　れは恩恵である。何故ならそれはイエス・キリストのまねびへと招く

401　Dietrich Bonhoeffer: *Nachfolge*. DBW. 4. S.33.
　　　「人はまねびを破棄し、キリスト教を様々な値段で売却した」（Søren
　　Kierkegaard: Pap. X-4 340, 371 og 618. = Sören Kierkegaard: Der Einzelne und die
　　Kirche. übers. von Kütemeyer. S.158, 171 und 176）。
402　Dietrich Bonhoeffer: A.a.O. S.29f.

240 第Ⅲ部 「歴史から世界へ」

からである……」[403]。

あるいは

「恩恵は高価である。何故ならそれは人間をイエス・キリストのまね
びのくびき（Joch der Nachfolge）へと強いるからである……」[404]。

　パウロ＝宗教改革的な義認論を空洞化・弱体化する時代のキリスト教会
の趨勢に対して、ボンヘッファーは「まねび」の信仰的な意義を徹底的に
強調した。それは「『高価な恩恵』は『まねび』において確証される」（フ
ィシャー）[405]からである。ボンヘッファーにおいて「まねび＝モチーフ」は、
16世紀のカトリック教会に向ったルターとは全く反対に――しかし19世
紀のデンマーク・ルター派国教会に果敢に対峙するキェルケゴールを見習[406]
って――「恩恵」の誤用に対する攻撃のための闘争の武器としての役割[407]
を担っていた。「私たちは――確かにキェルケゴールに論及してはいない
が――全く同様にディートリッヒ・ボンヘッファーがまねびを安価な恩恵
に対する信仰の従順として強調しまた模範としてのキリストについての認
識を再び尊重しようと願ったことを看過してはならないであろう」（シュ
レァー）[408]。

　ボンヘッファーにとって「まねびの神学」の提唱は――迎合的に世俗
化されたドイツのキリスト教会において単に「罪人ではなくて罪の義認

403　A.a.O. S.31.

404　A.a.O. S.31.

405　Hermann Fischer: A.a.O. S.180.

406　Cf. Dietrich Bonhoeffer: A.a.O. S.303f.
　　「ルターが当時に語ったことと真逆のことを彼は今日語るであろうと、キ
　　ェルケゴールはすでに百年も前に言った」（Dietrich Bonhoeffer: Widerstand und
　　Ergebung. DBW..8. S.179）。

407　『服従』の編集者による注（Dietrich Bonhoeffer: Nachfolge. DBW. 4. S.303f.
　　Anm.15）の中では、キェルケゴールの日誌記述（Søren Kierkegaard: Pap. X-4
　　451. = Sören Kierkegaard: Der Einzelne und die Kirche. übers. von Kütemeyer. S.153）
　　が参照されている。

408　Henning Schröer: Kierkegaard und Luther. In: *Kerygma und Dogma* 30. S.240.

第7章　他者のためのキリスト者　　　　　　　　　　　　　　　　　　　　　　241

（Rechtfertigung der Sünde und nicht des Sünders）」[409]に終始することとなった「安価な恩恵」に対する切迫した闘いの中で——パウロ＝宗教改革的な義認論の奥底にあって絶えず脈打つその生きた鼓動をキリスト教信仰の証しとして実践的に再現しようとする解釈学的な試みであった。「まねびは、罪ではなくて罪人の義認（Rechtfertigung des Sünders und nicht der Sünde）が再び取り扱われるような仕方での義認の解釈（Auslegung der Rechtfertigung）である」（ベートゲ）[410]。

　それゆえにボンヘッファーにおいてパウロ＝宗教改革的な義認論についての実践と結び付いた解釈としての「まねびの神学」は、ドイツ第三帝国におけるヒトラーのナチ政権ではなくて、まずはそこで「キリスト教の世俗化（Verweltlichung des Christentums）[411]」をもってパウロ＝宗教改革的な義認論を空洞化・弱体化するドイツ・ルター派教会へと向けられていたと言えよう。「（1937年の『服従』の中で）ボンヘッファーは、義認論を福音主義教会において再び明るみに出そうとする」（ティマーリング）[412]。時代状況の異同にもかかわらず、キェルケゴールの「まねび＝モチーフ」をもってパウロ＝宗教改革的な義認論を倫理的な実践と結び付けて解釈することの中に、はたしてボンヘッファーはキリスト教信仰を再生し刷新するための「秘儀」[413]を見出していたのである。

　以上のように、パウロ＝宗教改革的な義認論の新しい解釈としての「まねびの神学」は、ボンヘッファーにおいてはそのキリスト教的な神認識が

409　　Dietrich Bonhoeffer: A.a.O. S.29.

410　　Eberhard Bethge: Ibid.

411　　Dietrich Bonhoeffer: *Nachfolge*. DBW. 4. S.33.

412　　Peter Zimmerling: A.a.O. S.24.

413　　本章の注389を参照。
　　　「秘儀保持の訓練は、非宗教的な解釈を宗教的なものへの後退から防護する」（Eberhard Bethge: A.a.O. S.990）。それゆえにキェルケゴールのデンマーク・ルター派国教会批判の下で形成された、パウロ＝宗教改革的な義認論の再生と刷新としての「まねびの神学」は、獄中のボンヘッファーによってただ輪郭的に素描された「聖書的な諸概念の非宗教的な解釈」のための解釈学的な方法論の本源であったとも言えよう。

キリスト論へと向かって絶えず収斂するだけでなくて、また同時にそれが
もとより一つの具体的な時代状況の下での倫理的な実践と不可分に結び
付いて錬成されていたことを見事に証示している。即ちボンヘッファー[414]
は、ヒトラーが権力を掌握することに足並みを合わせるようにして台頭し
た「ドイツ・キリスト者」の運動に立ち向かいキリスト教信仰を回復する
ために「まねびの神学」を彫琢したのである。そしてここで「キリストの
まねび」を永く蒙昧に封印してきた義認論の呪縛の結界を打ち破り、つい
にボンヘッファーはドイツ・ルター派教会の神学を遥かに踏み越えて教会
闘争の最前線へと駆け出していった。[415]

4. 「他者のためのキリスト者（教会）」

「まねびの神学」によるキリスト教（社会）倫理学の構想

　最後にルター（主義）批判を内包したボンヘッファーの「まねびの神学」
から派生するところの、プロテスタント神学における新しいキリスト教
（社会）倫理学の構築の可能性について論及したい。
　「キリストのまねび」はイエス・キリストの招きへの信仰者の責任応答
的な参与である。ボンヘッファーにとって「まねび」における「単独者」
としてのキリスト者の実存は、もとより個人主義的な孤立や隠遁、厭世
とは対極に位置するものであった。[416]「仲保者」であるイエス・キリストが

414　本書の 190 頁以下を参照。

415　それゆえに 1939 年 7 月ボンヘッファーが滞在先のアメリカから緊急帰国
　　　したのも、ドイツの同胞たちと時代の困難な試練を共に分かち合うという、
　　　「キリストのまねび」を証しするためであった。そしてこれよりボンヘッファ
　　　ーは、ドイツ国防軍諜報部の嘱託員として密かにヒトラー暗殺計画に連座し
　　　地下活動に没頭することとなる。ここでボンヘッファーは、新しいそして最
　　　後の局面（ベートゲの伝記的な区分に従うならば「第 3 期・同時代人」）を歩み
　　　始めた。

416　ベートゲは、ボンヘッファーにおいて「個人的なまねび（individuelle
　　　Nachfolge）」と「個人主義（Individualismus）」は相互に相容れないものである

第7章　他者のためのキリスト者　　　　　　　　　　　　　　243

「模範」として「他者のため」に存在したように、イエス・キリストにまねぶキリスト者も「他者のため」に存在する。「他者のためのキリスト」への「まねび」の参与をもってキリスト者も「他者のための存在」として「他者のため」の「代理」を遂行することができる。

　　「彼（＝イエス・キリスト）は他の人間とあなたの真中に立っている。
　　……そこでまねぶ者には、仲保者を経て他者へと向かう新しい唯一の
　　真実の道（der neue und allein wirkliche Weg zum Anderen über den Mittler）が示
　　される」[417]。

「他者のためのキリスト」との垂直方向の和解の交わりに生きる「単独者」は、さらに「他者のためのキリスト者」として人間同士の水平方向に規定された新しい社会的な交わりの中にも実存する。かくして「他者のためのキリスト」への「まねび」の参与をもって、「他者のためのキリスト者」としての「単独者」の間の交わりが始まる。

　　「私たちを単独者とするところの同じ仲保者が、全く新しい交わりの
　　根拠（Grund ganz neuer Gemeinschaft）でもある」[418]。

ところでボンヘッファーは――すでに博士論文『聖徒の交わり』（1927年執筆・1930年出版）における中心命題（「教会として存在するキリスト（Christus als Gemeinde existierend）」）[419]が明示するように――「他者のための存在」である「仲保者」イエス・キリストが「他者のためのキリスト者」として生きる「単独者」の「交わりの根拠」であることを確信していた。そしてイエス・キリストにまねぶ「単独者」が存在するところの人間同士の

───────────
　　ことを指摘している（Eberhard Bethge: Ibid.）。
417　　Dietrich Bonhoeffer: A.a.O. S.94.
418　　Ibid.
419　　Dietrich Bonhoeffer: *Sanctorum Communio*. DBW. 1. S.76.

244 第Ⅲ部 「歴史から世界へ」

社会的な交わりは、ボンヘッファーによれば「彼（＝イエス・キリスト）の下にある教会（Gemeinde）[420]」に他ならない。「教会（Kirche）は個々（単独）の弟子たちに基づくのであって、追従する群集（Massen）に基づくのではない」（ベートゲ[421]）。それゆえにボンヘッファーは、イエス・キリストにまねぶ「単独者」が形成するキリスト者の交わりを「キリストのからだ（Leib Christi）[422]」であるキリスト教会と呼称するのである。

　イエス・キリストは、イエス・キリストにまねぶ「単独者」を「教会の交わり（Gemeinschaft der Gemeinde）[423]」へと招き入れる。何故なら「仲保者」イエス・キリスト自身がまねぶ者あるいはまねぶ者たちの交わりの「真中」に生きているからである[424]。そこでイエス・キリストにまねぶ「単独者」は、まねぶ者あるいはまねぶ者たちの交わりの中に生きる新しい実存可能性を習得する。「（キリストの）まねびは、ただ他のキリスト者たちとの交わりの中でのみ確証されまた維持されることができる」（ティマーリング[425]）。

　そして「他者のためのキリスト」との交わりの中にある「単独者」が「まねび」をもって習得するところの「他者のためのキリスト者」としての実存可能性は、さらに最晩年のボンヘッファーの教会論として広く人口に膾炙する「他者のための教会」の構想へと結実していく。

> 「教会（Kirche）は、それが他者のために存在する（für andere da）ならば、教会である。……それ（＝教会）は、支配的にではなくて、助けながら仕えながら（helfend und dienend）、人間の交わりの生のこの世的な諸課題（weltliche(-) Aufgaben des menschlichen Gemeinschaftslebens）へと参

420　A.a.O. S.95.

421　Eberhard Bethge: Ibid.

422　Dietrich Bonhoeffer: *Nachfolge*. DBW. 4. S.233.

423　A.a.O. S.95,

424　「キリストはさらにまねぶ者たちの中に生きる」（a.a.O. S.303）。

425　Peter Zimmerling: A.a.O. S.25.

第 7 章　他者のためのキリスト者　　　　　　　　　　　　　　　245

与しなければならない。それは全ての職業の人間たちにキリストと共
にある生（Leben mit Christus）とは何であるのか、『他者のために存在
すること（für andere dazusein)』とは何であるのかを語らなければなら
ない」[426]。

　ここでボンヘッファーは、「まねびの神学」をもってさらに「他者のた
めの教会」を標榜する教会論を基調としたキリスト教（社会）倫理学を提
唱する。はたして「他者のためのキリスト」にまねぶ者あるいはまねぶ者
たちの交わりが「世界のための教会（Kirche für die Welt)」[427]を形成するので
ある。

結　論

　イエス・キリストとの交わりの中にあるキリスト者の「他者のための存
在」が、人間同士の水平方向に規定された新しい社会的な交わりにおける
キリスト教（社会）倫理学的な実存のあり方を規定する。そこでボンヘッ
ファーによれば、「一般的な世界あるいは人生の知恵（allgemeine Welt- und
Lebensweisheit)」[428]からではなくて、ただキリストの真理を真摯に生きること
を目指す「単独者」の「まねび」を通して救済論的・教会論的に基礎付け
られたキリスト教（社会）倫理学の展開の可能性が生まれる[429]。それゆえに
ボンヘッファーにおいて「まねびの神学」は、「他者のためのキリスト」
としてのキリスト論的な思惟を出発点とした、キリスト教信仰の（社会）

426　Dietrich Bonhoeffer: *Widerstand und Ergebung.* DBW..8. S.560.

427　本書の 275 頁を参照。

428　Dietrich Bonhoeffer: *Nachfolge.* DBW. 4. S.138.

429　「『まねび』においては、単独者の献身（Hingabe des Einzelnen）によって
　　社会的な関与（soziale Eingliederung）が遂行されることが強調される。そして
　　そのようにして単独者の領域（Bereich des Einzelnen）において社会的な具体性
　　（soziale Konkretion）が生じる」（Eberhard Bethge: Ibid.）。

246　　　　　　　　　　　　　　　　　第Ⅲ部　「歴史から世界へ」

倫理学的な帰結に他ならない。[430]

　ボンヘッファーは「まねび＝モチーフ」をもってキリスト教信仰の中心点であるキリスト論をキリスト教（社会）倫理学と結び付ける。[431]それゆえにルター（主義）批判を内包した「まねびの神学」から派生するところの、ボンヘッファーの「他者のためのキリスト者（教会）」理解についての考察を展開することの中に、キェルケゴールの「まねび＝モチーフ」をさらに社会・宗教批判的な広がりをもって再解釈する可能性が伏在しているように思われる。[432]そしてそこでは人間社会の中で孤立した主体性に対する相互主体性（Inter-Subjektivität）の確立のための理論や絶対的な真理の独善的な主張とは異なった可謬を寛容に追認する真理概念が検討され、加えてハーバーマスの「形而上学後の倫理学（postmetaphysische Ethik）」やホネットの「承認論（Anerkennungstheorie）」などの今日の倫理思想との対話もより豊穣なものとなることであろう。

430　「最後の責任応答的な問いは、如何に私が英雄的に窮地を克服するかではなくて、如何に来るべき世代（kommende Generation）が生き抜くことができるかである」（Dietrich Bonhoeffer: Widerstand und Ergebung. DBW..8. S.25）と、ここでボンヘッファーの「まねびの神学」は、キリスト者（教会）の共にあるべき「他者」として——ナチ独裁政権下にあって差別と迫害の苛酷な境遇に晒されていた人々（本書の 213 頁注 314 を参照）に加えて——さらに「来るべき世代」も絶えず念頭に置きながら、新しい平和と正義の世界の建設のために未来を切り拓く希望へとその射程を伸長している。

431　Cf. Ernst Feil: A.a.O. S.192ff.

432　モルトマンは「まねびの神学」の今日的な展開として 3 人のキリスト者（P. シュナイダーと D. ボンヘッファー、A. ロメロ）の「殉教」の道を辿っている（Jürgen Moltmann: A.a.O. S.219ff.）。本書の 25 頁を参照。
　さらにモルトマンは、「ポストモダンのキリスト論（postmoderne(-)Christologie）」（a.a.O. S.13）としての「宇宙的なキリスト論（kosmische Chrsitologie）」あるいは「自然のキリスト論（natürliche Chritologie）」を基調として、「自然との人間の和解」のための「和解の倫理学（Ethik der Versöhnung）」（a.a.O. S.331）を構想している（本書の 309 頁以下を参照）。

付論　「聖書的な諸概念の非宗教的な解釈」の構想

ボンヘッファーにおける「新しい神学」のための序説（プロレゴメナ）

序　論

　2011年3月11日、東北地方で大地震が発生し多大の被害をもたらした。今回の東日本大震災の際にも――先の阪神・淡路大震災の時と同じように――災害を「神罰」や「神の鉄槌」と看做すような評論がキリスト教界にあった。けれども一体に神は人間を懲らしめるために嵐を呼び地震を起こし津波を立てるのであろうか。そうではないであろう。かえってそこでは――近代に始まった科学技術の進歩や発展の限界を認識することと共に――「全能」や「全知」、「遍在」の属性をもって表象してきた、中世スコラ学以来の伝統的な「神」概念の変革が要請されているのであろう。そして近代市民社会の倫理性を鈍磨させる「（人間の）宗教」の、その来るべき終焉を遥かに予見したボンヘッファーは、現代のキリスト教界が遭遇したこの要請に余人の追従を許さず迫真しているように思われる。

　　「成人となることが、神の前での私たちの位置の真の認識へと私たち
　　を導く。……私たちと共にいる神は、私たちを見捨てる神（マコ 15,34
　　を参照）である。神という作業仮説なしに私たちをこの世界に生かす
　　神は、その前で私たちが立ち尽くすところの神である。神の前（vor）
　　で神と共（mit）に私たちは神なし（ohne）で生きる。……人間の宗教
　　性は苦難の中にいる人間に、この世界の中での神の威力を示す。神は

機械仕掛けの神（deus ex machina）である」（1944 年 7 月 16 日付）[433]。

　ボンヘッファーは——「たとえ神はいないとしても（Etsi Deus non daretur）」の定式を符牒として、近代西欧キリスト教社会が捏造した「『神という作業仮説』の手助け」を封印し「機械仕掛けの神」を葬送しながら——「成人した世界（die mündige Welt oder die mündig gewordene Welt）」あるいは「世界の成人性（die Mündigkeit der Welt）[434]」について絶えず思索して、ついには「神の前で神と共に私たちは神なしで生きる」という、新しいキリスト教信仰の境地へと踏み込んで行った。

　ボンヘッファーにおいては、そのキリスト教的な神認識が（1）神の啓示としてのイエス・キリストに向けて絶えず収斂すると同時に、また（2）そこから世界の現実性へと限りなく広範にその射程を伸長していく。イエス・キリストをその中心点に据えた、神の現実性から人間世界の現実性への、2 つの現実性の認識を巡っての不可逆的な遠心運動が、ボンヘッファーのキリスト論の神学を絶えず刷新して躍動的なものにした。そして「キリスト論的な集中」に立脚したボンヘッファーの「成人した世界」概念は、投獄中に構想された、いわゆる「新しい神学」において「聖書的な諸概念の非宗教的な解釈（nicht-religiöse Interpretation der biblischen Begriffe）[435]」となって結実する。

　さて本考察は、戦後間もなくボンヘッファーの「獄中断想」として衆目を集めキリスト教界を広く席捲した「成人した世界における聖書的な諸概念の非宗教的な解釈」に焦点を当てそれを分析するものである。ところがこれまでのボンヘッファー研究において、後期ボンヘッファー（ベートゲの伝記的な区分に従えば「第 3 期・同時代人[436]」）の草稿文書の中に登場する諸概念を恣意的に抄出して好都合に取り扱う手法が散見された。そこで本考

433　Dietrich Bonhoeffer: *Widerstand und Ergebung*. DBW. 8. S.533f.

434　A.a.O. S.477.

435　A.a.O. S.509 und 529. 本書の 194 頁を参照。

436　Eberhard Bethge: *Dietrich Bonhoeffer*. S.763ff.

付論　「聖書的な諸概念の非宗教的な解釈」の構想　　249

察では、あくまでボンヘッファーの思想活動全体との関連の中で分析する
ために、（1）まず「聖書的な諸概念の非宗教的な解釈」の前走ともなった
「まねび」モチーフを略述し、（2）続いて 1944 年 4 月頃から獄中で構想さ
れた「新しい神学」ついて論及し、（3）さらにその「新しい神学」のため
の方法論的な序説（プロレゴメナ）を構成する「聖書的な諸概念の非宗教
的な解釈」の意味と内容を究明する。そして最後に、断想に終わった「聖
書的な諸概念の非宗教的な解釈」の展開をボンヘッファーの獄中文書の中
で試みたい。

1.　信仰義認論の解釈としての「まねび」モチーフ

　1937 年に上梓された『服従』の中でボンヘッファーは──「人間と
なった神」であるイエスを人間実存や人間世界の現実性の「真中（in der
Mitte)」に存在（臨在）の場所を持つ「仲保者（Mittler)」と呼称しつつ[437]──
イエスの和解論的な「仲保」を「私のため」あるいは「私たちのため」の
苦難の「代理」として理解した。「キリストは世界のために代理をして苦
しむ」[438]。それゆえにここでイエスが甘受する苦難は、罪業深い人間と世界
のための、いわば「和解の苦難」[439]である。

　そして罪業深い人間と世界のための和解の「代理者」としてその罪責と
罪過を継受するところの「仲保者」だけが、「まねび」ための「模範」と
なることができる。それゆえにボンヘッファーにとって「まねび」へのイ
エスの招きに対するキリスト者の「従順」は、中世カトリック教会におけ
る行為義認論的に理解されたキリスト教信仰への条件としての功徳や善行
とは全く無縁の、ただ神の「恩恵」への「信仰」を前提としてそこから形
成されるところの、いわば「良い果実」に他ならない。「良い果実が良い

437　本書の 202 頁以下を参照。

438　Dietrich Bonhoeffer: *Nachfolge*. DBW. 4.S.84.

439　A.a.O. S.81.

木に結ぶように、従順は信仰に続く。……まず信仰であり、それから初めて従順である」[440]。

　それだけに「キリストのまねび」を軽視したところでは、決まって「恩恵の値引き（Verbilligung der Gnade）[441]」が蔓延り、イエスの十字架による罪のゆるしの神の「恩恵」は「安価な恩恵（billige Gnade）[442]」へと切り下げられることとなる。そこでボンヘッファーは、「まねび」を看過したキリスト教信仰における「安価な恩恵」を、憤怒を込め「（イエス・キリストの）十字架のない恩恵（Gnade ohne Kreuz）[443]」との兇状を付けて告発する。

　ボンヘッファーにとって「まねびの神学」の提唱は――ドイツ・ルター派教会において単なる「罪人ではなくて罪の義認[444]」に終始することとなった「安価な恩恵」に対する切迫した闘いの中で――パウロ＝宗教改革的な義認論の奥底にあって絶えず脈打つ真理の生きた鼓動をキリスト教信仰の証しとして実践的に再現しようとする解釈学的な試みであった。「まねびは、罪ではなくて罪人の義認が再び取り扱われるような仕方での義認の解釈である」（ベートゲ）[445]。それゆえにヒトラーが権力を掌握することに足並みを合わせるようにして台頭した「ドイツ・キリスト者」の運動に立ち向かいキリスト教信仰を回復するために、ボンヘッファーはパウロ＝宗教改革的な義認論についての倫理学的な実践と結び付いた解釈として「まねび」モチーフを錬成したと言えよう。

　そしてここでヒトラーのナチ独裁政権に迎合し加担するために義認の神学を微温化した錯誤のドイツ・ルター派教会に対する批判をもって形成された、パウロ＝宗教改革的な義認論の再生と刷新としての「まねび」モチ

440　A.a.O. S.52.

441　A.a.O. S.33.

442　A.a.O. S.29.

443　A.a.O. S.30.

444　A.a.O. S.29.

445　Eberhard Bethge: A.a.O. S.520.

ーフは、投獄中のボンヘッファーによって構想された「聖書的な諸概念の非宗教的な解釈」のための解釈学的な方法論の本源でもあった。

2. 「キリスト教の総点検」としての「新しい神学」
ボンヘッファーの宗教批判

　1937年に上梓された主著『服従』をもって、ボンヘッファーは「キリストのまねび」概念を永く蒙昧に封印してきた信仰義認論の呪縛の結果を打ち破り、ついにはドイツ・ルター派教会の伝統的な、いわゆる「二王国論」の神学を遥かに踏み越えて教会闘争の最前線へと駆け出ていった。それゆえに1939年7月にボンヘッファーが滞在先のアメリカから緊急帰国したのも、ドイツの同胞たちと時代の困難な試練を共に分かち合うという、まさしく「キリストのまねび」を証しするためであった。これよりボンヘッファーは、ドイツ国防軍諜報部の嘱託員として秘かにヒトラー暗殺計画に加担し地下活動に没頭することとなる。ボンヘッファーは、生涯の新しいそして最後の局面（ベートゲの区分に従えば「第3期・同時代人」）を歩み始めた。

　さて1943年4月5日、ドイツ国防軍諜報部の嘱託員であったボンヘッファーはついに秘密警察（ゲシュタポ）によって逮捕され拘禁された。これによってボンヘッファーの神学思想は、遺稿となったボンヘッファーの獄中文書の断片草稿の中で展開されることとなった。

　そして投獄中の1944年4月頃から（ベートゲの区分に従えば「第三期」の「第三区分」[446]）、ベートゲが「新しい神学」[447]と呼称するところの神学的な断想が、ボンヘッファーの内奥で蠢動し始めた。

446　A.a.O. S.958ff. und 969ff.

447　A.a.O. S.961.

252 　　　　　　　　　　　　　　　　　　　　　　第Ⅲ部　「歴史から世界へ」

　「私を不断に動かしているものは、キリスト教とは何か、あるいはま
　たキリストは今日の私たちにとって本来誰かという問いである……キ
　リストはもはや宗教の対象ではなくて、全く異なったもの、本当に世
　界の主である」（1944 年 4 月 30 日付）[448]。

　以上のように 1944 年 4 月頃から獄中で構想されたボンヘッファーの
「新しい神学」は、まずは「キリスト教の総点検」[449] のための宗教批判を目
指すものであった[450]。
　さらにキリスト教信仰の刷新と確立を目指して構想されたところの、
「キリスト教の総点検」のための宗教批判は、ボンヘッファーにおいて反
ヒトラー抵抗運動と密接に連動していた。ドイツの国家社会主義の政治イ
デオロギーに韜晦する擬似宗教化の欺瞞性の病根と病弊を剔抉して、ボン
ヘッファーは当時のナチ独裁政権の情宣活動の走狗となった「ドイツ・キ
リスト者」の運動を断罪している。そして「キリスト教の総点検」のため
の宗教批判を主題とした「新しい神学」の方法論的な序説（プロレゴメナ）
を構成したのが、「聖書的な諸概念の非宗教的な解釈」であった。

3.　聖書的な諸概念についての「非宗教的＝この世的な解釈」

　1944 年 4 月 30 日、「キリスト教の総点検」のための宗教批判を基盤と
した「新しい神学」の解釈学的な手法が獄中のボンヘッファーにおいて萌
芽した。

448　　Dietrich Bonhoeffer: *Widerstand und Ergebung*. DBW. 8. S.402ff.

449　　A.a.O. S.556.

450　　なおベートゲは、当時のボンヘッファーにおける「宗教」理解の標章と
　　して、（1）形而上学や（2）個人主義（内面性）、（3）部分性、（4）機械仕掛
　　けの神、（5）特権、（6）後見役、（7）非不可欠性の、七つを指摘している
　　（Eberhard Bethge: A.a.O. S.979ff.）。

付論　「聖書的な諸概念の非宗教的な解釈」の構想　　　253

　　「如何にして私たちは──宗教なしに、即ちまさしく形而上学や内面
　　性などの時代に制約された前提なしに──神について語るのだろうか。
　　如何にして私たちは……『この世的』に『神』について語るのだろう
　　か。如何にして私たちは『非宗教的＝この世的（religionslos-weltlich）』
　　なキリスト者であるのだろうか」[451]。

　これよりボンヘッファーは、旧来の宗教性の標章である形而上学や内面
性に基礎付けられた神についての解釈の手法に背を向けながら、キリスト
教信仰の生命の流れる金脈を手探りで掘り拓いていった。そして宗教的な
解釈の対極としての、神についての「非宗教的＝この世的」な解釈は、イ
エス自身が生き抜いた旧約聖書の信仰の境位を実践的に再現することであ
ったと言う。「一体に旧約聖書の中には魂の救いの問いはあるのだろうか。
地上での義認や神の国が全ての中心ではないだろうか」[452]と。それゆえに聖
書的な諸概念についての「非宗教的＝この世的」な解釈の手法は、ボンヘ
ッファーによれば旧約聖書の信仰の地平においてキリストの存在（臨在）
を目指しながら遂行されることなる。

　　「如何にして悔い改めや信仰、義認、再生、聖化の諸概念が『この世
　　的』に──旧約聖書の意味においてまたヨハネ福音書1章14節の意
　　味において──解釈し直され得るかについて、ただ今私は思索してい
　　る」（1944年5月5日）[453]。

　そして「聖書的な諸概念の非宗教的な解釈」は、これまでの伝統的な
「神」概念の変革と密接に連動して、ついには新しいキリスト論の構築へ
と進展した。

451　　Dietrich Bonhoeffer: A.a.O. S.405.

452　　A.a.O. S.415.

453　　A.a.O. S.416.

「神は世界から十字架へと追い払われる。この世界において神は無力であり弱い。まさしくそのようにして神は私たちのもとにありまた私たちを助ける。……キリストはその全能によってではなく、その弱さと苦難によって助ける。聖書は人間に神の無力と苦難を示す。ただ苦しむ神だけが助けることができる」（1944年7月16日付）[454]。

　ここでボンヘッファーの「聖書的な諸概念の非宗教的な解釈」は——旧来の形而上学や内面性を標章とした「全ての宗教との決定的な相違」[455]において——旧約聖書に倣いながらキリスト教信仰の此岸性（この世性）に照準を合わせている。イエスにおいて「神は私たちの生の真中で彼岸的（jenseitig）」[456]であり、それゆえに「人間の姿における神」の苦難と十字架の死は、イエスがこの世の真中で「他者のための人間」[457]として存在したことを証示する。イエスの「死に至るまでの『他者のための存在（Für-andere-dasein）』から初めて全能や全知、遍在が生じる」[458]。

　さらに「聖書的な諸概念の非宗教的な解釈」は、遺稿となったボンヘッファーの獄中文書の神学的な断片草稿の中で、「イエスの『他者のための存在』」[459]の定式によるキリスト論的な思惟から出発して救済論的に論考されたキリスト教信仰の境地へと結実していく。はたして「他者のための存在」をもってイエスは「新しい宗教ではなくて、生へと招く」[460]。それゆえに「（聖書的な諸概念を）非宗教的に解釈することは、ボンヘッファーにおいて解釈学的なカテゴリーである以上に倫理学的なカテゴリーであり、また従って教会とその形態に向けての悔い改めの呼びかけ（Bußruf）であ

454　A.a.O. S.534.
455　Ibid.
456　A.a.O. S.408.
457　A.a.O. S.559.
458　A.a.O. S.558.
459　Ibid.
460　A.a.O. S.537.

付論 「聖書的な諸概念の非宗教的な解釈」の構想　　255

る」（ベートゲ）と言えよう。「宗教的な行為ではなく、この世的な生にお
いて神の苦しみへと参与することがキリスト者を作る。これが『悔い改め
（Metanoia）』である」。ここにはボンヘッファーが「聖書的な諸概念の非宗
教的な解釈」をもって切り拓いた「この世的」なキリスト教信仰の境地が
凝集している。

　　「イエス・キリストとの出会い。それはイエスが『他者のための存在』
　　において、全ての人間存在の転置がここで賦与されるという経験であ
　　る。イエスの『他者のための存在』が超越経験である！……信仰はイ
　　エスのこの存在（人間化や十字架、復活）への参与である。……神への
　　私たちの関係は……『他者のための存在』あるいはイエスの存在への
　　参与における新しい生である」。

　そしてこれより「他者のためのキリスト」についてのキリスト論的な思
惟は、「聖書的な諸概念の非宗教的な解釈」の手法を基盤にして、最晩年
のボンヘッファー神学における中心思想となった。
　しかし「新しい神学」の序説（プロレゴメナ）を構成するはずの「聖書
的な諸概念の非宗教的な解釈」は、1944年7月20日のシュタウフェンベ
ルグ大佐によるヒトラー暗殺計画（いわゆる「ワルキューレ作戦」）の挫折を
ボンヘッファーが獄中で秘かに察知した（と思われる）同年8月を一つの
境にして翌年4月9日の処刑の日まで（ベートゲの区分に従えば「第三
期」の「第四区分」）、もはや詳論されることなくついには未完の神学思
想となった。

461　Eberhard Bethge: A.a.O. S.987.

462　Dietrich Bonhoeffer: A.a.O. S.535.

463　A.a.O. S.558.

464　Eberhard Bethge: A.a.O. S.1001ff.

結　論

「他者のための教会」概念の構築へ

　以上のように、旧約聖書に立脚してキリスト教信仰の刷新と確立を目指して構想されたボンヘッファーの「聖書的な諸概念の非宗教的な解釈」は、ただ輪郭的に素描されただけで獄中での一つの神学的な断想に終わった。そこで本考察の結びとして、その展開を「他者のための教会（Kirche für andere）」概念と結び付けて試みたい。

　　「教会は、それが他者のために存在するならば、教会である……教会
　　は……助けながら仕えながら、人間の交わりの生のこの世的な諸課題
　　へと参与しなければならない。それは全ての職業の人間たちにキリス
　　トと共にある生とは何であるのか、『他者のための存在』とは何であ
　　るのかを語らなければならない」[465]。

　「他者のためのキリスト」との交わりの中にある信仰者が「まねび」をもって習得するところの「他者のためのキリスト者」としての生についてのボンヘッファーの「非宗教的」な考察を、これより教会論を基調としたキリスト教社会倫理学の構築として展開することができよう。

　獄中のボンヘッファーが「他者のための教会」概念を構想する時、そこではキリスト教会の共にあるべき「他者」として、当時のナチ独裁政権下にあって差別と迫害の過酷な境遇に晒されていたユダヤ人たちが絶えず念頭に置かれていた。そしてそれはナチ政権による独裁的な国家の罪過についての告発とまたそれに不当に加担したドイツの教会の罪責の告白に直結し、さらにそこにはその罪過と罪責を自らに引き受け和解の福音をこの世界にもたらすためにキリスト教会が変革されるようにとの祈りが込められ

465　Dietrich Bonhoeffer: A.a.O. S.560.

付論 「聖書的な諸概念の非宗教的な解釈」の構想　　　　　257

ていた。それだけに「聖書的な諸概念の非宗教的な解釈」から展開される
ボンヘッファーの「他者のための教会」概念は、日本のキリスト教会にと
っての、新しい平和と正義の世界の建設のために未来を切り拓く希望の論
理と倫理を描く手掛かりとなると思われる。

　晩年のバルトは『教会教義学』Ⅳ/3（1959年）の中で──獄中のボンヘ
ッファーの衣鉢を継受するようにして──「世界のための教会（Gemeinde
für die Welt)」概念[466] を打ち出している[467]。それでは次の課題として、「ボン
ヘッファー＝（後期）バルトの線」を辿りながら、バルト神学以降のキリ
スト教神学の課題を展望したい。

---

466 「イエス・キリストの教会（Gemeinde）は世界のために存在する（für die
　　Welt da)。……それは解放的（ekstatisch）にまた遠心的（ekzentrisch）に存在す
　　る。……それが神のために存在する故に世界のために存在することは、それ
　　がイエス・キリストの教会であること、また彼（＝イエス・キリスト）にその
　　存在と本質の根拠を持つことから単純かつ直接に導き出される」（Karl Barth:
　　Kirchliche Dogmatik IV/3. S.872f.)
467 本書の 275 頁を参照。

第8章 20世紀のプロテスタント神学における「神」概念の転換

ボンヘッファー＝バルトの線を辿って

序　論

　（1）2011年3月11日、東北地方を大地震が襲い多大の被害をもたらした。今回の東日本大震災の際にも――先の阪神・淡路大震災の時と同じように――災害を「神罰」や「神の鉄槌」と看做すような評論がキリスト教界にあった。けれども一体に神は人間を懲らしめるために嵐を呼び地震を起こし津波を立てるのであろうか。そうではないであろう。かえってそこでは――科学技術の進歩発展の限界を認識することと共に――「全能」や「全知」、「遍在」の属性をもって表象してきた、これまでの伝統的な「神」概念の変革が要請されているのであろう。そして「例え神はいないとしても（Etsi Deus non daretur）[468]」の定式を符牒として――近代西欧キリスト教社会が捏造した「『神という作業仮説（Arbeitshypothese）』の手助け[469]」を封印し「機械仕掛けの神（deus ex machina）」を葬送しながら――近代市民社会の倫理性を鈍磨させる「（人間の）宗教」の来るべき終焉[470]を遥かに予見したボンヘッファーは、この問題に余人の追従を許さず迫真しているように思われる。

468　Dietrich Bonhoeffer: *Widerstand und Ergebung*. DBW. 8. S.530.

469　A.a.O. S.476.

470　Cf. Heinz Zahrnt: *Die Sache mit Gott*. S.146ff.

第 8 章　20 世紀のプロテスタント神学における「神」概念の転換　　259

「私たちと共にいる神は、私たちを見捨てる神（マコ 15,34 を参照）である。神という作業仮説なしに私たちをこの世界に生かす神は、その前で私たちが立ち尽くすところの神である。神の前（vor）で神と共（mit）に私たちは神なし（ohne）で生きる。……人間の宗教性は苦難の中にいる彼（＝人間）に、この世界の中での神の威力を示す。神は機械仕掛けの神である」（1944 年 7 月 16 日付け）[471]。

　ボンヘッファーは「成人した世界（die mündige Welt oder die mündig gewordene Welt）」あるいは「世界の成人性（die Mündigkeit der Welt）[472]」について絶えず思索して、ついには「神の前で神と共に私たちは神なしで生きる」という神学的な境位へと踏み込んで行ったのである。

　（2）ところでボンヘッファー神学において「成人した世界」概念はキリスト論的な思惟と密接に結び付いていた。ボンヘッファーは「神の全能などの一般的なもの」についての教義学的な関心からではなくて、まずは「イエス・キリストとの出会い[473]」を巡っての実存的な問いをもって神学的な思考作業を開始する。キリスト教的な神認識が絶えずイエス・キリストに向けて凝集することは、もとよりボンヘッファーにとって自明のことであった。ボンヘッファー神学は——バルトに見習って——近代の人間中心的な主観主義の最後の残滓までも拭い去った「キリスト論的な集中（christologische Konzentration）」を基調として構想された。

　加えてボンヘッファー神学においては——バルトをさらに越えて——キリスト教的な神認識がキリスト論へ向かって収斂することによって、神の現実性についての理解と世界の現実性についての理解が不可分に結び付くようにとキリスト教神学に対して要請されていた。神と世界の二つの現実性は、ただイエス・キリストにおいて神の側から架橋されて結び付く。こ

471　　Dietrich Bonhoeffer: A.a.O. S.534

472　　A.a.O. S.477.

473　　A.a.O. S.558.

の世界へと向けて神が踏み入るただ一本の道筋がイエス・キリストであり、そこでは「世界から神へではなくて、神から世界へ（von Gott zur Welt）と、イエス・キリストの道は通じている」[474]。はたしてイエス・キリストの足跡は、神が世界へと向かうための道程を写す行路図である。それゆえにイエス・キリストの聖軌を辿ることは、ボンヘッファーにとって「神の啓示の秘密（Geheimnis der Offenbarung Gottes）」[475]を解読するためにこの世界の現実性へと赴く巡礼行であったと言えよう。

　以上のようにボンヘッファーにおいては、そのキリスト教的な神認識が（1）神の自己啓示としてのイエス・キリストに向けて絶えず凝集すると同時に、（2）さらにそこから世界の現実性へと限りなく広範にその射程を伸長していく。イエス・キリストをその中心点に据えた、神の現実性から人間世界の現実性への、二つの現実性の認識を巡っての不可逆的な遠心運動が、ボンヘッファーのキリスト論の神学を絶えず刷新して躍動的なものにしている。「キリスト論的な集中」を基調として構想されたボンヘッファーの神学思想は、まさしくバルトとの親密な対話の中で錬成されたのである。

　（3）さて1951年、自身に向けられたボンヘッファーの獄中文書『反抗と信従』の中の「啓示実定主義（Offenbarungspositivismus）」批判[476]がバルトの心の琴線に触れた。そしてこれよりバルトは——「キリスト論的な集中」をもって解釈された「啓示」理解がボンヘッファーの指摘した「啓示実定主義」の陥穽に落ちることがないように——ボンヘッファーとの真摯な対話の中で和解論（キリスト論）の神学を新しく構想することとなった。かつてバルトを見習らう中で構築されたボンヘッファーの神学思想が、逆に第二次世界大戦後間もなくバルトに対して深い影響を及ぼして、さらなるバルト神学の転換を慫慂したのである。それゆえに新進のボンヘッファー

474　Dietrich Bonhoeffer: *Ethik*. DBW. 6. S.378

475　A.a.O. S.. S.208.

476　本章の注 487 を参照。

第8章　20世紀のプロテスタント神学における「神」概念の転換　　261

の神学思想は、すでに晩年のバルトの和解論（キリスト論）の神学を先取りしていたとも言えよう。かくして遺稿となった神学的な断片草稿や獄中文書の刊行と相まって、ボンヘッファーの神学思想が第二次世界大戦後間もなくキリスト教神学界において再評価され始めた。まさしくボンヘッファーは現代に生きる神学者となったのである。

　そこで本章では、（1）まずベートゲの分析を斟酌しながらバルトとボンヘッファーの関係を略述し、（2）続いて「キリスト論的な集中」に立脚したボンヘッファーの「神」概念の転換について論及し、（3）さらにその展開を晩年のバルト神学の中で試みる。そして最後に──これまでの、いわゆるバルト＝ボンヘッファーの線に代わって──バルト（『教会教義学』III「創造論」まで）＝ボンヘッファー＝バルト（『教会教義学』IV「和解論」より）の線の、新しい神学的な系譜を提唱したい。[477]

1.　バルトとボンヘッファーの関係

いわゆるバルト＝ボンヘッファーの線

　第一次世界大戦による西欧近代市民社会の破滅と没落の時代の中でバルトは、デカルト以降の近代西洋哲学史の伝統における認識論的な主＝客関係の図式を遥かに凌駕して、すでに旧新約聖書が「主なる神」あるいは「生ける神」と呼称した「神」概念の再発見をもたらした。そしてかか

477　ただしバルト神学へのボンヘッファーの影響の痕跡は、すでに『教会教義学』III「創造論」（1945-51年）の中にも見られる。ここでバルトは、ボンヘッファーの『創造と堕罪』（Dietrich Bonhoeffer: Schöpfung und Fall. DBW. 3. S.61）から継受したと思われる「関係の類比（analogie relationis）」概念を人間の「神の似像（Gottebenbildlichkeit）」の理解のために援用している（Karl Barth: Kirchliche Dogmatik III -1. S.218 und 221. cf. Wilfried Härle: Sein und Gnade. S.206. Anm.156 und S.207）。けれどもボンヘッファーの神学思想が明確にバルトの念頭に置かれるのは、やはり「啓示実定主義」批判を知った1951年以降のことと思われる。

第III部 「歴史から世界へ」

る聖書解釈の解釈学的な原理を発見した「発見者の喜び」[478]をもって注解されたバルトの『ロマ書』（1918年脱稿、1919年出版）とさらにその全面的な改訂版である『ロマ書』第二版（1921年脱稿、1922年出版）がドイツ語圏の若手の神学者や青年牧師たちの間で急速に流布して、ついには「危機の神学」あるいは「弁証法神学」として広く人口に膾炙する新しい神学運動の発端となった。

1931年7月、当時25歳であったボンヘッファーは、20世紀前半のドイツ語圏プロテスタント神学界を広く席捲した新しい神学運動の旗頭でありまたすでにキリスト教界の寵児となった45歳のボン大学教授バルトと初会して、これより二人の神学者の親交が始まった。そこで以下において、ベートゲによる、バルトとボンヘッファーの関係についての記述[479]を敷衍しながら、いわゆるバルト＝ボンヘッファーの線[480]を跡付けたい。

（1）まず1924/25年冬頃に当時ベルリンで19世紀の自由主義神学の泰斗ハルナックの門下生であったボンヘッファーは、「危機の神学」あるいは「弁証法神学」と通称された（初期）バルトの神学思想に親炙した[481]。

（2）そして1931年7月、ついに二人の神学者の道程が交差した。すでに上梓されたアンセルムス研究（1930年）の中にバルト神学の転換を察知

478　Karl Barth: *Römerbrief.* (I). S. V.

479　Eberhard Bethge: Dietrich Bonhoeffer. S.216ff.

480　ベートゲは獄中のボンヘッファーへの手紙の中で「バルト＝ブルトマン＝ボンヘッファーの線」（Eberhard Bethge: Brief an Bonhoeffer. In, Dietrich Bonhoeffer: Widerstand und Ergebung. DBW.8. S.463）について言及している。しかし一体に誰によってバルトとボンヘッファーの関係が「バルト＝ボンヘッファーの線」と呼称され始めたのかは不明である。

481　ベートゲの分析によれば、1924/25年冬頃にボンヘッファーはバルトの第一論文集『神の言葉と神学』（1924年）を講読し、特にそこに収録された1920年のアーラウ講演「聖書的な問いと洞察、展望」を通して（初期）バルトの「弁証法神学」に精通した（Eberhard Bethge: Dietrich Bonhoeffer. S.102ff.）。加えて1927年の博士論文と29年の教授資格論文の、2冊の初期著作の中には、（初期）バルト神学に向けられたボンヘッファーの密かな批判も散見される。しかしこの頃のボンヘッファーの（初期）バルト批判についてバルト自身が検知するのは戦後のことであった。

第 8 章　20 世紀のプロテスタント神学における「神」概念の転換　　263

して、ボンヘッファーはバルトに期待を寄せて師事していた。すでに 20
世紀のキリスト教神学界の巨頭であったバルトに向けてボンヘッファーは
学苑の愁訴を重ね、またバルトも新進のボンヘッファーの神学的な天賦を
認知していたが、それでもボンヘッファーはいまだバルト周辺の学徒の群
れに埋もれていた。

　（3）さらに 1933 年 1 月のヒトラーによるナチ政権の成立以降の、（1）教
会闘争の最前線における「最も緊密な教会政治的な同盟」と（2）なお両
者の間に韜晦する「神学的な同異」[482]とベートゲが呼称する二人の関係の時
期が長く続く。1937 年に上梓された主著『服従』（1935/36 年冬学期の講義）
をもってボンヘッファーは「キリストのまねび（imitatio Christi = Nachfolge
Christi）」概念を永く蒙昧に封印してきた信仰義認論の呪縛の結果を打ち破
り、ついにはドイツ・ルター派教会の伝統的な、いわゆる「二王国論」の
神学を遥かに踏み越えて教会闘争の最前線へと駆け出ていった。告白教会
の若き指導者ボンヘッファーこそは、バルトが起草した――そしてナチ独
裁政権下のドイツ教会闘争の崇高な記念碑とも称賛し得る――「バルメン
神学宣言」（1934 年）の神学路線を終わりまで辿った 20 世紀のキリスト教
殉教者であった。[483] それゆえにバルト＝ボンヘッファーの線とは、「バルメ
ン神学宣言」の路線を本線とした告白教会の神学の軌跡であったと言えよ
う。けれども他方で『服従』におけるボンヘッファーの「まねびの神学」
をバルトが高評するのは、ようやく『教会教義学』Ⅳ/2（1955 年）の中で
であった。[484]

482　Eberhard Bethge: A.a.O. S.219.

483　もっとも両者の「最も緊密な教会政治的な同盟」関係はボンヘッファー
　　がアメリカ亡命から帰還してきた時期（1939 年夏）の頃までのものであり、
　　1940 年夏ボンヘッファーが国防軍情報部に配属されて以後は両者の関係にも
　　亀裂が走った。

484　『教会教義学』Ⅳ/2（1955 年）の中でバルトは、その「和解論」の一部分
　　の論述はボンヘッファーの「まねびの神学（Nachfolge-Theologie）」を継受し
　　ていることを率直に表明している。「それ（＝「まねび（Nachfolge）」）」につ
　　いて書かれた比類なく最良のものは、ディートリッヒ・ボンヘッファーの『服
　　従』（1937 年）の中にあるように、私（＝バルト）には思われる。まさしく

（4）最後に 1944 年のボンヘッファーの獄中文書におけるバルト批判が取り上げられる。獄中のボンヘッファーは——19 世紀のキリスト教神学に対するバルトの徹底した宗教批判[485] についての深い共感にもかかわらず——『教会教義学』Ⅰ－Ⅱ（1932-42 年）において「キリスト論的な集中」の仕方をもって構想された当時のバルトの神学思想（啓示論と神論）が、「（人間の）理解の諸条件や可能性についての考慮なしに（ohne Rücksicht auf seine Verstehensbedingungen und -möglichkeiten）」（フィッシャー）[486]、キリストにおける神の啓示の出来事を人間にとっての絶対的に把握し得ないものと見做し、そこではキリスト教信仰の全内容が「啓示」の一点へ向かって奔流の勢いで収斂することとなる、いわゆる「啓示実定主義」の陥穽に落ちているという批判を抱いていた。[487] はたして獄中のボンヘッファーは、当時のバ

冒頭に登場する『まねびへの招き』や『素朴な従順』、『まねびと単独者（der Einzelne）』の各章の中で、そこで語られているものより上手く私が語り得るのか私は本当に確かではないので、ここでは単に大部な引用として組み入れて済まそうと試みた程に、事柄は深く把握されまた精緻に取り扱われている。……それでも私自身の筆法に従うことによって、この箇所で生じるように、他人をほとんど模倣してもよいことは喜ばしいことである」（Karl Barth: Kirchliche Dogmatik Ⅳ /2. S.604）。

485 「バルトは最初の神学者として——それは彼の全く偉大な功績である——宗教批判を始めた」（Dietrich Bonhoeffer: Widerstand und Ergebung. DBW. 8. S.415）。
　　なおバルトにおいて 19 世紀の文化プロテスタント主義に対する徹底した宗教批判は反ヒトラー抵抗運動と密接に連動していた。20 世紀の国家社会主義の政治イデオロギーに韜晦する擬似宗教化の欺瞞性の病根と病弊を剔抉して、バルトは当時のナチ独裁政権の情宣活動の走狗となった「ドイツ・キリスト者」の運動を「（19 世紀の）新プロテスタント主義の存在の最後の究極的なそして最悪の所産である」（Karl Barth: Abschied von >Zwischen den Zeiten<. In: Anfänge der dialektischen Theologie 2. S.318）と断罪している。ナチ独裁政権下においてキリスト教信仰の刷新と確立を目指して構想された『教会教義学』Ⅰ－Ⅱの中の、バルトの「キリスト論的な集中」を基調とした「啓示」理解は、国家社会主義の政治イデオロギーの擬似宗教化の欺瞞性を炙り出すところの、まさしくナチ独裁政権にとっての不倶戴天の敵となって、反ヒトラー抵抗運動のための最も破壊力を湛えた神学的・倫理学的な武装であり続けた。

486 Hermann Fischer: *Systematische Theologie*. S.182.

487 獄中のボンヘッファーは友人ベートゲに宛ててこう書き送った（1944 年 5

第 8 章　20 世紀のプロテスタント神学における「神」概念の転換　　265

ルト神学（啓示論と神論）の中に韜晦する「啓示実定主義」の危険性を剔
抉する中で、なおキリスト教信仰に要請されるところの「具体性への志向
（Drängen nach Konkretion）」（ツィマーリング）[488]を自らのキリスト教思想の核心
として据えるべきことをすでに認識していたのである。

　それゆえにボンヘッファーの獄中文書が刊行された後に起筆された『教
会教義学』Ⅳ「和解論」（1953 年－未完）は、ボンヘッファーの「啓示実定
主義」批判に学んだバルトが満腔の感謝をもって手向ける神学的な成果の
返礼であり、また獄死によって未完に終ったボンヘッファー神学を体系的
に補完し再構成するための佳作であったと言えよう。そこで以下において
は、これまでのバルト＝ボンヘッファーの線に代わって、ボンヘッファー
＝バルト（『教会教義学』Ⅳ「和解論」）の線の、新しい神学的な系譜を辿り
ながら、二人の神学者が構想した 20 世紀のプロテスタント神学における
「神」概念の転換について論及したい。

2.　「ただ苦しむ神だけが助けることができる」
ボンヘッファーにおける苦難の「代理」としてのキリスト理解

　1937 年に上梓された『服従』の中でボンヘッファーは、「人間となった
神」であるイエス・キリスト[489]を人間実存や人間世界の現実性の「真中（in

月 5 日付け）。「バルトは最初の神学者として――それは彼の全く偉大な功績
である――宗教批判を始めた。しかし彼はそれからそれに代わって実定主義
的な啓示論（positivistische Offenbarungslehre）を据えた。そしてそこでは、い
わば『一か八か』で、処女降誕や三一論あるいは全てが、同等かつ同様の
ものとなり、全体が飲み込まれしまうかあるいは飲み込まれず残ってしま
う。それは聖書的ではない。認識の段階と有意義性の段階がある」（Dietrich
Bonhoeffer: A.a.O. S.415）。

488　Peter Zimmerling: Dietrich Bonhoeffer – Leben und Werk. In: *Dietrich Bonhoeffer
aktuell*. S.24.

489　『キリスト論講義』（1933 年夏学期の講義録・1960 年出版）においてボンヘ
ッファーは、「イエス・キリストは誰か」というキリスト論の根本問題に対し

der Mitte)」に存在（臨在）の場所を持つ「仲保者（Mittler）」（Ⅰテモ 2,5 を参
照）と呼称しつつ、イエス・キリストの和解論的な「仲保」を「私のため」
あるいは「私たちのため」の苦難の「代理（Stellvertretung）」として理解し
ている。

　　「……キリストは世界のために代理をして（stellvertretend für die Welt）苦
　　しむ」[490]。

　それゆえにここでキリストが甘受する苦難は、罪業深い人間と世界のた
めの、いわば「和解の苦難（Versöhnungsleiden）[491]」である。
　すでに『服従』の中で萌芽した——そしてボンヘッファー自身が後年に
「想像を絶して崇高な思想[492]」とも呼称した——キリストの「代理」概念が、
1940 年頃に起筆された神学的な断片草稿である『倫理学』（1940 年－未完・
1949 年出版）においては、さらに「罪責の継受（Schuldübernahme）[493]」の思想
と結び付いてより尖鋭化して論及される。「仲保者（和解者）」として苦難
のキリストは——自らは罪なき者であるにもかかわらず（ヘブ 4,15b を参照）
——神の審判のもとにある罪業深い人間と世界のために和解の「代理」を
してその罪過と罪責を継受する[494]。かくしてここに「十字架の神学（theologia

　て、イエス・キリストは神によって「養子とされた者」ではなくて、「人間
　となった神（der Gott, der Mensch geworden ist）」（Dietrich Bonhoeffer: Christologie.
　GS.3. S.231）であると答えている。なおボンヘッファーのキリスト論について
　は、本書 197 頁を参照。

490　　Dietrich Bonhoeffer: *Nachfolge*. DBW. 4. S.84.

491　　A.a.O. S.81.

492　　Dietrich Bonhoeffer: *Widerstand und Ergebung*. DBW. 8. S.34.

493　　Dietrich Bonhoeffer: *Ethik*. DBW. 6. S.257.

494　　「イエスにとっては新しい倫理的な理念の宣言や実現ではなくて、……た
　だ現実的な人間への愛（Liebe zum wirklichen Menschen）が問題なのである。そ
　れゆえに彼は罪責の共有へと入り込み罪責を負うことができる。……人間
　の歴史的な存在の中で責任応答的に行動する者（im geschichtlichen Dasein des
　Menschen verantwortlich Handelnder）としてイエスは罪責ある者となろうとする。

第8章　20世紀のプロテスタント神学における「神」概念の転換　　267

crucis)」を基調としたボンヘッファーの「罪責の神学[495]」が展開されること
となる。

　さらにボンヘッファーにおいてキリストの「代理」概念は、ナチ政権に
よる非民主的・独裁的な国家の罪過についての告発とそれに不当に加担し
たキリスト教会の罪責の告白と、けれどもその罪過と罪責を自らに引き受
けることによって和解の平和をもたらす神イエス・キリストの讃美へと昇
華する[496]。罪業深い人間と世界に代わってその罪過と罪責を継受するキリ
ストの苦難の「代理」は、ボンヘッファーにとって神なき世界を孤独に
彷徨う人間の罪の現実性へ向けて開示される「神の愛の深さ（Abgrund der
Liebe Gottes)[497]」の証左であった。

────────────

　　……無私の愛（selbstlose(-) Liebe）の故に、イエスは無罪性（Sündelosigkeit）か
　　ら人間の罪責（Schuld）へと入っていき、それを自らに引き受けられた。無罪
　　性と罪責を負うことは、彼において不可分に結び付いている」（a.a.O. S.275f.)。
495　『倫理学』において構想されたボンヘッファーの「教会の罪責告白」の草
　　案（a.a.O. S.125ff.）は、いまだ輪郭的に素描されただけのものであった。けれ
　　どもそれは第二次世界大戦直後のドイツ福音主義教会による「シュトットガ
　　ルト罪責告白」（1945年）や特に「ダルムシュタット宣言」（1947年）の精神
　　を大きく先取りするものでもあったと言えよう。
496　「イエスが……人間となった神の子として私たちのために代理をして
　　（stellvertretend für uns）生きたので、全ての人間の生命は彼によって本質的に
　　代理する生命である。イエスは自らの完全性へと到達することを願う個人で
　　はなく、ただ全ての人間の自我（das Ich aller Menschen）を自らに引き受け背
　　負われる者として生きた。彼の全生涯と行ないと苦難は代理（Stellvertretung）
　　であった。……彼の人間的な実存が形成するこの真の代理において、彼はま
　　さしく責任応答的に生きる者（der Verantwortliche schlechthin）である」（a.a.O.
　　S.257)。
497　「……神の愛の深さは、世界の最深の神喪失（abgründigste Gottlosigkeit der
　　Welt）さえも包み込む。全ての正しく敬虔な思想の想像を絶する転換において、
　　神はご自身を世界に対して罪責あるものと宣言され、それによって世界の罪
　　責を抹消される。神は恭順な和解の道を歩まれ、それによって世界に無罪を
　　宣告される。神は私たちの罪責に対して罪責あるものとなろうとし、また罪
　　責が私たちにもたらした罰と苦しみを自らに引き受けられた。……神が自ら
　　に引き受け苦しみ贖われないような神喪失や憎悪、罪過は存在しない。神と
　　和解しないまた平和の中にないような現実性や世界はもはや存在しない。そ
　　れを神は、愛する子イエス・キリストにおいて行なわれる」（a.a.O. S.69f.)。

第Ⅲ部　「歴史から世界へ」

　そしてここでキリストの苦難の「代理」は「全ての宗教的・倫理的な思想の転換（Umkehrung alles religiösen und ethischen Denkens）[498]」をもたらして、イエス・キリストにおける人間と世界との神の愛による和解の交わりの実現を示唆する。グレンヘィによれば、「（イエス・キリストにおける）代理の原理は神の愛の中に置かれている」[499]。苦難の「代理」においてイエス・キリストは神の愛を人間に向けて開示する。

　　「神は世界から十字架へと追い払われる。この世界において神は無力であり弱い。まさしくそのようにして神は私たちの下にありまた私たちを助ける。……キリストはその全能によってではなく、その弱さそして苦難によって助ける。聖書は人間に神の無力と苦難を示している。ただ苦しむ神（der leidende Gott）だけが助けることができる」（1944年7月16日付け）[500]。

　イエス・キリストにおいて「神は私たちの生の真中で彼岸的（jenseitig）[501]」であり、それゆえにイエス・キリストの「死に至るまでの『他者のための存在（Für-andere-dasein）』から初めて全能や全知、遍在が生じる」[502]。かくしてボンヘッファーは——あたかもナチ独裁政権下の澎湃として湧き起こるヒトラー崇拝の声に逆らうように——苦難の「代理」をもって人間と世界との神の愛による和解の交わりをもたらすキリスト像を描述することによって、「全能」や「全知」、「遍在」の神の属性についての古代の教義の奥底にあって絶えず脈打つ真理の鼓動を生きたキリスト教信仰の証しとして躍動的で斬新に再解釈し、これまでの伝統的な「神」概念の転換へと踏み

498　A.a.O. S.70.

499　Jørgen Glenthøj: Der unbegreiflich hohe Gedanke der Stellvertretung. In: *Dietrich Bonhoeffer aktuell*. S.266.

500　Dietrich Bonhoeffer: *Widerstand und Ergebung*. DBW. 8. S.534.

501　A.a.O. S.408.

502　A.a.O. S.558.

第 8 章　20 世紀のプロテスタント神学における「神」概念の転換　　269

込むこととなる。

　そしてキリストの「代理」概念は、さらに遺稿となったボンヘッファー
の獄中文書『反抗と信従』（1943 年－未完・1951 年出版）の神学的な断片草
稿の中で、キリスト論的な思惟から出発して救済論的・教会論的に構想さ
れた「イエスの『他者のための存在』」の定式へと結実していく。[503]

　「人間の姿における神（Gott in Menschengestalt）[504]」の苦難と十字架の死は、
イエス・キリストが「他者のための人間（Mensch für andere）[505]」として存在し
たことを証示する。そしてこれより「他者のためのキリスト」についての
キリスト論的な思惟は、絶えず「代理」概念と密接に連動して、最晩年の
ボンヘッファー神学における中心思想となった。

3.「私たちに代わって裁かれた人」としての神
バルトにおけるキリストの「卑下」と「高挙」の「和解の内的な弁証法」

　さてバルトの伝記記者ブッシュによれば、ボンヘッファーの獄中文書
『反抗と信従』の中の自身へと向けられた「啓示実定主義」批判をバルト
が知って衝撃を覚えたのは 1951 年であった。それはバルトが『教会教義
学』Ⅲ /4「創造論」（1951 年）をすでに脱稿して、新しく『教会教義学』
Ⅳ /1「和解論」（1953 年）の執筆に着手する頃であった。そしてこれより
バルトの和解論（キリスト論）の神学において――「キリスト論的な集中」

503　「イエス・キリストとの出会い！それはイエスはただ他者のために存在す
　　ることにおいて、全ての人間存在の転置（Umkleidung alles menschlichen Seins）
　　がここで賦与されるという経験である。イエスの『他者のための存在』は超
　　越経験（Transzendenzerfahrung）である！……信仰とはイエスのこの存在（人
　　間化や十字架、復活）への参与である。……神への私たちの関係は、『他者の
　　ための存在』における新しい生（neues Leben im „Dasein-für-andere“）あるいは
　　イエスの存在への参与における新しい生である」（a.a.O. S.559）。

504　A.a.O. S.558

505　Ibid.

をもって解釈されたバルトの「啓示」理解が、かつてボンヘッファーが批判したような「啓示実定主義」の陥穽に落ちることがないように――新約聖書の福音書が揃って証言するところの「根本テキスト（Grundtext）[506]」である、イエス・キリストにおいて啓示される神と人間の和解の歴史について「物語（Erzählung）の仕方[507]」をもって語ることが焦眉の課題となった[508]。

　そこで先の『教会教義学』Ⅱ「神論」の中でイエス・キリストにおける「真の神」と「真の人」の関係について概念的に規定した古代キリスト教会の「カルケドン信条」の「両性論」を「選び」の教理に沿って書き換えた（1）「選ぶ神（der erwählende Gott）」と（2）「選ばれた人（der erwählte Mensch）」としてのイエス・キリストについての神学命題[509]を、さらにバルトは『教会教義学』Ⅳ「和解論」の中で（1）「神の子として、人間とその自己の卑下を選んだ者[510]」、即ち（「上から下へ（von oben nach unten）の」）卑下において人間との交わりへと「和解する神（der versöhnende Gott）」と（2）「人の子として神によってその自己の高挙へと選ばれた者[511]」、即ち（「下から上へ（von unten nach oben）の」）高挙において神との交わりへと「和解された人（der versöhnte Mensch）」としてのイエス・キリストについての神学命題へと書き換えるのである[512]。そして（1）自らを卑下しそして「和

506　Karl Barth: *Kirchliche Dogmatik* IV/2. S.135.

507　Karl Barth: *Kirchliche Dogmatik* IV/1. S.245.

508　「和解は歴史である。……それについて語ろうとする者は、それを歴史として物語る（als Geschichte erzählen）ようにしなければならない。それを超歴史的なもの（Übergeschichtliche）として、即ち非歴史的な真理（geschichtslose Wahrheit）として把握しようとする者は、それを全く把握できないであろう。それ（＝和解）は真理であるが、歴史の中で生起し、また歴史が開示されるように、この歴史自体の中で開示されるところの真理である」（a.a.O. S.171）。
　　なお『教会教義学』Ⅳ「和解論」におけるバルトのキリスト論については、以下の拙論を参照。八谷俊久『逆説から歴史へ――バルト神学におけるキリスト論的思惟の変貌』197頁以下。

509　Karl Barth: *Kirchliche Dogmatik* II/2. S.63.

510　Karl Barth: *Kirchliche Dogmatik* IV/2. S.33

511　Ibid.

512　「……彼（＝イエス・キリスト）において、神は和解する神であり、人間

第 8 章　20 世紀のプロテスタント神学における「神」概念の転換　　271

解する神」と（2）神によって高挙されそして「和解された人」の、いわ
ば「卑下」と「高挙」の「和解論の内的な弁証法（die innere Dialektik der
Versöhnungslehre）[513]」に基づいて、イエス・キリストは（1）「僕としての主
（Herr als Knecht）」でありまた（2）「主としての僕（Knecht als Herr）」であると、
さらに換言されることとなる。[514]

　（1）人間と和解するためにイエス・キリストにおいて天上の神は人とな
る。バルトは主なる神の和解の業を「異境」である人間の側への「神の越
境[515]」として理解する。「異境」である人間の側へと踏み入れる卑下として
の神の人間化において、「神の言葉の肉体化（Fleischwerdung）」の（啓示論的
な）出来事だけではなくて、さらに（キリスト論的な意味において）神の「肉
における実存（Existenz im Fleische）[516]」あるいはより厳密にはイエス・キリス
トにおける「ユダヤ人の肉体（d(as) jüdische(-) Fleisch）[517]」としての存在が実現

――――――――――――――
　は和解された人間であることが生じる」（Karl Barth: Kirchliche Dogmatik IV/1.
　S.172）。

513　Karl Barth: *Kirchliche Dogmatik* IV/3. S.3.
　　ところでバルトの「和解論の内的な弁証法」においてイエス・キリストの
　「卑下」と「高挙」の歴史の順序関係は、「交換不可能的（nicht vertauschbar）」
　（Karl Barth: Kirchliche Dogmatik IV/2. S.76）に規定されている。即ち「まず上か
　ら下へであり、それからそしてその後で下から上へである」（ibid.）。

514　Karl Barth: *Kirchliche Dogmatik* IV/1. S.145.

515　A.a.O. S.86.

516　A.a.O. S.193.

517　A.a.O. S.181.
　　「（神の）言葉は、一般的な何かの『肉体』や人間、即ち卑下し苦しむ人間
　ではなくて、ユダヤ人の肉体となったのである。それ（＝ユダヤ人の肉体）を
　……偶然的な規定と見做し始める程に、全ての教会の啓示論と和解論は抽象
　的で安価な無意味なものとなった。キリスト・イエスあるいは神の子イエス
　についての新約聖書の証言は、旧約聖書の地盤に立ちまたここから切り離さ
　れることはできない」（a.a.O. S.181f.）。
　　ところで『教会教義学』I/2 においてバルトは、初期の主要著作『ロマ書』
　第二版の中では啓示における「神の言葉の肉体化」（ヨハ 1,14 を参照）の問題
　が「正当な仕方で取り扱われていないという印象を持たざるを得ない」（Karl

する。

　新約聖書の福音書が揃って証言するところの「根本テキスト」である、卑下をもって人間と共にある主なる神の歴史は――もはやグノーシス＝ドケティズム的なキリストの仮現現象とは全く異質な――イエス・キリストの「苦難の歴史[518]」として具象的に描述される。イエス・キリストの「苦難の歴史」は「異境」へと向かう神の「越境」の道程であり、また「イエス・キリストの苦難と死は神の自己卑下の究極的な深み（die letzte Tiefe der Selbsterniedrigung Gottes）である[519]」。バルトにとって「真の神」はイエス・キリストの卑下において「インマヌエル（神われらと共にいます）」の神であり、人間と共にある「苦難の僕」イエス・キリストに他ならない[520]。そしてイエス・キリストの十字架の死に至るまでの卑賤の僕の姿の神の道行きである「受難の歴史」において「イエス・キリストの真の神性（die wahre Gottheit）[521]」が解読される。それゆえにバルトによれば「苦難の歴史」におけるイエス・キリストの「真の神性」は、卑賤の僕の姿をもって人間と共にある「卑下の神性（die erniedrigte Gottheit）[522]」となる。

Barth: Kirchliche Dogmatik I/2. S.56）と反省している。そしてそこには、かつての「キリストをもはや肉によっては知るまい」（Ⅱコリ 5,16 を参照）とのパウロの信仰告白を旗印にした「弁証法神学」の「啓示」理解からの決別が込められている。しかしながら『教会教義学』Ⅳ「和解論（キリスト論）」の神学において、イエス・キリストにおける「神の言葉の肉体化」の問題が初めて「正当な仕方で取り扱われる」こととなるのであり、さらにここに先の「バルメン神学宣言」においてはいまだ十分には論及されていなかった、いわゆる「ユダヤ人問題」についての、バルトの側からの応答が読み取れる。

518　Karl Barth: *Kirchliche Dogmatik* IV/1. S.181.

519　Karl Barth: *Kirchliche Dogmatik* IV/2. S.129.

520　「父なる神は……その（＝神の子の）卑下において苦しむ。即ち自己の苦しみではなくて、被造物や、彼（＝神の子）において受け取った人間の他者の苦しみを甘受する。この苦しみを（神の）子の卑下において、即ち深みにおいて甘受する。……この神の父的な共苦（Mitleiden）は秘密であり、また（神の）子の卑下の根拠であり、十字架の死において歴史的な出来事となったものの現実的なものあるいは本来的なものである」（Karl Barth: A.a.O. S.399）。

521　Karl Barth: *Kirchliche Dogmatik* IV/1. S.223.

522　A.a.O. S.144.

第 8 章　20 世紀のプロテスタント神学における「神」概念の転換　　273

　さてイエス・キリストにおいて自らを啓示する主なる神は、罪ある人間と世界の罪過を裁く審判者である[523]。けれども他方で人間と世界の審判者である主なる神は、イエス・キリストにおいて自らを裁く。はたして人間と世界の罪過を裁く審判者である神が、罪ある人間と世界に代わって自身を裁くのである。新約聖書の証言する「苦難の歴史」は、人間と世界の審判者である神が、自身を裁くことによって人間と世界に下された審判を自らに引き受けるところの、いわば「裁かれた人」であること、即ち「私たちに代わって裁かれた人（der unserer Stelle Gerichtete）[524]」であることを物語っている。

　　「自己自身が裁かれることによってイスラエルと世界を裁いた審判者
　　は、ポンテオ・ピラトのもとで苦しみを受け十字架に付けられ死んで
　　葬られた男として、この驚くべき審判を遂行する[525]」。

　卑下において和解する神の子イエス・キリストは「裁かれた人」としての審判者に他ならない。もとよりボンヘッファーの神学草稿である『倫理学』においてイエス・キリストの「代理」概念の構想は断片的に略述されているに過ぎない。しかし『教会教義学』Ⅳ/1 においてバルトが――「祭司」＝キリスト論と関連付けて――主なる神が卑下において「私たちに代わって裁かれる人」となるという、イエス・キリストの「代理」概念を広範に展開している。

523　「世界を裁くために、神は人間となった」（a.a.O. S.243）。
524　A.a.O. S.231.
　　ここでバルトは、先の「選び」の教理において神によって人間のために「滅ぼされた人（der verworfene Mensch）」（Karl Barth: Kirchliche Dogmatik II/2. S.350）としてのイエス・キリストについての神学命題を、さらに人間と世界に代わって「裁かれた人」としてのイエス・キリストについての神学命題へと書き換えている。
525　Karl Barth: *Kirchliche Dogmatik* IV/1. S.269.

第Ⅲ部 「歴史から世界へ」

　（2）ところでナザレのイエスの歴史は、十字架の苦難において「王への戴冠（Krönung zum König)[526]」の楽想を奏でながら、「王的な人間（der königliche Mensch)[527]」の高揚を示現する。『教会教義学』Ⅳ/2（1955年）の中でバルトは、神へと帰ること（「下から上へ」）の高挙において神との交わりへと「和解された人」であるイエス・キリストを、──「王」＝キリスト論に習って──、「全て者たちと全てのものの上に立つ主あるいは王[528]」と呼称する。そしてここに「真の人」としてのイエス・キリストにおいて神と共にある人間の和解の歴史が明示される[529]。「異境」である人間の側へと踏み入った卑下の神の子であるイエス・キリストは、神と共にある「故郷」へと高揚された人の子でもある。それゆえにバルトによれば、神と和解され神の下へと引き上げられる人の子イエス・キリストの「真の人性」は「高挙の人性（die erhöhte Menschheit)[530]」となるのである。

　以上のようにバルトにとって聖書の証言する神は、「神の受苦不能性（Gottes Leidensunfähigkeit)」について取り扱う、いわゆる「非受苦性＝原理（Apathie-Axiom)」におけるような、運動もせず苦難も被らない不変性や完全性を持った絶対的・超越的な存在ではなくて、「苦難の僕」の姿において人間となる卑下の啓示において苦しむ。ここで「苦難の僕」の姿における神の「苦しみ」は、神の実体の不完全性や有限性、依存性についての比喩的な表徴ではなく、かえって人間との和解の「契約」に対して心変わることなくイエス・キリストにおいて「インマヌエル（神われらと共にいま

526　Karl Barth: *Kirchliche Dogmatik* IV/2. S.322.

527　A.a.O. S.173..

528　A.a.O. S.108.

529　それゆえにバルトによれば、人の子イエス・キリストの高挙は、「真の人」として神と共にある和解の交わりへと高揚されることであり、決して人の子の人間の本質の「神化（Vergottung = Gottwerdung)」（a.a.O. S.78）を含意しない。「第一の（歴史の局面である）神の子としての彼（＝イエス・キリスト）の卑下は、彼が人間となったことを意味する。しかし第二の（歴史の局面である）人の子としての彼の高挙は、彼が神となったことを意味しない」（a.a.O. S.77）。

530　Karl Barth: *Kirchliche Dogmatik* IV/1. S.144.

第 8 章　20 世紀のプロテスタント神学における「神」概念の転換　　　　275

す）」の神であることの証左である。

結　論

ボンヘッファー＝バルトの線の行方

　本章では、ボンヘッファー＝バルト（『教会教義学』Ⅳ「和解論」より）の線の、新しい神学的な系譜を辿りながら、二人の神学者が構想した「神」概念の転換について論及した。そこでこれより、ボンヘッファー＝バルトの線上においてさらに現出する問題を、21 世紀キリスト教神学の課題として 2 つ指摘したい。

　（1）「他者のためのキリスト」との交わりの中にある「単独者」が「まねび」をもって習得するところの「他者のためのキリスト者」としての生についての考察は、これより教会論を基調としたキリスト教社会倫理学の構築として結実することとなる。『教会教義学』Ⅳ/3（1959 年）の中でバルトは——獄中のボンヘッファーの教会論として広く人口に膾炙する「他者のための教会」概念[531] と酷似した——「世界のための教会（Gemeinde für die Welt）」概念[532] を打ち出している。

　（2）さらに最晩年のバルトは、聖書において証言されたイエス・キリス

531　「教会（Kirche）は、それが他者のために存在する（für andere da）ならば、教会である。……それ（＝教会）は、支配的にではなくて、助けながら仕えながら（helfend und dienend）、人間の交わりの生のこの世的な諸課題（weltliche(-) Aufgaben des menschlichen Gemeinschaftslebens）へと参与しなければならない。それは全ての職業の人間たちにキリストと共にある生とは何であるのか、『他者のために存在すること（für andere dazusein）』とは何であるのかを語らなければならない」（Dietrich Bonhoeffer: Widerstand und Ergebung. DBW. 8. S.560）。

532　「イエス・キリストの教会（Gemeinde）は世界のために存在する（für die Welt da）。……それは解放的（ekstatisch）にまた遠心的（ekzentrisch）に存在する。……それが神のために存在する故に世界のために存在することは、それがイエス・キリストの教会であること、また彼（＝イエス・キリスト）にその存在と本質の根拠を持つことから単純かつ直接に導き出される」（Karl Barth: Kirchliche Dogmatik IV/3. S.872f.）

トにおける神の啓示の出来事の絶対的な固有性と特異性を堅持するために——特に1930年代にブルンナーとの対決や「バルメン神学宣言」において——すでに徹底的に排除したところの自然神学を、新しく「キリスト論を経由した自然神学（theologia naturalis via Christologie）」[533] として神学的な議論の中に組み入れること試み、加えて「万物の和解（Allversöhnung = apokatastasis panton）」についての教理との関連において自然世界の和解の問題を取上げている。[534] 何故ならバルトにとってキリストの「生命の光（Licht des Lebens）」[535] は、「キリスト教会の壁」を遥かに越えて、被造界を輝き照らすからである。それまでの「キリスト論的な集中」をもって構想されたバルトの「教義学的な神学」は、次第にその射程を「教会の壁の外側（extra muros ecclesiae）」[536] へと遠心的に広げ始めている。

　バルトにとってキリスト教神学は、ただ「未完の作品（opus imperfectum）」としてのみ「偉大な作品（opus magnum）」となるに過ぎなかった。[537] けれどもそれはバルト神学の不名誉な瑕疵ではなくて、むしろキリスト教神学が決して無謬かつ不磨の「神の神学（theologia Dei）」ではあり得ず、この世にあっては絶えず途上にある「旅人の神学（theologia viatorum）」に過ぎないことについての真摯な証しに他ならない。まさしくバルト神学は——ボンヘッファーの獄中での断片草稿の神学と共に——キリスト教真理へと向かって絶えず途上にある「旅人の神学」であった。

533　Karl Barth: *Gespräche*. 1959-62. S.132.

534　Karl Barth: *Kirchliche Dogmatik* IV/3. S.550f.. auch S.865.

535　Karl Barth: *Kirchliche Dogmatik* IV/3. S.137.

536　Karl Barth: A.a.O. S.122.
　　　しかしながら神の啓示の真理が「教会の壁の外側」で、いわば「理念的（de jure）」に仮想されるとしても、そこで「実際的（de facto）」に想定され得るのかは、最晩年のバルトにとっても未だ不明であったと思われる。

537　Cf. Karl Barth: *Kirchliche Dogmatik* IV/4 (Fragment). S.VII.

第9章　十字架に付けられたキリスト

モルトマンの「十字架の神学」におけるキリスト論の射程

序　論

「希望の神学」から「十字架の神学」へ

　（1）『希望の神学』（1964年）においてモルトマンは、キリスト教的な終末論の現在的・実存論的な解釈の試み[538]に対して、新マルクス主義の思想家ブロッホの影響の下で、イエスの宣教と原始教団にとっての未来的な終末論の意義の再発見を遂行した。そしてモルトマンにおける「原始キリスト教団の終末論の再発見は、キリスト教信仰の決定的な次元としての未来の再発見へと進展した」（ツァールント）[539]。はたしてモルトマンは――第一次世界大戦直後に台頭した「弁証法神学」における「危機＝モチーフ」に[540]代わって――未来的な終末論を基調とした「希望＝モチーフ」の提唱をもってバルト以後のキリスト教神学の道を切り拓いたのである。

　　「ここで語られる神は世界内的な神でも世界外的な神でもなくて、『希望の神（Gott der Hoffnung）』（ロマ 15,13）であり、……未来の約束において人間に出会い、従って『所有する』ことのできない、ただ活発に

538　本書の 86 頁以下を参照

539　Heinz Zahrnt: *Die Sache mit Gott*. S.221.

540　八谷俊久『逆説から歴史へ――バルト神学におけるキリスト論的思惟の変貌』38 頁以下を参照。

第Ⅲ部　「歴史から世界へ」

希望しつつ待望することだけのできるところの、『存在の性状としての未来性（Futurum als Seinsbeschaffenheit）』（エルンスト・ブロッホ）を伴った神である。それゆえに正しい神学はその未来の目標から考察されなければならないこととなろう。終末論はその終わりではなくて始まりである」[541]。

　まずモルトマンによれば、「十字架に付けられたキリストの復活」はキリスト教信仰にとって過去の完結した出来事ではなくて、約束と希望における「神の未来の先取り（Antizipation der Zukunft Gottes）」[542]を意味する。

　　「キリスト教信仰は十字架に付けられたキリストの甦り（Auferweckung des gekreuzigten Christus）から生まれ、またキリストの普遍的な未来の約束（Verheißungen der universalen Zukunft Christi）に従って広がっていく」[543]。

　かつてバルトが――特に初期著作『ロマ書・Ⅱ』（1921 年脱稿、1922 年出版）の中で――提唱したイエス・キリストにおける神の人間化としての啓示の出来事の永遠と時間の、いわば「上から（von oben）」の垂直方向に規定された弁証法[544]を全面的に修正しつつ、モルトマンは『希望の神学』の中で現在から未来への、「前方へ向けて（nach vorn）」の水平方向の弁証法を構想した[545]。そしてモルトマンによれば、イエス・キリストの十字架から復活への時間的な「順序（前後）性（Nacheinander）」[546]をもった歴史は、神

541　Jürgen Moltmann: *Theologie der Hoffnung*. S.12.

542　Jürgen Moltmann: *Der gekreuzigte Gott*. S.10.

543　Jürgen Moltmann: *Theologie der Hoffnung*. S.12.

544　八谷俊久、前掲書 71 頁を参照。

545　Cf. Jürgen Moltmann: A.a.O. S.43ff.

546　Cf. Jürgen Moltmann: Der gekreuzigte Gott. S.189.
　　ここでモルトマンは、イエス・キリストの十字架から復活への「時間的な順序（前後）性（Nacheinander）」（Karl Barth: Kirchliche Dogmatik IV-1. S.350）が「時間的な相互（並列）性（Miteinander）」（a.a.O. S.345）によって置き換え

第 9 章　十字架に付けられたキリスト　　　　　　　　　　　　　　　　279

の終末論的な支配の約束を含意している。

　　「十字架と復活の間に生じたものは、未来的な啓示（zukünftige
　　Offenbarung）と普遍的な成就（universale Erfüllung）へと位置付けられる
　　終末論的な出来事である」[547]。

　かくして「十字架に付けられたキリストの復活」における神の啓示の出
来事は過去と現在から未来へと「前方へ向けて」方向付けられた「終末論
的な出来事」として理解され、さらに来たるべき神の国を目指して神の終
末論的な支配の約束を生きるキリスト者たちとキリスト教会の交わりであ
るところの、いわゆる「脱出の共同体（Exodusgemeinde）[548]」が形成されるこ
ととなる。それゆえにモルトマンによれば、キリスト教神学の課題は終末
論の光の下で「希望」の力をもって「世界理解と自己理解の相関において
神認識を展開すること[549]」であり、そしてそこでは「希望＝モチーフ」をも
って「世界や歴史、人間存在を異なって解釈することではなくて、それら

───────────

られているという、バルト神学における危険性を暗示しているものと思われ
る。何故ならバルトにとってイエス・キリストにおける神の人間化としての
啓示の出来事が、その著作活動全体を一貫して──初期著作『ロマ書・Ⅱ』
においてだけではなくて、後期の主著『教会教義学』においても──神学的
な関心の出発点でありまた中心点であったからである。けれどもバルトにお
いても、イエス・キリストの十字架から復活への「三日間」の「謎深い間隔
（rätselhafte Spanne）」（a.a.O. S.357）内包した「時間的な順序（前後）性」につ
いての示唆を経て、「復活」から 40 日後の「昇天」と 50 日後の「聖霊降臨」
による「教会の時（Zeit der Gemeinde）」（a.a.O. S.352）へとイエス・キリスト
の歴史の射程は広がっていく。しかもバルトにとって、イエス・キリストの
「十字架」から「復活」（さらには「昇天」と「聖霊降臨」による「教会の時」
を経て「主の再臨」）への「時間的な順序（前後）性」は、あたかも「一方通
行路」（a.a.O. S.379）のように「不可逆的（nicht umkehrbar）」（ibid.）。八谷俊久、
前掲書 269 頁以下を参照。

547　Jürgen Moltmann: *Theologie der Hoffnung.* S.182.

548　A.a.O. S.280.

549　A.a.O. S.57.

を神の変革の待望（Erwartung göttlicher Veränderung）において変革する」こと
が問題となるのである。

　（2）さてモルトマンは、先の『希望の神学』において「十字架に付け
られた者の甦り（Auferweckung des Gekreuzigten）」を主題としたのに対して、
『十字架に付けられた神』（1972 年）では十字架と復活の弁証法を基調と
して「復活した者の十字架（Kreuz des Auferstandenen）[551]」を取り扱うこととな
る。かかる「希望の神学」から「十字架の神学」への神学的な主題の展開
についてモルトマンの言葉を借りて別言するならば、「（『希望の神学』（1964
年）が執筆された）当時は未来への希望の形態におけるキリストの想起
（Erinnerung Christi im modus der Hoffnung auf seine Zukunft）が問題となったように、
今日（＝ 1972 年）では彼の死の想起の形態における希望（Hoffnung im modus
der Erinnerung seines Todes）が問題となっている[552]」。モルトマンにとって「希
望の神学」と「十字架の神学」はイエス・キリストにおける十字架と復活
の弁証法の内包する 2 つの側面であり、それゆえにモルトマンは「十字架
の神学」をそれまでの「希望の神学」の「裏面[553]」と呼称するのである。
　すでに『希望の神学』が上梓された当時から、モルトマンにおいては
「垂直的なもの（die Vertikale）が水平的なもの（die Horizontale）へと横倒し

550　A.a.O. S.74.

551　Jürgen Moltmann: *Der gekreuzigte Gott*. S.10.

552　Ibid.

553　Ibid.
　けれどもモルトマンにとってこの「十字架の神学」は、先に上梓された
「希望の神学」よりもさらに古い神学的な「関心事」（Jürgen Moltmann: Weiter
Raum. Eine Lebensgeschichte. S.185）であったと言う。（初期）バルト神学が第一
次世界大戦による「危機＝モチーフ」に濃く潤色されていた（本書の 44 頁を
参照）ように、モルトマンの「十字架の神学」は第二次世界大戦の惨事を経
験した「危機＝モチーフ」によって動機付けられていた。それだけにモルト
マンの「十字架の神学」を巡っての本章の考察は、その神学を淵源までも覗
き見るものとなろう。

になる」（ツァールント）だけであり、「希望の神学」の「約束」概念はイエス・キリストにおける神の契約の成就の決定的な次元を曖昧に相対化してしまうとの批判が挙げられた。かかる「希望の神学」に対する批判に向けてのモルトマンの側からの応答が、この「十字架の神学」の提唱であったとも言えよう。

　そこで本稿では、モルトマン神学の根本思想を形成する「十字架の神学」の基本構造について考察する（第1節）ことを通して、モルトマンにおけるキリスト論的な思惟の射程を俯瞰し（第2節）、さらにその「十字架の神学」の（社会）倫理学的な展開を試みたい（第3節）。

1. 十字架に付けられたキリスト

モルトマンの「十字架の神学」の基本構造

(1)「十字架の神学」の構想

　　「キリスト教神学は十字架に付けられた者の認識をもって、即ち十字架に付けられたキリストにおける神認識をもって、あるいはルターに従ってより尖鋭的に言うならば『十字架に付けられた神（de(r) gekreuzigte(-) Gott(-)）』の認識をもって立ちも倒れもする」[555]。

　かつて（中世）ローマ・カトリック教会の神学を「栄光の神学（theologia gloria)」と揶揄しつつ、それに対してキリスト教神学の本質的な特徴を「十字架の神学（theologia crucis)」と規定した宗教改革者ルターに見習って、モルトマン神学は十字架に付けられたキリストの「苦難の歴史＝受難物語（Passionsgeschichte = Leidensgeschichte)」についての解釈に専心する。モルト

554　　Heinz Zahrnt: Ibid.

555　　Jürgen Moltmann: *Der gekreuzigte Gott*. S.66.

マンによれば、「十字架におけるイエスの死がキリスト教神学全体の中心である」[556]。何故なら「人が『現実性の十字架』をより真剣に受け取るに従って、十字架に付けられた者がよりさらに神学全般の基準（Kriterium）となる」[557]からである。

　そしてここに神学の始まりの問題を巡っての、バルト[558]とモルトマンの異同が宿在している。『教会教義学』IV（1953年－未完）の「和解論（キリスト論）」においてバルトがまず神の愛の自由な決断（契約）から出発して神の自己啓示の歴史である「苦難の歴史（受難物語）」の帰結としてイエス・キリストの十字架を理解した[559]のに対して、モルトマンはキリスト教神学全体の根拠と対象として始めからキリストの十字架の出来事へと集中する。

　もとよりモルトマンにとって、神はただキリストの十字架において自己自身を開示する。しかもキリストの十字架をもって、神の歴史は今一回限り（ein für allemal）において認識されることができる。それゆえに「十字架の神学」は、キリストの苦難と十字架における「私たちに向けられた明らかな神の本質」（ルター）[560]についての認識を目指すのである。

556　A.a.O. S.189.

557　A.a.O. S.10. auch S.12.

558　バルトにおける神学の始まりの問題については、八谷俊久、前掲書143頁以下を参照。

559　「十字架における彼（＝イエス・キリスト）の死は、言葉の肉体化の遂行（Vollzug der Fleischwerdung des Wortes）、従って神の子の卑下と人の子の高挙の遂行でありまたあった」（Karl Barth: Kirchliche Dogmatik IV-2. S.157）。従ってバルトの『教会教義学』IV（「和解論」）においては、イエス・キリストにおける神の子の「肉体化（受肉）」の卑下が十字架の卑下へと収斂するのであり、それゆえに「肉体化（受肉）」した神の子の十字架の死に至るまでの「苦難の歴史（受難物語）」において神と人間の和解の「契約」が成就されるという、イエス・キリストの「十字架」への道（方向規定）を巡る神学として、先の拙論はバルトの和解論（キリスト論）を解釈した（八谷俊久、前掲書210頁以下を参照）。

560　Martin Luther: Heidelberger Disputation. In: *Ausgewählte Werke* 1. S.133. (WA. 1,362. S.140).

第9章　十字架に付けられたキリスト　　　283

　「『この人を見よ（Ecce Homo!）』は……十字架において人間性を奪われ
　たキリストの中に神の人間性を認識する信仰の告白である。従って
　告白は同時に『この神を見よ（Ecce Deus!）』、十字架の神を見よと語
　る。『十字架の死に至るまで』の人間化において、結局は神の隠匿で
　はなくて、……自らを虚しくする卑下が伏在する。……キリスト教
　神学が『神』について語ることの全ては、根本的にこのキリストの
　出来事の中にある。十字架におけるキリストの出来事が神の出来事
　である。逆に言えば、神の出来事とは復活した者の十字架（Kreuz des
　Auferstandenen）における出来事である」[561]。

　ここでモルトマンは、バルトの「キリスト論的な集中[562]」による神学をさ
らに狭隘化して、キリストの十字架においてのみ神を認識することを試み
るところの、いわば「十字架に集中した神学（staurozentrische Theologie）」を
構想する。即ちモルトマンの「十字架の神学」は、キリストの十字架の出
来事において自らを啓示する神の臨在へと集中することによって再解釈さ
れたキリスト論として結実するのである。

　「神は、神に見棄てられたキリストの十字架において顕現する。……
　十字架の神学の認識論的な原理は、かかる弁証法的な原理であろう。
　即ち神の神性は、十字架の逆説において顕現する[563]」。

(2)　イエスの十字架への道行きの3つの「歴史的な文脈」
　「十字架の神学」をもってモルトマンは、キリスト論的な思惟への新し
い視点を提示する。「モルトマンの十字架の神学の構想の中心点には罪人
の義認へのイエスの死の従来の救済論的な尖鋭化ではなくて、神への視点
と世界の包括的な苦難の歴史の文脈（Kontext）におけるイエスの苦難につ

561　　Jürgen Moltmann: A.a.O. S.190.
562　　八谷俊久、前掲書140頁を参照。
563　　Jürgen Moltmann: A.a.O. S.32.

いての考量がある」（リンク）[564]。そしてここに、キリスト教会における「中
心的な象徴としての十字架」[565]についての解釈の徹底的な刷新が試みられる。

　まずモルトマンの「十字架の神学」においてキリストの十字架の出来事
は、伝統的なキリスト教教義学における「十字架」理解とは異なって、直
接的・一義的に人間の死に対する勝利と結び付けては理解されない。新約
聖書の「苦難の歴史（受難物語）」において十字架につけられたキリストの
死の叫びは、罪過に染まった人間の贖罪のための「慰めと勝利の言葉」[566]と
して換言されない。かえって「私たちが十字架を厳密にキリストの、即ち
復活した者の十字架として把握したいのであるならば、既成の贖罪犠牲の
諸表象（Sühnopfervorstellungen）を越えていかなければならない」[567]と言われ
る。伝統的なキリスト教教義学によって看過されてきた「イエスの死の秘
密」[568]を明かすために、まずは「彼（＝イエス）の神学的な生と働きの歴史
的な文脈（(der) historische(-) Kontext seines theologischen Lebens und Wirkens)」[569]に
おいて十字架への道行きを辿らなければならないのである。

　そこでモルトマンは、イエスの十字架への道行きを３つの「歴史的な
文脈」における「齟齬（Widerspruch）」[570]あるいは「衝突（Konflikt）」[571]として
理解する。即ちモルトマンの考察によればイエスは、（1）宗教的・習俗的
な「文脈」においてはユダヤ教の律法との「齟齬」において「神の冒涜者
（Gotteslästerer）」[572]として断罪され、また（2）社会的・政治的な「文脈」にお

564　Hans-Georg Link: Gegenwärtige Probleme einer Kreuzestheologie. In:
　　　Evangelische Theologie 33. S.338.

565　Jürgen Moltmann: A.a.O. S.34.

566　A.a.O. S.139. auch S.36.

567　A.a.O. S.171.

568　A.a.O. S.140.

569　A.a.O. S.147. auch S.140.

570　A.a.O. S.71.

571　A.a.O. S.145.

572　Cf. a.a.O. S.121ff.

第 9 章　十字架に付けられたキリスト　　　　　　　　　　　　　285

いてはローマ帝国の官憲たちとの「齟齬」において「叛乱者（Aufrührer）[573]」
として十字架に付けられ、さらには（3）神学的・信仰的な「文脈」にお
いては父なる神へ向けて最後の叫びを上げる中で結局は神との「齟齬」の
関係において「神に見棄てられた者（Gottverlassener）[574]」として果てたのであ
る。

　以上のように、十字架の死においてイエスの生は（1）「神の冒涜者」と
（2）「叛乱者」、（3）「神に見棄てられた者」としての「苦難の歴史」であ
ったことが、いわば遡及的に解明されることとなる。そしてかかる 3 つ
の「歴史的な文脈」においてイエスの十字架は、モルトマンによれば「し
ばしば追放や死をさえももたらした齟齬とつまずきのしるし（Zeichen für
Widerspruch und Ärgernis）[575]」であったと言う。確かにここには伝統的なキリス
ト教教義学における「既成の贖罪犠牲の諸表象」は見当たらない。代わっ
てモルトマンの「十字架の神学」を巡っての考察は、まさしく新約聖書の
「苦難の歴史（受難物語）」の最深部を覗き見る問いに逢着することとなっ
た。

（3）　神に見棄てられた神の子──イエスの十字架の意味についての問い

　　「神がナザレのイエスにおいて人間となるのであるなら、人間の有限
　　性の中に入り込むだけではなくて、十字架の死において人間の神に見
　　棄てられた状況へも入り込む。……彼（＝神）は自らを低くし、神な
　　き者と神に見棄てられた者の永遠の死を自らに引き受けられる。それ
　　ゆえに全ての神なき者たちや神に見棄てられた者たちは、彼との交わ
　　りを経験することができる[576]」。

573　　Cf. a.a.O. S.129ff.
574　　Cf. a.a.O. S.138ff.
575　　A.a.O. S.37.
576　　A.a.O. S.265.

第Ⅲ部 「歴史から世界へ」

（1）さてここでモルトマンは、神との「齟齬」の関係においてイエスが十字架の死をもって「神に見棄てられた者」としての苦しみを負ったという、「歴史的な文脈」の中の第三の「彼（＝イエス）の生の神学的な文脈」[577]をより重視している。

　もとよりイエスは「神の国」の到来の近さを宣教しまたイスラエルの神に向かって「私の父（アバ）」と呼びかけて[578]、自ら神の子として父なる神との交わりの中に生きながらも、しかし最後は十字架において「深い神に見棄てられること（Gottverlassenheit）の徴証と表現」[579]をもって死んだ。そして十字架において父なる神との交わりは無残にも破綻し、神の子としてのイエスの生は「十字架における……見棄てられ呪われた死」[580]となって終った。それゆえに父なる神との「齟齬」の関係こそが、神の子イエスが十字架において被るところの、「煉獄の責め苦（Qual der Hölle）」であったのである。

　　「……神の恩恵の近さの完全な意識の中で神から見棄てられまた滅びの死へと引き渡されたことは、煉獄の責め苦である」[581]。

　かかる「煉獄の責め苦」ともなった「神に見棄てられること」の結末が、モルトマンによれば「ゴルゴタにおける十字架に付けられたイエスの究極的な神体験であった。何故なら彼は最後まで自らを神の子として認めていたからである」[582]。かくして「歴史的な文脈」におけるイエスの十字架の死の現実性は、十字架への道行きの中で「神に見棄てられた者」としての「苦難の歴史」をもってより鮮明に描写されることとなる。そこでモルト

577　A.a.O. S.145.

578　Cf. a.a.O. S.140.

579　Ibid.

580　A.a.O. S.230.

581　A.a.O. S.141.

582　Jürgen Moltmann: *Der Weg Jesu Christi*. S.188.

第9章　十字架に付けられたキリスト　　　287

マンは、十字架において「神に見棄てられた者」としての「彼（＝イエス）
の苦しみと死の本来的な内面的な責め苦」を、以下のように物語っている。[583]

　　「彼（＝イエス）の死は、決して『美しい死』ではなかった。一致して
　　共観福音書は、彼の慄きと恐れ（マルコ 14,34 とその並行記事を参照）に
　　ついてまた死に至るまでの彼の心の悲哀について報告している。彼
　　は『激しい叫びと涙とをもって』死んだと、ヘブル人への手紙（5,7）
　　は記している。マルコ福音書（15,37）によれば、彼は声高い乱れた叫
　　びをもって死んだ。……イエスは明らかに最も深い恐怖の全ての表現
　　をもって死んだ。……マルコ福音書（15,34）は、『私の神よ、何故に
　　（warum）私を見棄てたのですか』という詩篇（22,2）の言葉を再掲し
　　ている」。[584]

　凄惨な「苦難の歴史」において父なる神と子なる神の関係は、（1）子
（なる神）を見棄てる父（なる神）と（2）父（なる神）に見棄てられた子（な
る神）の関係として開示される。即ちイエスの十字架の死において、「子
の父の喪失（Vaterlosigkeit des Sohnes）は父の子の喪失（Sohnlosigkeit des Vaters）
に相応する」という仕方で、父なる神と子なる神が対峙するのである。十[585]
字架において（子なる）神が「（父なる）神に見棄てられること」は、まさ
しく「完全な敵対（Feindschaft）と諍い（Differenz）に至るまでも神から神
を引き離す」ことである。十字架の出来事は「神と神の間の出来事」あ[586][587]
るいは「神自身の内の出来事」、「神と神の子の間の出来事」であり、さ[588][589]

583　Jürgen Moltmann: *Der gekreuzigte Gott*. S.138.
584　A.a.O. S.139f.
585　A.a.O. S.230.
586　A.a.O. S.145.
587　A.a.O. S.144 und 231.
588　A.a.O. S.144.
589　A.a.O. S.179.

らにそれは「神と神の間の神学的な展開過程（theologische(r) Prozeß）[590]」の中での「神の中の相克（stasis）[591]」や「神と神の間の『敵対』[592]」についての表現でもある。従ってモルトマンによれば、「十字架の死に至るまでの卑下には神に見棄てられることの齟齬の中にある神の本質（Gottes Wesen im Widerspruch der Verlassenheit）が相応する[593]」のである。神が神に見棄てられた神の子として示現する新約聖書の「苦難の歴史（受難物語）」の中で、父なる神と子なる神の関係における神自身の内的な「分裂（Spaltung）[594]」が露顕する。かくして十字架に付けられたキリストにおいて神を認識することを試みる「十字架の神学」は、神の中に神自身の「分裂」を認識するのである。

　（2）以上のようにして、「イエスの死の秘密」に纏わる「十字架の神学」の問いは——伝統的なキリスト教教義学における「既成の贖罪犠牲の諸表象」とは無関係に——父なる神と子なる神の関係を巡って神自身の内的な「分裂」についての問題へと直結する。

　ではキリストの十字架において——かつてルターが語ったように——「神は神と争う[595]」のであろうか。ここでキリスト教神学は、ついに「神についての開かれた問い（offene(-) Frage nach Gott）[596]」の深奥に逢着することとなる。

　　「如何にして一体にキリスト教神学は、イエスにおける神の破棄に直
　　面して、神について語ることができるのであろうか。如何にしてキリ

590　A.a.O. S.145. auch S.146.
591　A.a.O. S.144. auch S.145. Anm.74.
592　A.a.O. S.144.
593　A.a.O. S.190.
594　A.a.O. S.231.
595　A.a.O. S.221.
596　A.a.O. S.146.

第9章　十字架に付けられたキリスト　　　289

スト教神学は、十字架におけるイエスの神の叫びに直面して、神について語ることができないのであろうか」[597]。

はたして「十字架におけるイエスの死の叫びは、全てのキリスト教神学の『開いた傷口（offene Wunde）』である。何故なら彼の死に神学的な意味を与えるために、……全てのキリスト教神学はイエスが死ぬことによってもたらしたところの、何故の問い（Warumfrage）に答えるからである」[598]。そしてモルトマンは、イエスの十字架の出来事から——「十字架の神学」のキリスト論と密接に連動して——父なる神と子なる神を結び付ける三一論の神学を構想する[599]。十字架における「『私の神よ、何故に（warum）……』」という死に瀕したキリストの問い（Frage）は、いつも新しい神学的な答え（theologische Antwort）を呼び起こしたしまた呼び起こすであろう」[600]。十字架の上から神に向けて放つイエスの問いに対するキリスト教信仰の側からの答えが、モルトマンによれば三一論の神学を形成するのである。

そしてこれよりモルトマンの「十字架の神学」におけるキリスト論の射程は、さらに三一論の神学の構築に向けて伸長する。

（4）　神に愛される神の子——イエスの十字架の意味についての三一論的答え

「キリスト教的に神について語る者は、子（なる神）と父（なる神）の

597　Ibid.

598　Jürgen Moltmann: *Der Weg Jesu Christi*. S.188.
auch Jürgen Moltmann: *Der gekreuzigte Gott*. S.146.

599　Cf. Ibid.

600　Jürgen Moltmann: *Der Weg Jesu Christi*. S.193.
　　モルトマンの「十字架の神学」も——ティリッヒ神学と同様に——そこで設定された「問い」に対して答える神学である。けれどもティリッヒにおいて設定された「問い」が人間の実存的な「疎外」の状況についての分析を遂行することから発生する（本書の143頁以下を参照）のに対して、モルトマンにとってキリスト教神学が答えるべき「問い」は十字架におけるキリストの「私の神よ、何故に（warum）……」の問いである。

第Ⅲ部 「歴史から世界へ」

間の歴史としてイエスの歴史を物語らなければならない」[601]。

（1）十字架の出来事において、子なる神は父なる神から見棄てられることに苦しみ、また父なる神は子なる神を見棄てることに苦しむ[602]。終末論的な信仰をもってキリスト教神学は、十字架の上からイエスの放つ「私の神よ、何故に（warum）……」の問いの叫びの中に、神から見棄てられることと同時にしかしまた神と結び付いていること[603]、さらにモルトマンの言葉を借りて別言するならば「分離（Getrenntsein）における交わり（Gemeinschaft）と交わりにおける分離[604]」を認識する。それゆえに十字架において（1）子なる神を見棄てる父なる神と（2）父なる神に見棄てられた子なる神は、けれども「子（なる神）の愛（Liebe）」と「父（なる神）の痛み（Schmerz）[605]」をもって一つに結び付いているのである[606]。

「子（なる神）は愛をもって死において父（なる神）から見棄てられることを甘受する。父は愛をもって子の死の痛みを甘受する」[607]。

ここで（1）子を見棄てる父と（2）父に見棄てられた子の関係は、しか

---

601 Jürgen Moltmann: *Der gekreuzigte Gott*. S.233f.

602 「子（なる神）の苦難において、父（なる神）自身が見棄てることの痛みを甘受する」（a.a.O. S.179）。

603 なおモルトマンにとって神から見棄てられることと同時にしかしまた神と結び付いていることを表象するものが、十字架に付けられたキリストの「甦り（復活）」であった。「神から見棄てられた子（なる神）の甦りが、最も内的な交わりへと神を神と結び付ける」（a.a.O. S.145）。

604 A.a.O. S.230.

605 Cf. a.a.O. S.234 und 235. auch S.265.

606 キリスト論についての後期著作『イエス・キリストの道』（1989年）の中で、モルトマンは「委ねることの神学（Theologie der Hingabe）」（Jürgen Moltmann: Der Weg Jesu Christi. S.198）の枠組みをもって、これと同様の論述を繰り返している。

607 Jürgen Moltmann: *Der gekreuzigte Gott*. S.232.

第9章　十字架に付けられたキリスト　　　　　　　　　　　　　291

しまた同時に（1）子を愛する父と（2）父に愛される子の関係と重なる。[608]
新約聖書の「苦難の歴史」において描写された、神が神に見棄てられると
いう「分裂」の下にある父なる神と子なる神の内的な「交わり」の関係は、
「十字架に付けられた者との神の自己同定化」（ヴェンツ）[609]を確証する。何
故なら「十字架において父と子は見棄てることによって最も深く分離され、
と同時に委ねること（Hingabe）によって最も内的に一致する」[610]からである。
そしてここにモルトマンの「十字架の神学」の核心部がある。

　　　「子（なる神）を見棄てることにおいて、父（なる神）も自己自身を見
　　　棄てる。子を委ねることにおいて父も自らを委ねる。……イエスは見
　　　棄てられることにおいて死を甘受する。……彼（＝イエス）を見棄て
　　　また委ねる父は、愛の無限の痛みにおいて子の死を甘受する」[611]。

　そこでキリスト教神学は、十字架に付けられたイエスの姿の中に、父な
る神と子なる神の内的な「交わり」の関係であるところの、いわば「見え
ない神の似姿（Ebenbild des unsichtbaren Gottes）[612]」を見出してきた。それゆえ
にモルトマンによれば、「（キリストの）十字架が神の三一論的な存在の真

608　Cf. a.a.O. S.231f.

609　Gunter Wenz: *Geschichte der Versöhnungslehre in der evangelischen Theologie der Neuzeit* 2. S.319.

610　Jürgen Moltmann: A.a.O. S.231.
　　「従って『私の神よ、何故に私を見棄てたのですか』という神に見棄てられ
たキリストの神への叫びへの、委ねることの神学（Theologie der Hingabe）の
答えはこうである。あなたが見棄てられた人間たちの兄弟となりあなたの交
わりの中ではもはや誰も私たちの愛から抜け落ちることがないために、私は
瞬時（Augenblick）あなたを見棄てた。私はあなたを永遠（Ewigkeit）に見棄
てたのではなくて、あなたの心の中であなたの下にいたのである」（Jürgen
Moltmann: Der Weg Jesu Christi. S.202）。

611　Jürgen Moltmann: *Der gekreuzigte Gott*. S.230.
　　なおこの箇所は『イエス・キリストの道』の中で引用されている（Jürgen
Moltmann: Der Weg Jesu Christi. S.198）。

612　Jürgen Moltmann: *Der gekreuzigte Gott*. S.190.

中に立ち、（父と子としての神の）位格をその関係において相互に分離しまた結合する[613]」のである。

　（2）そして（1）子を見棄てる父なる神と（2）父によって見棄てられた子なる神を愛によって結び付けるものが、モルトマンによれば（3）聖霊である[614]。即ち「父と子の間の出来事から生じるものは、父と子の委ねることの（聖）霊として理解されなければならない[615]」。ここで十字架の出来事は、聖霊の愛によって結び付けられた「（父なる）神と（子なる）神の間の出来事」である「内的三一論的な出来事（innertrinitarisches Geschehen）[616]」として理解される。キリストの十字架は、「父（なる神）の痛みと子（なる神）の愛と（聖）霊の働き（Trieb）の間の神の状況[617]」として、三位一体の神の内的な出来事に他ならない。

　かくしてイエスの十字架の出来事から――「十字架の神学」のキリスト論と密接に連動して――（1）愛をもって子を委ねまた子を見棄てる父なる神と（2）愛において父に自らを委ねまた父によって見棄てられた子なる神、そして（3）子を見棄てる父なる神と父によって見棄てられた子なる神を愛によって結び付けるところ、「未来を切り拓き生を創造する聖霊[618]」の、（1）「父」―（2）「子」―（3）「聖霊」としての神の内的な関係における三一論が構想されることとなる。

　「信仰は十字架における見棄てる父（なる神）と見棄てられた子（なる

613　A.a.O. S.192.

614　「三一論をもってキリスト教神学は、人間となり十字架に付けられた子（なる神）との父なる神の、聖霊における本質的な一致を描述する」（a.a.O. S.302）。

615　A.a.O. S.232. auch S.231.

616　A.a.O. S.235. auch S.232.

617　A.a.O. S.265.

618　「……ゴルゴタの出来事、即ちそこから未来を切り拓き生を創造する（聖）霊が発出するところの、子（なる神）の愛と父（なる神）の痛みの出来事である」（a.a.O. S.234）。

第9章　十字架に付けられたキリスト　　　　　　　　　　　　　　293

神）の間の歴史的な出来事を、生を創造する愛の臨在する（聖）霊に
おいて、愛する父と愛される子の間の出来事として終末論的に理解す
る」[619]。

　以上のようにして、十字架の出来事における子を見棄てる父と父に見棄
てられた子の関係と子を愛する父と父に愛される子の関係の二重の内的な
関係規定から、(1)「父」－(2)「子」－(3)「聖霊」としての神の三一論
的な存在様式がキリスト教信仰の終末論的な視点をもって開示される。
　そしてこれよりモルトマンの「十字架の神学」におけるキリスト論の射
程は、さらに「キリスト論的な三一論（christologische(-) Trinitätslehre)」[620]の構
築に向けて伸長する。

2.　キリスト論と三一論
モルトマンの「十字架の神学」の射程

(1) 苦難の神──「十字架の神学」におけるキリスト論と三一論

　　「……キリスト教神学は、恵みに満ちた神の交わりの無制約性と普遍
　　性のために、キリスト中心的にまた同時に三一論的に思惟しなければ
　　ならない」[621]。

　(1) モルトマンは十字架において見棄てられたキリストの苦しみの中に
神の苦しみを見出す。子なる神の苦しみは父なる神の苦しみでもあり、キ
リストの十字架において神自身が苦しむ[622]。神はキリストの苦しみの中に

619　　A.a.O. S.232.
620　　A.a.O. S.222.
621　　A.a.O. S.264.
622　　Cf. a.a.O. S.179f.

存在する。[623] キリストの十字架は神の苦しみの徴章である。

　　「神の存在は苦しみの中にある。そして苦しみは神の存在それ自体で
　　ある。何故なら神は愛であるからである」[624]。

　十字架に付けられたキリストの「苦難の歴史」は、神の「苦難の歴史」
でもある。キリストの十字架において神自身が苦しむ。それゆえにキリス
ト教の神は、「神の受苦不能性（Gottes Leidensunfähigkeit）」について取り扱う、
いわゆる「非受苦性＝原理（Apathie-Axiom）[625]」においてのような運動も苦難
も被らない不変性や完全性を持った絶対的・超越的な実体として留まるの
ではなくて、キリストの十字架において神から見棄てられることを苦しむ
神でありまた見棄てることを苦しむ神である。
　（2）さてモルトマンは神の「（非）受苦性＝原理」を巡って、①古代ヘレ
ニズム思想や②ユダヤ教神学の流れの中に、③キリスト教の「十字架の神
学」を位置付けることを試みている。
　①「プラトンとアリストテレス以来、神の形而上学的・倫理的な完全性
が非受苦（apathie）をもって描述された[626]」。そしてモルトマンにとって古

623　「キリストの十字架において神を認識することは、逆に神において十字架
　　を、即ち逃げ道のない苦しみと希望のない絶望を認識することである」（a.a.O.
　　S.266）。

624　A.a.O. S.214.

625　Cf. a.a.O. S.187, 191, 215 und 217.
　　さらに『三一論と神の国』（1980 年）においてモルトマンは、「古典的な神
　　論の非受苦性＝原理（Apatieaxiom）」に対して、独自の「神受苦（Theopatie）
　　の教理」（Jürgen Moltmann: Trinität und Reich Gottes. S.40）を広範に展開している。

626　Jürgen Moltmann: Der gekreuzigte Gott. S.256.
　　アリストテレスの運動（生成）原理において「第一原理」あるいは「純
　　粋形相」として形而上学的に思弁化された神概念である「不動の動者（der
　　unbewegte Bewegende）」は、本来的には神学的な神概念のためではなくて、自
　　然哲学や宇宙論、存在論における根本原理として論議されるべき主題内容
　　であったと思われる（cf. Otfried Höffe: Aristoteles. 159f.）。そして中世スコラ学
　　においてトマス・アクィナスが——アリストテレスの存在論を縦横に駆使し

代ヘレニズム思想における「非受苦の神学（apathische Theologie）」は、そこでの「神の自由（Freiheit）と束縛された人間の解放（Befreiung）の認識[627]」に限ってのみ、キリスト教神学の前走であり得る[628]。

②またユダヤ教神学の「受苦の神学（pathische Theologie）」は、「神の情熱（Pathos）と人間の共感（Sympathie）の相応[629]」の関係規定をもってキリスト教神学の「前提」である[630]。何故なら「（旧約聖書の）預言者たちによって認識され宣教された神の情熱が、キリストの苦難（Passion）から生ける神をキリスト教的に理解するための前提である[631]」からである。

③けれども「神の情熱と人間の共感の契約関係」である「この前提はキリスト者たち、特に異邦人（＝非ユダヤ人）キリスト者たちのためには設定されてはいない[633]」。何故ならモルトマンによれば、「イスラエルにとって神の直接性（Gottunmittelbarkeit）が前提とされた契約の中にあるのに対して、キリスト者たちにとっては神の父性と（聖）霊の力を媒介するキリスト自身がいる[634]」からである。それゆえにキリスト教神学は、「神の情熱と人間の共感の相応」や「呼びかける神と答える人間の相互性[635]」を含意す

て──神を概念的に「第一原因」や「存在原因」として再解釈したのである（Thomas von Aquin: Über Seiendes und Wesenheit. übers. u. hg. von H.Seidl. S.72. Cf. Otfried Höffe: A.a.O. 291f.）。

627　Jürgen Moltmann: A.a.O. S.263.

628　Cf. a.a.O. S.256ff.

629　A.a.O. S.263.
　　ユダヤ教神学者ヘッシェルに見習いながら、モルトマンは「神の情熱の状況の中で、人間は共感する人間（homo sympatheticus）となる」（a.a.O. S.261）と記している。なおモルトマンがヘッシェルの「神の情熱」理解に出会ったのは、1969 年であったと言う（Jürgen Moltmann: Weiter Raum. Eine Lebensgeschichte. S.258）。

630　Cf. Jürgen Moltmann: *Der gekreuzigte Gott*. S.259ff.

631　A.a.O. S.263.

632　A.a.O. S.261.

633　A.a.O. S.264.

634　Ibid.

635　Ibid.

るところの、ユダヤ教神学における、いわゆる「双極的な神学（dipolare Theologie）[636]」を目指すことはできない。はたしてキリスト教神学は――「神自身とその内宿（Einwohnung = Schekhinah）の、あるいは神と神の内宿する霊の、神における区別[637]」を伴った「神における 2 つの位格（Zwei-Personalität in Gott）[638]」を主題とするユダヤ教神学とは異なって――「十字架の神学」をもって「三一論的な神学を展開する。それはキリストにおいてまたキリストを通して初めて対話的な神関係が開かれるからである。キリストを通して神自身が、受苦的＝共感的な関係（pathisch-sympathische Beziehung）へと入っていくための諸条件を作る[639]」のである。

（3）かくしてモルトマンの「十字架の神学」において、苦難の神のキリスト論と三一論が重なり合うこととなる。

「……神への人間の上昇ではなくて、十字架に付けられた者の自己破棄における神の啓示が、神における人間の展開のために、神の生の場所（Lebensraum）を開く。……十字架に付けられた者の死における卑下とキリストの復活における人間の高挙を通して、神が神の交わりのための諸条件を作ることによって、この交わりは共通した悲惨さの中にある全ての人間との恵みに満ちた前提のない普遍的な神の交わりとなる。従ってキリスト教神学は、恵みに満ちた神の交わりの無制約性と普遍性のために、キリスト中心的（christozentrisch）にまた同時に三一論的（trinitarisch）に思惟しなければならない。一方的に神によって立てられまたキリストの十字架において全ての者に開かれた契約が、初めて（聖）霊や共感、祈りにおいて対話的な契約関係を可能と

636　A.a.O. S.261 und 264.

637　A.a.O. S.263.

638　Ibid.

639　A.a.O. S.264.

第 9 章 十字架に付けられたキリスト   297

する」。[640]

　ここで十字架の出来事は、もはやイエス・キリストの神＝人関係におけ
る両性論的な出来事としてではなくて、まずは「（父と子としての神の）位
格の間の関係の出来事（Beziehungsgeschehen zwischen Personen）として三一
論的[641]」に解釈される。それゆえに「父と子の内的三一論的な諸関係（die
innertrinitarischen Beziehungen）は、静的に今一回限り（statisch ein für allemal）
に固定化されるのではなくて、一つの生きた歴史（eine lebendige Geschichte）
である[642]」と言われる。思弁的な論理学の体系によって形而上学的に概念化
された「有（理）神論」や「一神論」の倒錯した神理解に対して、ここで
モルトマンは神から見棄てられることの苦しみと見棄てることの苦しみに
おいて神を把握することを試みる「十字架の神学」をもって、神の躍動的
な現実性を三一論の内的な関係の視点から理解している。[643]何故ならモル
トマンにとっては、「（キリストの）十字架が神の三一論的な歴史の始まり
である[644]」からである。

640　Ibid.

641　A.a.O. S.232.

642　A.a.O. S.253.

643　三一論的な神概念の視点からモルトマンは古代教会の「両性論（Zwei-
　　Naturenlehre）」を批判している。「両性論は、受苦不能的な神的な本性と
　　受苦可能的な人的な本性の、2 つの質的に異なった本性の間の互換関係
　　（Wechselbeziehung）として静的に理解しているに違いない」（a.a.O. S.232）。
　　　またこれと同じ理由からルターのキリスト論の誤りも指摘している。「十
　　字架に付けられた神についてのルターのキリスト論は古代教会の両性論の枠
　　組みの中に留まり、属性の交流論（communicatio idiomatum-Lehre）の重要な
　　展開を描写し、受肉論を十字架へと徹底している」（a.a.O. S.222）。「……彼
　　（＝ルター）はそのキリスト論において受肉論的（inkarnatorisch）あるいは十
　　字架の神学的（kreuztheologisch）に思考しているが、かならずしも三一論的
　　（trinitarisch）に展開してはいない」（ibid.）。

644　A.a.O. S.266.

（2）「十字架の神学」における内的三一論と経綸的三一論

　ところで神との関係におけるキリストの苦しみは、さらに世界のための神の苦しみとしても理解されることができる。（父なる）神から見棄てられることにおいて（子なる）神は自ら苦しむだけではなくて、見棄てられた人間や世界のためにも苦しむ。何故なら「神は、その子が全ての見棄てられた者たちの兄弟となり彼らを神の下へと連れてくるために、私たちのためにその子を委ねた[645]」からである。十字架において神は人間と世界の苦しみを背負う。十字架の上からイエスが発する最後の叫びは、十字架に付けられたキリストにおいて神が人間と世界の苦しみを担っていることの証しである。

　以上のように、十字架において神は（父なる）神と（子なる）神の間で自ら苦しむだけではなくて、人間と世界のためにも苦しむ。十字架に付けられたキリストにおいて、（内に向かっての）三一論的な関係の中の苦しみと（外に向かっての）人間と世界への関係から発出する苦しみが重なり合う[646]。ここでは「神それ自体（Gott an sich）」と「私たちのための神（Gott für uns）[647]」の区別が破棄され、「神の神への関係」はさらに「十字架の出来事の現実性」において、即ち「私たちの現実性[648]」において見出される。それゆえにキリストの十字架の出来事において、（1）「父」－（2）「子」－（3）「聖霊」としての神の内的三一論的な存在様式は、また同時に（1）「創造者（Schöpfer）」－（2）「和解者（Versöhner）」－（3）「救済者（Erlöser）」の神となって示現するのである[649]。かくしてかつてバルトの『教会教義学』IV（「和解論」）において「原像（Urbild）」と「模倣（Abbild）」の関係規定から類比的に把握された、「内的三一論（immanente Trinität）」と「経綸的三一論

645　Jürgen Moltmann: *Wer ist Christus für uns heute?* S.35.

646　Cf. Jürgen Moltmann: *Der gekreuzigte Gott*. S.221.

647　A.a.O. S.226.

648　Ibid.

649　Cf. a.a.O. S.223.

第9章　十字架に付けられたキリスト　　　　　　　　　　　　299

（ökonomische Trinität）」の区分[650]が、モルトマンの「十字架の神学」によっ
て撤廃されることとなる。

　そしてモルトマンは——カトリック神学者ラーナーに見習って——神の
三一性を以下のように規定する。

　（1）「三一性は神の本質であり、また神の本質は三一性である」。

　（2）「経綸的三一論は内的三一論であり、また内的三一論は経綸的三一
論である[651]」。

　ここでモルトマンは、その「十字架の神学」をもって「三一論の完全な
新形態（gänzliche(-) Neugestaltung der Trinitätslehre）[652]」の構築を目指している。

（3）三一論の展開過程における新しい神概念の構想

　　「三一論の場所（Ort der Trinitätslehre）は……イエスの十字架である[653]」。

　イエス・キリストにおける神の自己啓示の出来事から三一論を構想した
バルト神学とは原理的に異なって、モルトマンは古代教会の三一論の中に
「十字架の神学」を繋留しつつ、さらに「十字架の神学」をもって三一論
を再解釈する。即ちモルトマンにとって三一論的な神認識は——もはやバ
ルトにおけるように神の「自己解釈」である啓示についての再解釈[654]では
なくて——「キリストの苦難の歴史の要約（Kurzfassung der Passionsgeschichte

650　Karl Barth: *Kirchliche Dogmatik* IV-2. S.387.
　　　バルト神学における「内的三一論」と「経綸的三一論」については、八谷
俊久、前掲書 155 頁注 202 を参照。
　　　Cf. Jürgen Moltmann: A.a.O. S.227.

651　Ibid.
　　　auch Jürgen Moltmann: Gesichtspunkte der Kreuzestheologie heute. In:
Evangelische Theologie 33. S.363.

652　Jürgen Moltmann: *Der gekreuzigte Gott*. S.226.

653　A.a.O. S.227.

654　八谷俊久、前掲書 145 頁以下を参照。

Christi)」に他ならない。要約するならば、「キリスト教的には、三一論の中心にいつも十字架が立っている[656]」のである。

　そしてモルトマンは「十字架の神学」と三一論の相互関係を、以下のように定義付けている。

　　「三一論の物理的な原理（Materialprinzip）はキリストの十字架であり、十字架の神学の形式的な原理（Formalprinzip）は三一論である[657]」。
あるいは
　　「三一論の内容（Inhalt）はキリストの実際の十字架それ自体であり、十字架に付けられた者の形式（Form）は三一性である[658]」。

　ここでモルトマンの「十字架の神学」は、キリストの十字架から神を三一論の展開過程として把握するという、三一論的な関係において理解された神概念の構想を目指している。何故ならモルトマンにとっては、「（キリストの）十字架が神の三一論的な歴史の始まり[659]」だからである。

　かくして人間と世界の終末の先取りとしての「十字架に付けられた者の復活」を通して三一論の神は、新しく創造する愛の力をもって未来に開かれた歴史の展開過程へと入り込むこととなる。

　　「キリストの十字架は、世界の苦難の歴史の諸制限の下にあるキリストの復活を……解放する愛の出来事（Geschehen der befreienden Liebe）へと修正する[660]」。

655　Jürgen Moltmann: A.a.O. S.232.

656　Jürgen Moltmann: *Der Weg Jesu Christi*. S.195.

657　Jürgen Moltmann: *Der gekreuzigte Gott*. S.228.

658　A.a.O. S.232.

659　本書の 297 頁を参照。

660　Jürgen Moltmann: A.a.O. S.172.

第9章 十字架に付けられたキリスト 301

　神の三一論的な展開過程において世界の苦難の歴史と希望の歴史は一つ
に重なり合う。苦しむ人間が抱く希望の本源は、十字架に付けられたキリ
ストにおいて苦しむ神がこの世界の中で苦しむ人間のためにも苦しむこと
にある。「イエスの苦しみと死における愛の出来事としての（神の）三一
性[661]」は、「キリストの十字架から出発するところの、この地上における人
間にとって開かれた終末論的な展開過程（eschatologischer Prozeß）[662]」を先取り
して証言する。何故ならキリストの十字架によって、「（聖）霊における父
と子の間の神の三一論的な歴史は終末論的な歴史として完結するのではな
くて、初めて切り拓かれる[663]」からである。
　それゆえにモルトマンによれば、キリスト教神学は「神の三一論的な歴
史の展開過程（(der) trinitarische(-) Geschichtsprozeß Gottes）[664]」へと参与すること
をその主題とするのである。

　　「十字架における神の三一論的な出来事は、終末論的な信仰にとっ
　　て未来に開かれたまた未来を切り拓く神の歴史（zukunftsoffene(-) und
　　zukunftseröffnende(-) Gottesgeschichte）となる。……神は私たちの中（in
　　uns）にある。愛が苦しむところで、神は私たちの中で苦しむ。私た
　　ちは神の三一論的な歴史の展開過程へと参与する。……仮に不十分な
　　図像性をもって確定しようとするならば、彼（＝神）は父（なる神）と
　　して超越的であり、子（なる神）として内在的であり、（聖）霊として
　　未来を切り拓きながら歴史に先行する[665]」。

　「十字架の神学」のキリスト論の思想内容は、モルトマンによれば「イ

────────────────

661　A.a.O. S.235.

662　A.a.O. S.236.

663　A.a.O. S.254.

664　「私たちは神の三一論的な歴史の展開過程（Prozeß der trinitarischen Geschicht
　　Gottes）においてそれ（＝神の現臨）を理解する」（a.a.O. S.315）。

665　A.a.O. S.241f.

302 第Ⅲ部 「歴史から世界へ」

エスとその完全な先取りと約束（pro-visio und promissio）の歴史への集中」[666]
をもって「神の三一論的な歴史の展開過程」において見出される。何故な
ら十字架において、神は三位一体の神として啓示するからである。モルト
マンにとって、キリストの十字架は三位一体の神の内的な出来事に他なら
ない。[667]

　かくしてモルトマンは、神に見棄てられた十字架のキリストにおいて神
を認識する「十字架の神学」から出発して三一論の神学を構想するところ
の、キリスト教神学にとっての「神概念における想定された革命（fällige(-)
Revolution im Gottesbegriff）」[668] を遂行するのである。[669]

　　「……ゴルゴタの十字架における父（なる神）と子（なる神）と（聖）
　　霊の緊張に満ちた弁証法的な歴史の統一が――後付け的に語るならば
　　――『神』として描述される。三一論的な十字架の神学は、もはや予
　　め措定された形而上学的・道徳的な神概念の枠組みや名前において十
　　字架の出来事を解釈しない。『神』をもって……実際には一つの『出
　　来事』だけが想定される。それは……ゴルゴタの出来事であり、そこ
　　から未来を切り拓きまた生を創造する（聖）霊（der zukunftseröffnende,
　　lebenschaffende Geist）が発出するところの、子（なる神）の愛と父（なる

666　A.a.O. S.103.
　　ここでモルトマンはキリスト教の「信仰告白」を「先取りされた頌栄の形
　式（Form antizipierter Doxologie）」（ibid.）として定義している。

667　本書の 287 頁以下を参照。

668　Jürgen Moltmann: A.a.O. S.9. auch S.145.

669　かかる三一論的な神概念を基軸にしてモルトマンは、バルトが「キリス
　ト論的な集中」をもって「啓示」概念を解釈する（本章の注 562 頁を参照）こ
　とによって「なおも 神－論的（theo-logisch）に思考して、十分には三一論的
　に思考していない」（a.a.O. S.188）と、バルト神学の限界を指摘している。け
　れどもそれなら逆にモルトマンの「十字架の神学」が神における 3 つの「存
　在様式」の「区別」を一方的に強調し、その結果として、いわば多神論的に
　思考するだけで、いまだ決定的に十分には三一論的に思考していないと、モ
　ルトマンの三一論の神学の問題点を指摘することはできないだろうか。八谷
　俊久、前掲書 264 頁注 367 を参照。

第9章　十字架に付けられたキリスト　　　　　　　　　　　　303

神）の痛みの出来事である」[670]。

3.「十字架の神学」の倫理学的な展開
キリスト論からキリスト教（社会）倫理学へ

　「十字架の神学を今日において実現することは、宗教改革の神学
（reformatorische Theologie）をその批判的・改革的（kritisch-reformatorisch(-)）
な要請において真剣に受け取り、またそれを教会批判（Kirchenkritik）
を越えて社会批判（Gesellschaftskritik）へと展開することである」[671]。

　（1）さて「神の三一論的な歴史の過程」への参与は、キリスト教信仰に
対して（社会）倫理学的な展開をもたらす。ここで社会・政治批判的に方
向付けられた神学思考が、「十字架の神学」の（社会）倫理学的な展開と
してバルト神学以後のキリスト論を展望しつつモルトマンによって構想さ
れることとなる。

　モルトマンの「十字架の神学」においては教義学（キリスト論）と（社会）
倫理学（実践理論）が密接に連動している。

　「キリストの道へと踏み出す者は、イエスが現実的に誰であったかを
　認識するであろう。そしてイエスを神のキリストとして信じる者は、
　その道において彼に従う。キリスト論とキリストの実践（Christopraxis）
　は、キリストの全体的な認識において重なり合う」[672]。

あるいは

　「理論（Theorie）と実践（Praxis）はキリスト教においても切り離され

670　　A.a.O. S.233f.

671　　A.a.O. S.9.

672　　Jürgen Moltmann: *Der Weg Jesu Christi*. S.12.

ることができない。……今日の私たちのための意義においてキリスト
の認識に尽力するキリスト論的な理論はそれ自体で一つの実践であり
また自ら責任を負う。……キリスト論とキリスト教倫理学（christliche
Ethik）は切り離されることができない」[673]。

　それゆえにモルトマンの「十字架の神学」において、「キリスト教倫理
学（christliche Ethik）」は「倫理学的なキリスト論（ethische Christologie）」[674] の
展開に他ならないのである。

　(2)　ところで「十字架の神学」のキリスト論的な思惟から展開されるキ
リスト教（社会）倫理学的な実践理論が、さらにモルトマンのキリスト論
についての後期著作『イエス・キリストの道』（1989 年）において、以下
の 2 つの視点[675] から構想される。
　(1)　来たるべき神の国のためにこの世の邪悪な支配に抵抗する真理の証
人の「殉教」を主題とした「まねびの神学」の構想。
　(2)　キリスト教信仰の実存的・連帯的な生命力の喪失と宗教的な救済体
験の排他的な個人主義化によって加速される環境世界の破壊を克服するた
めの自然世界との人間の和解について論議する「宇宙的なキリスト論」の
構想。
　そこで「十字架の神学」のキリスト論的な思惟から展開されるモルトマ
ンのキリスト教（社会）倫理学的な実践理論を、いわばボンヘッファー＝

673　A.a.O. S.60.

674　A.a.O. S.139.

675　後期著作『イエス・キリストの道』において「十字架の神学」のキリス
　　ト論的な思惟からさらに展開されるキリスト教（社会）倫理学的な実践理論
　　の構築のための、以下の 2 つの視点は、ボンヘッファー＝（後期）バルトの
　　線上において現出する、残された問題（本書の 275 頁以下を参照）に向けての、
　　モルトマンの側からの応答として位置付けられよう。八谷俊久、前掲書 319
　　頁以下を参照。

第9章　十字架に付けられたキリスト　　　　　　　　　　　305

（後期）バルトの線[676]の延長上にある、バルト神学以後のキリスト論の展望として、以下において素描したい。

(1)「キリストのまねび」における「殉教者」──「まねびの神学」の構想

　　「イエスを知る（kennen）ことは、単にキリスト論の教義を学ぶ（lernen）ことではなくて、まねびの実践（Praxis der Nachfolge）において彼と知り合う（kennen(-)lernen）ことである。神学的なキリスト論はこのキリストの実践と関わる……[677]」。

　（1）まず「十字架の神学」のキリスト論的な思惟から展開されるキリスト教（社会）倫理学的な実践理論は、苦難のキリストとの交わりにおける「キリストのまねび（Nachfoge Christi = Imitatio Christi）」として結実する。キリスト教信仰における自己実存の根本的な変革の体験は、実践において十字架のキリストの苦しみと死に参与するという「キリストのまねび」を要請する[678]。「十字架に付けられた者の使信を聞く者は、まねびへの招きを聞く。そしてキリストのまねびへと踏み出す者は、自ら十字架を負う備えがなければならない[679]」。キリスト教信仰の実践において「十字架の神学」と

676　本書の 265 頁を参照。

677　Jürgen Moltmann: A.a.O. S.61.

678　「キリストのまねびは信仰と呼ばれる。そして信仰は実際に理論と実践の実存的な一致である……」（Jürgen Moltmann: Der gekreuzigte Gott. S.62）。
　　ところでモルトマンの「十字架の神学」においては、「キリストのまねび」がキリストにおける「苦難の神」理解を経てこの世的な「参与」へと昇華している。「キリストにおいて死につつまた新しい生へと甦りつつ、……信仰者は世界において神の苦しみに確かに参与する。何故なら彼（＝信仰者）は神の愛の情熱に参与するからである。逆に言えば、彼は世界の具体的な苦しみに参与する。何故なら神は子（なる神）の十字架においてその（＝世界の）ために苦しみを受けたからである」（a.a.O. S.266）。

679　Jürgen Moltmann: *Wer ist Christus für uns heute*? S.44.

306 第Ⅲ部 「歴史から世界へ」

「まねびの神学」は一つに重なり合う[680]。

　そしてここでモルトマンは、「キリスト論の現在的な場所（der gegenwärtige Ort der Christologie）[681]」として位置付けながら、「キリストのまねび」について論及している。

　　「キリスト論がキリスト教信仰を前提とするように、それは広義においてキリストの実践も前提として、またそこから発生する。それ（＝キリスト論）は浮遊した、場所を持たない理論ではない。キリストの信仰告白（Bekenntnis zum Christus）とキリストのまねび（Nachfolge Christi）は重なり合う[682]」。

　「キリストのまねび」を通してキリスト教信仰は、その実存的な意義を確認するだけではなくて、人格的・内面的な救済体験を個人主義化して宗教的・倫理的な自己義認へと解消することを克服しつつ、そこに宿る豊かな生命力を「経済的・社会的・政治的な生活の領域[683]」において実現する。何故ならキリスト教信仰において「キリストのまねび」は「全ての生の実践（ganzheitliche Lebenspraxis）[684]」を含意するからである。ここでモルトマンは、これまでのプロテスタント教会において「信仰義認」の根本原理の圧倒的な優位性の下で疎遠となりがちであった「まねびの神学[685]」を宗教改革の精神をもって再解釈しつつ、「十字架の神学」の倫理学的な展開として構想

680　「キリスト教的な実存は、十字架に付けられた者のまねびにおいて人間自身やその諸関係を変革する実践である」（Jürgen Moltmann: Der gekreuzigte Gott. S.30）。

681　Jürgen Moltmann: *Der Weg Jesu Christi*. S.59.

682　Ibid.

683　Jürgen Moltmann: *Der gekreuzigte Gott*. S.64.

684　Jürgen Moltmann: *Wer ist Christus für uns heute?* S.44.

685　Jürgen Moltmann: *Der Weg Jesu Christi*. S.138.
　　auch Jürgen Moltmann: *Der gekreuzigte Gott*. S.55.

第 9 章　十字架に付けられたキリスト　　　　　　　　　　　　　　　307

する。[686]

　かくしてドイツのプロテスタント教会の義認論の奥底に永く封印されて
きた「まねびの神学」が、モルトマンの「十字架の神学」において多色の
光彩を放つこととなる。

　（2）ところでモルトマンが「まねびにおいて人間はキリストと等しくな
ることを試みる」[687]と言明するならば、十字架のキリストの苦しみと死に
類比的に相応するところの「まねび」の究極的に尖鋭化された形態は「殉
教（Martyrium）」[688]であろう。逆に「殉教」がキリスト教会の中で忘却され
る時、そこには決まって「キリスト教の政治的な妥協の徴候（Zeichen der

686　なおモルトマンは「まねびの神学」を専らボンヘッファーから学んだよ
　　うである（cf. a.a.O. S.36ff.）。「ただ一人 D. ボンヘッファー……だけが、現在
　　のドイツ神学においてこの主題を受け取った」（Jürgen Moltmann: Der Weg Jesu
　　Christi. S.138. Anm.66）。ボンヘッファーの「まねびの神学」については、その
　　基礎付けともなるキリスト論的な思惟の構造の分析（本書の 219 頁以下を参照）
　　と合わせて、本書の 224 頁以下を参照。
　　　ところでボンヘッファー神学に対する違和感を早々に表明しながらも
　　（Jürgen Moltmann: Weiter Raum. Eine Lebensgeschichte. S.83）、モルトマンはド
　　イツ・ルター派教会の伝統的な、いわゆる「二王国論（Zwei-Reiche- oder
　　Regimenten-Lehre）」の神学とカルヴァン＝改革派教会の「キリストの王権
　　（Königsherrschaft Christi）」の神学の対立を乗り越える道筋を、ボンヘッファ
　　ーの「まねびの神学」に見出していたと思われる（a.a.O. S.83f.）。それだけに
　　「まねびの神学」を紐帯にして、さらに「ボンヘッファー＝（後期）バルト＝
　　モルトマンの線」を描出することもできるかもしれない。しかしながら同じ
　　くボンヘッファーにおいて学んだバルトの「まねびの神学」（本書の 225 頁注
　　348 を参照）について、モルトマンが全く関心を示していないのは何故だろう
　　か。
687　Jürgen Moltmann: Der Weg Jesu Christi. S.226.
688　「イエスの苦しみと使徒たちや殉教者たちの苦しみの間には相応
　　（Entsprechung(-)）が あ る 」（Jürgen Moltmann: Der gekreuzigte Gott. S.117. auch
　　S.57f., 62 und 266）。
　　　しかしモルトマンにおいて両者の「相応」は決して同一性を意味していな
　　い。かえって「十字架の神学は、（キリストの十字架と殉教者たちの十字架の）
　　関係性を現実的に、また世界の終末論的な解放の意味において希望に満ちて
　　認識し承認するために、これらの区別をしなければならない」（a.a.O. S.66）。

politischen Anpassung)」⁶⁸⁹が示現することとなる。そこで「殉教の神学」をもってモルトマンは、社会的な正義を実現するための交わりの連帯へのキリスト者の応答を要請する。

　ここでモルトマンは、「キリストのまねび」と連動したキリスト教的な「殉教」の（社会）倫理学的な展開を3人のキリスト者において見出した。

　（1）キリスト教信仰のために苦しみを甘受するという次元において P. シュナイダー牧師（1897-1939年）⁶⁹⁰。

　（2）この世の邪悪な支配に抵抗するために苦しむという次元において D. ボンヘッファー神学博士（1906-1945年）⁶⁹¹。

　（3）抑圧された民衆の苦しみを共にするという次元において A. ロメロ神父（1917-1979年）⁶⁹²。

　そして「キリストのまねび」において十字架のキリストの苦しみと死に参与する殉教者たちの苦しみと死もまた、モルトマンによれば黙示録的・終末論的な性格を内包する⁶⁹³。

　　「『キリストの苦しみ』に参与する者は、世界の終末時の苦しみに参与する。殉教者たちはこの終わりを自身の時代のために先取りし、そしてそれによって欺瞞の支配に対する来たるべき真理の、また時流の不義に対する来たるべき正義の、死の支配に対する来たるべき生の黙示録的な証人たちとなる」⁶⁹⁴。

689　Jürgen Moltmann: *Der Weg Jesu Christi*. S.219.

690　Cf. a.a.O. S.221f.

691　Cf. a.a.O. S.223f.
　　ボンヘッファーの「まねびの神学」については、本書の 224 頁以下を参照。

692　Cf. Jürgen Moltmann: A.a.O. S.224f.
　　auch Jürgen Moltmann: *Wer ist Christus für uns heute?* S.45.

693　「まねびへの呼びかけ（Ruf in die Nachfolge）は……終末論的に動機付けられていて、道徳的に理解されるべきではない。……まねびへの呼びかけは終末時の戒め（Gebot）である」（Jürgen Moltmann: Der gekreuzigte Gott. S.56）。

694　Jürgen Moltmann: *Der Weg Jesu Christi*. S.226.

第9章　十字架に付けられたキリスト　　　　　　　　　　　　　　309

　キリスト教的な殉教者は、キリストにまねびまたこの世の邪悪な支配に
抵抗することにおいて来たるべき神の国についての黙示録的・終末論的な
真理の証人に他ならない。それゆえにキリスト教会は代々の信仰の証人た
ちを絶えず思い起こして、神の国に共に連なるキリストの約束を堅く守っ
てきたのである。「キリスト教的な交わりが『キリストの苦しみ』を思い
起こす時はいつでも、キリストの苦しみに参与した殉教者たちの苦しみを
思い起こす。キリストの苦しみと殉教者たちの苦しみの記憶において神自
身が私たちにその約束を思い起こさせ、また私たちは神の国の未来を待望
する。……痛みの伴う想起において希望が備えられている」と。

(2)　自然との人間の和解──「宇宙的なキリスト論」の構想

　　「和解の倫理学（Ethik der Versöhnung）は全ての被造物の共生に仕える」。

　次に「十字架の神学」のキリスト論的な思惟から展開されるキリスト教
（社会）倫理学的な実践理論は、自然との人間の和解を取り扱いたい。

　　「死と復活の理解は、私たちを歴史のキリスト論の限界を越えて自然
　　のキリスト論（natürliche Chritologie）へと導く」。

　「十字架の神学」において、暴力的な危害を加えることによってだけで
はなくて、近代神学においてキリスト教真理を個人の人間実存の主体的
な内面性へと解釈学的に解消することによっても引き起こされた自然の

695　ここでモルトマンは「殉教の神学」を蒙昧な「聖人崇拝」から峻別して
　　　いる。「殉教者たちの回想から特殊な聖人崇拝（Heiligenkult）が創作される
　　　時、宗教的な隔離の徴候（Zeichen der religiösen Distanzierung）があるであろう」
　　　（a.a.O. S.219）。

696　Jürgen Moltmann: *Wer ist Christus für uns heute*? S.45.

697　Jürgen Moltmann: *Der Weg Jesu Christi*. S.331.

698　A.a.O. S.297.

第Ⅲ部 「歴史から世界へ」

破壊を克服するために、「近代の歴史のキリスト論から人間の歴史を自然の枠組みの中で環境論的に定着させるところのポストモダンのキリスト論（postmoderne(-) Christologie）への移行」[699]が要請されている。かつてブルトマンが世界を聖書の宣教（ケリグマ）を前にした人間の実存様式として解釈したような、聖書の使信についての実存論的な解釈による宗教的な救済の人間論的な個人主義化あるいは非世界化に対して、モルトマンは「十字架の神学」と「創造の神学」が密接に連関するポストモダン的な環境論や生態論を背景としたところの、いわば「宇宙的なキリスト論（kosmische Chrsitologie）」を構想する。

　ここでモルトマンの「十字架の神学」は、キリスト論をさらに宇宙論的な創造論の視点をもって広範に展開することを目指している。そして「宇宙的なキリスト論」をもってモルトマンは、歴史の展開過程におけるキリストの創造の介在を3つの仕方で理解した。

　（1）「万物の創造の根拠（creatio originalis）」。

　（2）「創造の進化の推進力（creatio continua）」。

　（3）「創造の全過程の救済者（creatio nova）[700]」。

　そして十字架に付けられたキリストの存在は救済の成就だけではなく、さらには創造の完成も含意する。それゆえにモルトマンにとって、キリストの神は死者を蘇らせた神であるだけではなくて、「宇宙の創造者（Schöpfer des Universums）[701]」でもある。モルトマンによれば、「死者を蘇らせた神は創造者として非存在を存在（Sein）へと呼びかける者であり、また世界を無（Nichts）から現存（Dasein）へと呼びかけた者が死者を蘇らせた神である」[702]。キリストの十字架において神の救済過程と創造過程は重なり合う。[703]

699　A.a.O. S.13.

700　A.a.O. S.310.

701　A.a.O. S.304.

702　Ibid.

703　キリスト教的な創造論と関連して、ここではド・シャルダンの進化論についても論及される（a.a.O. S.310 und 315ff.）。「彼（＝ド・シャルダン）にとって救済史（Heilsgeschichte）と生命の進化（Evolution des Lebens）は重なり合う」

第9章　十字架に付けられたキリスト　　311

　そして今日の社会において引き起こされた環境の破壊や生態の危機から
自然世界を回復するために、モルトマンは人間世界と自然世界の創造過程
の中に神的な「美しさ（Schönheit）」の痕跡を再発見することを提唱する。[704]
ここで「（キリストの）十字架に集中した神学」[705]であるモルトマンの「十字
架の神学」は宇宙論的な広がりを披瀝する。

　　　「結局は人が、世界を救済するところの来たるべきキリストだけを眼
　　　前に思い浮かべるならば、ただこの救済を必要としている世界だけを
　　　見て、創造者の善意（Güte）や万物におけるその美しさの痕跡の何を
　　　も見ないであろう」[706]。

　キリストにおいて遂行された神との人間の和解は、すでに神との自然世
界の和解の実現を含意している。自然はキリストの十字架において神によ
って愛され和解された、決して見棄てられることのない被造物である。そ
れゆえにキリストの十字架は人間の救済のためだけではなくて、自然世界
の全体の救済のためでもある。モルトマンの言葉を借りて別言するならば、
「全ての被造物は、世界の和解へと受け入れられるために、十字架におい
てキリストがそのために死んだ存在である」[707]。
　ここでモルトマンは人間社会の相互連帯における和解だけではなくて、
さらには自然世界との人間の宇宙論的な連帯による和解を目指している。

（a.a.O. S.316）。

704　アメリカのプロセス神学者ハーツホーンによる「汎神論（Pantheismus）」
　　　と「万有在神論（Panentheismus）」の概念的な区別（Charles Hartshorne: The
　　　Divine Relativity. p.88）に見習って、モルトマンは世界と自然の創造の展開過
　　　程についての理解のために──伝統的な汎神論的な神概念に対して──「キ
　　　リスト教的な万有在神論」（Jürgen Moltmann: Trinität und Reich Gottes. S.120）を
　　　提唱している。

705　本書の283頁を参照。

706　Jürgen Moltmann: *Der Weg Jesu Christi*. S.310.
auch Jürgen Moltmann: *Wer ist Christus für uns heute*? S.83.

707　Jürgen Moltmann: *Der Weg Jesu Christi*. S.331.

312   第Ⅲ部 「歴史から世界へ」

「もし全ての被造物が和解されないならば、キリストは神のキリストでは
ないであろうしまた全ての事物の根拠ではないであろう」[708]。それゆえにモ
ルトマンの「宇宙的なキリスト論」においては、キリストを信じる人間個
人の実存可能性を遥かに越えて、自然世界との人間の和解の現実性が宇宙
論的な広がりの中で取り扱われることとなる。

　以上のようにして、モルトマンの「十字架の神学」の宇宙論的な広がり
に沿ってバルト神学以後のキリスト論を遠望するならば、はたしてその主
題は「世界から自然へ」であろう。すでにモルトマンは、かつて最晩年の
バルトがただ僅かに輪郭的に素描しただけの「キリスト論を経由した自然
神学（theologia naturalis via Christologie)[709]」の構想を、改めて神学的な議論の中
へ取り入れることを試みていたのである。

　さてモルトマンにおいて「宇宙的なキリスト論」は、さらに聖霊論的に
展開される。何故なら自然世界との人間の和解の共生は、十字架に付けら
れたキリストを蘇らせた神の創造的な聖霊の力によってのみ実現されるか
らである。「創造的な聖霊が全ての被造物の中で働いている」[710]。かかる「聖
霊論的なキリスト論（Geist-Christologie = pneumatologische Christologie)」の視点
からモルトマンは、「キリストの人格や歴史の外側」[711]での自然世界の全て
の被造物の中に神の創造的な聖霊の働きを見出した。かくしてモルトマ
ンによってポストモダン的な環境論を背景とした「宇宙的なキリスト論」
が、「十字架の神学」の（社会）倫理学的な展開として、バルト神学以後
のキリスト論の主題を遠望しつつ、さらに「万物の和解（Allversöhnung =
apokatastasis panton)[712]」についての教理と関連して、聖霊論的（pneumatologisch)・

708　Ibid.

709　Karl Barth: *Gespräche. 1959-62*. S.132. 本書の 276 頁を参照。

710　Jürgen Moltmann: A.a.O. S.114.

711　Ibid.

712　Cf. a.a.O. S.297ff.
　　　すでにバルトも――「万物の和解」についての教理との関連において――
　　自然世界の和解の問題について「予定論」（Karl Barth: Kirchliche Dogmatik II-
　　2. S.325 und 462）や「和解論」（Karl Barth: Kirchliche Dogmatik IV-3. S.550f. auch

第9章　十字架に付けられたキリスト　　　　　　　　　　　　　313

教会論的（ekklesiologisch）・終末論的（eschatologisch）に構想されることとなる。[713]

S.865）の中で論及している。八谷俊久、前掲書の 168 頁注 257 と 322 頁注 21 を参照。
　ところで「万物の和解」についての教理をもって構想された救済論や教会論は、神の救済の出来事への人間の参与の倫理的な真剣さや実存的な躍動性を看過する危険性を孕んではいないかと、バルトやモルトマンに向けてなお疑念が向けられるであろう（cf. Helmut Thielicke: Theologische Ethik I. S.193）。八谷俊久、前掲書の 323 頁注 24 を参照。
713　　八谷俊久、前掲書の 323 頁を参照。

参考文献

A. キェルケゴールの著作

デンマーク語原典の著作集

Samlede Værker 1. 1-14. ud af A. B. Drachmann, J. L. Heiberg og H. O. Lange. København 1901ff.（略号 SV1.）

Papier 2. I-XIII. ud af P.A. Heiberg, V. Kuhr og E. Torsting. Anden, forøgede Udagave ved Niels Thulstrup. København 1968ff.（略号 Pap.）

ドイツ語訳の著作集

GW2   Gesammelte Werke. übers. und hg. von Emanuel Hirsch, Hayo Gerdes und Hans-Martin Junghans. 2. Aufl., 36 Abtlg. in 30 Bdn. Gütersloh 1986-95. (GTB Nachdruck Bd.Nr. 600-629).

ドイツ語略記一覧

A   *Der Augenblick.* GW2 28. (GTB 627)

AUN   *Abschließende Unwissenschaftliche Nachschrift zu den Philosophischen Brocken.* GW2 13-14. (GTB 12-13)

B   *Briefe.* GW2 29. (GTB 628)

BA   *Der Begriff Angst.* GW2 9. (GTB 608)

BI   *Über den Begriff der Ironie mit ständiger Rücksicht auf Sokrates.* GW2 25. (GTB 624)

BÜA   *Das Buch über Adler.* GW2 30. (GTB 629)

CR   *Christliche Reden 1848.* GW2 19. (GTB 618)

CS   *Der Corsarenstreit.* GW2 26. (GTB 625)

DRG   *Drei Reden bei gedachten Gelegenheiten 1845.* GW2 10. (GTB 609)

EC   *Einübung im Christentum.* GW2 22. (GTB 621)

EER   *Eine erbauliche Rede 1850.* GW2 23. (GTB 622)

参考文献   315

EO-1   *Entweder/Oder* 1. Teil. GW2 1-2. (GTB 600-601)

EO-2   *Entweder/Oder* 2. Teil. GW2 3-4. (GTB 602-603)

ERG   *Erbauliche Reden in verschiedenem Geist* 1847. GW2 16. (GTB 615)

ES   *Erstlingsschriften.* GW2 24. (GTB 623)

FZ   *Furcht und Zittern.* GW2 5. (GTB 604)

GU   *Gottes Unveränderlichkeit.* GW2 28. (GTB 627)

GWS   *Der Gesichtspunkt für meine Wirksamkeit als Schriftsteller.* GW2 27. (GTB 626)

JC   *Johannes Climacus oder De omnibus dubitandum est.* GW2 8. (GTB 607)

KA   *Kleine Aufsätze* 1842-51. GW2 26. (GTB 625)

KK   *Die Krise und eine Krise im Leben einer Schauspielerin.* GW2 20. (GTB 619)

KT   *Die Krankheit zum Tode.* GW2 21. (GTB 620)

LA   *Eine literarische Anzeige.* GW2 15. (GTB 614)

LF   *Die Lilie auf dem Felde und der Vogel unter dem Himmel.* GW2 20. (GTB 619)

LP   *Aus eines noch Lebenden Papieren.* GW2 24. (GTB 623)

LT   *Der Liebe Tun.* GW2 17-18. (GTB 616-617)

PB   *Philosophische Brocken.* GW2 8. (GTB 607)

2R43   *Zwei erbauliche Reden* 1843. GW2 4. (GTB 603)

3R43   *Drei erbauliche Reden* 1843. GW2 6. (GTB 605)

4R43   *Vier erbauliche Reden* 1843. GW2 7. (GTB 606)

2R44   *Zwei erbauliche Reden* 1844. GW2 7. (GTB 606)

3R44   *Drei erbauliche Reden* 1844. GW2 7. (GTB 606)

4R44   *Vier erbauliche Reden* 1884. GW2 10. (GTB 609)

RAF   *Zwei Reden beim Altargang am Freitag* 1851. GW2 23. (GTB 622)

SLW   *Stadien auf des Lebens Weg.* GW2 11-12. (GTB 610-611)

SS   *Die Schriften über sich selbst.* GW2 27. (GTB 626)

US   *Urteilt selbst.* GW2 23. (GTB 622)

V   *Vorworte.* GW2 9. (GTB 608)

W   *Die Wiederholung.* GW2 6. (GTB 605)

WCC   *Wie Christus über das amtliche Christentum urteilt.* GW2 28. (GTB 627)

WS   *Über meine Wirksamkeit als Schriftsteller.* GW2 27. (GTB 626)

ZKA   *Zwo kleine ethisch-religiöse Abhandlungen.* GW2 20. (GTB 619)

ZS   *Zur Selbstprüfung der Gegenwart anbefohlen* 1851. GW2 23. (GTB 622)

T 1-5   *Die Tagebücher.* übers. und hg. von Hayo Gerdes. Bd. 1-5. Düsseldorf – Köln 1962-74.

その他のドイツ語訳の著作集

Gesammelte Werke 1-12. übers. von Gottsched und Schrempf. Jena 1909-1922.

Buch des Richters. übers. von Gottsched. Jena – Leipzig 1905.

Der Einzelne und die Kirche. übers. von Wilhelm Kütemeyer. Berlin 1934.

B. バルトの著作

Römerbrief. (I.). 1919. Karl Barth-Gesamtausgabe II. Zürich 1985.

Römerbrief. (II). 1922. Zollikon-Zürich 1940.

Der Christ in der Gesellschaft. In: *Anfänge der dialektischen Theologie* 1. hg. von Jürgen Moltmann. München 1962. S.3-37.

Biblische Frage, Einsichten und Ausblicke. In: *Anfänge der dialektischen Theologie* 1. S.49-76.

Von der Paradoxie des „positiven Paradoxes". In: *Anfänge der dialektischen Theologie* 1.S.175-189.

Das Wort Gottes als Aufgabe der Theologie. In: *Anfänge der dialektischen Theologie* 1. S.197-218.

Die Gerechtigkeit Gottes. In: *Das Wort Gottes und die Theologie.* München 1924. S.5-17.

Die neue Welt in der Bibel. In: *Das Wort Gottes und die Theologie.* S.18-32.

Not und Verheißung der christlichen Verkündigung. In: *Das Wort Gottes und die Theologie.* S.99-124.

Das Problem der Ethik in der Gegenwart. In: *Das Wort Gottes und die Theologie.* S.125-155.

Kirche und Theologie. In: *Die Theologie und die Kirche.* München 1928. S.302- 328.

Menschenwort und Gotteswort in der christlichen Predigt. In: *Zwischen den Zeiten* 3. München 1925. S.119-140.

Die Lehre von den Sakramenten. In: *Zwischen den Zeiten* 7. München 1929. S.427-460.

Fünfzehn Antworten an Herrn Professor von Harnack. In: *Theologische Fragen und Antworten.* Zollikon 1957. S.9-13.

Abschied von „Zwischen den Zeiten". In: *Anfänge der dialektischen Theologie* 2. hg. von Jürgen Moltmann. München 1963. S.313-321.

Nein!. Theologische Existenz heute 14. München 1934.

Credo. München 1934.

参考文献　　　　　　　　　　　　　　　　　　　　　　　　　　　　317

Christengemeinde und Bürgergemeinde. Stuttgart 1946.

Der Götze wackelt. Berlin 1961.

Rudolf Bultmann. Ein Versuch, ihn zu verstehen. Theologische Studien 34. Zollikon-
　　Zürich, 1953.

Evangelische Theologie im 19. Jahrhundert. Theologische Studie 49. Zollikon-Zürich
　　1957.

Nachwort. In: *Schleiermacher-Auswahl.* München-Hamburg 1968. S.290-312.

Parergon. In: *Evangelische Theologie* 8. München 1948/49. S.268-282.

Kierkegaard und die Theologen. In: Hermann Diem: *sine vi - sed servo.* München 1965.
　　S.7-9.

Dank und Reverenz. In: *Evangelische Theologie* 23. München 1963. S.337-342.

Predigten 1914. Karl Barth-Gesamtausgabe I. Zürich 1974.

Unterricht in der christlichen Religion I. Karl Barth-Gesamtausgabe II. 1924. Zürich
　　1985.

Die Christliche Dogmatik im Entwurf. Karl Barth-Gesamtausgabe II 1927. Zürich 1981.

Fides quaerens intellectum. Karl Barth-Gesamtausgabe II. 1931. Zürich 1981.

Karl Barth - Eduard Thurneysen. Briefwechsel 1-2. Karl Barth-Gesamtausgabe V. 1913-
　　1921, 1921-1930. Zürich 1973, 1974.

Karl Barth - Rudolf Bultmann. Briefwechsel. Karl Barth-Gesamtausgabe V. 1922-1966.
　　Zürich 1971.

　Briefe 1961-68.

　Gespräche 1959-62.

　Offene Briefe 1945-68.

Kirchliche Dogmatik I-IV. in 13 Teilbänden. auch Registerband. Zollikon-Zürich –
　　Zürich 1932-1970.

Das christliche Leben. Kirchliche Dogmatik IV-4. Fragment aus dem Nachlaß Vorle-
　　sungen. Karl Barth-Gesamtausgabe II 1959-1961. Zürich 1976.

Dogmatik im Grudriß. München 1947.

Die Menschlichkeit Gottes. Theologische Studien 48. Zollikon-Zürich 1956.In:
　　Einführung in die evangelische Theologie. Zürich 1962.

C.　ブルトマンとブルトマン学派の著作

Bultmann, Rudolf: *Jesus.* 1926 1958.

　　　: Neues Testament und Mythologie. In: *Kerygma und Mythos* I. Hamburg-
　　Volksdorf 1948. S.15-53.

: Zum Problrm der Entmythologisierung. In: *Kerygma und Mythos* II. Hambur-Volksdorf 1952. S.179-208.

: *Theologie des Neuen Testament.* Tübingen 1958 3-1958.

: *Geschichte und Eschatologie.* Tübingen 1958 3-1979.

: *Das Verhältnis der urchristlichen Christusbotschaft zum historischen Jesus.* Heidelberg 1960 4-1965.

: *Karl Barth-Rudolf Bultmann. Briefwechsel.* Karl Barth-Gesamtausgabe V 1922-1966. Zürich 1971.

: *Theologische Enzyklopäde.* Tübingen 1984.

: *Glauben und Verstehen* 1-4. Tübingen 1933 4-1961, 1952 3-1961, 1960, 1965. Die liberale Theologie und die jüngste theologische Bewegung. In: *Glauben und Verstehen* 1. S.1-25.

: Welchen Sinn hat es, von Gott zu reden?. In: *Glauben und Verstehen* 1. S.26-37.

: Zur Frage der Christologie. In: *Glauben und Verstehen* 1. S.85-113.

: Die Bedeutung der „dialektischen Theologie" für die neutestamentliche Wissenschaft. In: *Glauben und Verstehen* 1. S.114-133.

: Die Eschatologie des Johannes-Evangeliums. In: *Glauben und Verstehen* 1. S.134-152.

: Kirche und Lehre im Neuen Testament. In: *Glauben und Verstehen* 1. S.153-187.

: Die Bedeutung des geschichtlichen Jesus für die Theologie des Paulus. In: *Glauben und Verstehen* 1. S.188-213.

: Die Christologie des Neuen Testaments. In: *Glauben und Verstehen* 1. S.245-247.

: Der Begriff des Wortes Gottes im Neuen Testament. In: *Glauben und Verstehen* 1. S.268-293.

: Anknüpfung und Widerspruch. In: *Glauben und Verstehen* 2. S.117-132.

Das Problem der Hermeneutik. In: *Glauben und Verstehen* 2. S.211-235.

: Der Begriff der Offenbarung im Neuen Testament. In: *Glauben und Verstehen* 3. S.1-34.

: Wissenschaft und Existenz. In: *Glauben und Verstehen* 3. S.107-121.

: Zum Problem der Entmythologisierung. In: *Glauben und Verstehen* 4. S.128-137.

: Jesus Christus und die Mythologie. In: *Glauben und Verstehen* 4. S.141-189.

: Antwort an Erst Käsemann. In: *Glauben und Verstehen* 4. S.190-198.

: Karl Barths ›Römerbrief‹ in zweiter Auflage (1922). In: *Anfänge der*

参考文献   319

dialektischen Theologie 1. S.119-142.

Käsemann, Ernst: Das Problem des historischen Jesus. In: *Zeitschrift für Theologie und Kirche* 54.   Tübingen 1954. S.125-153.

Ebeling, Gerhard: Die Frage nach dem historischen Jesus und das Problem der Christologie. In: *Zeitschrift für Theologie und Kirche* 56 Beiheft 1. Tübingen 1959. S.14-30.

     : *Wort und Glaube.* Zürich 1960.

     : *Theologie und Verkündigung.* Tübingen 1962.

D. ティリッヒの著作

Auf der Grenze. München 1987.

Kritisches und positives Paradox. In: *Anfänge der dialektischen Theologie* 1. S.165-174.

Christologie und Geschichtsdeutung. In: *Paul Tillich. Main Works-Haupt-werke* 6. Berlin-New York 1992. S.189-212.

Systematische Theologie I-V. Stuttgart 1956, 1958, 1966.

Systematic Theology I-V. Chicago 1951, 1957, 1963.

Der Mut zum Sein. Stuttgart 3-1958.

Das Neue Sein. In: *Religiöse Rede II.* Stuttgart 1959.

E. ボンヘッファーの著作

Christologie. In: Gesammelte Schriften 3. München 1960. S.166-242.

Sanctorum Communio. Dietrich Bonhoeffer Werke 1. München 1986.

Akt und Sein. Dietrich Bonhoeffer Werke 2. München 1988.

Schöpfung und Fall. Dietrich Bonhoeffer Werke 3. München 1989.

Nachfolge. Dietrich Bonhoeffer Werke 4. München 1989.

Ethik. Dietrich Bonhoeffer Werke 6. München 1992.

Widerstand und Ergebung. 8. München 1998.

Jugend und Studium 1918-1927. Dietrich Bonhoeffer Werke.9. München 1996.

Berlin 1932-1933. Dietrich Bonhoeffer Werke. 12. München 1997.

London 1933-1935. Dietrich Bonhoeffer Werke. 13. München 1994.

F. モルトマンの著作

Theologie der Hoffnung. München 1964 4-1965.

Der gekreuzigte Gott. München 1972.

Gesichtspunkt der Kreuzestheologie heute. In: *Evangelische Theologie* 33. München 1973. S.346-365.

Trinität und Reich Gottes. München 1980.

Der Weg Jesu Christi. München 1989.

Wer ist Christus für uns heute? Gütersloh 1994.

Weiter Raum. Eine Lebensgeschichte. Gütersloh 2006.

G. その他の参考文献

Abromeit, Hans-Jürgen: *Das Geheimnis Christi.* Neukirchen-Vluyn 1991.

Balthersal, Hans Urs von: *Karl Barth.* Köln 1951.

Barth, Heinrich: *Das Problem des Ursprungs in der platonischen Philosophie.* München 1921.

　　: Gotteserkenntnis. In: *Anfänge der dialektischen Theologie* 1. S.221-255.

Barth, Ulrich: *Die Christologie Emanuel Hirschs.* Berlin-New York 1992.

Baur, F.Chr.: *Das Christliche des Platonismus oder Sokrates und Christus.* Tübingen 1837.

Beintker, Michael: Krisis und Gnade. In: *Evangelische Theologie* 46. München 1986. S.442-456.

　　: *Die Dialektik in der „dialektischen Theologie" Karl Barths.* München 1987.

Bethege, Eberhard: *Dietrich Bonhoeffer.* München 1964 5-1983.

Blank, Josef: Karl Barth und die Frage nach dem irdischen Jesus. In: *Zeitschrift für dialektische Theologie* 4. Kampen 1986. S.176-192.

Braun, Herbert: Der Sinn der neutestamentlichen Christologie. In: *Zeitschrift für Theologie und Kirche* 54. Tübingen 1957.

Brinkschmidt, Egon: *Sören Kierkegaard und Karl Barth.* Neukirchen-Vluyn 1971.

Brunner, Emil: Gesetz und Offenbarung. In: *Anfänge der dialektischen Theologie.* S.290-298.

　　: Die Offenbarung als Grund und Gegenstand der Theologie. In: *Anfänge der dialektischen Theologie* 1. S.298-320.

Bukdahl, Jørgen K.: *Om Søren Kierkegaard.* København 1981.

参考文献   321

: Bultmann. In: *Bibliotheca Kierkegaardiana* 8. København 1981. p.238-242.

Busch, Eberhard: *Karl Barths Lebenslauf.* München 1975 3-1978.

: Weg und Werk Karl Barths in der neueren Forschung (Fortsetzung und Schluß). In: *Theologische Rundschau* 60. Tübingen 1995. S.430-470.

: *Die große Leidenschaft.* Gütersloh 1998.

Cappelørn, Niles Jørgen: The Restrospective Understanding of Kierkegaard's Total Production. In: *Kierkegaard-Resources and Results.* Motreal. 1982. p.18-38.

Dahl, Nils Alstrup: Der historische Jesus als geschichtswissenschaftliches und theologisches Problem. In: *Kerygma und Dogma* 1. Göttingen 1955. S.104-132.

Deuser, Hermann: *Sören Kierkegaard. Die paradoxe Dialektik.* München 1974.

: *Dialektische Theologie.* München 1980.

: „Einübung im Christentum". In: „*Entweder/Oder*". Frankfurt am Main 1988. S.101-124.

: *Kleine Einführung in die Systematische Theologie.* Stuttgart 1999.

Diem, Hermann: *Die Existenzdialektik von Sören Kierkegaard.* Zürich 1950.

Duprè, Louis: *Kierkegaard as Theologian.* New York 1963.

Feil, Ernst: *Die Theologie Dietrich Bonhoeffers.* München 1971.

Fischer, Hermann: *Christlicher Glaube und Geschichte.* Gütersloh 1967.

: Die Christologie des Paradoxes. Göttingen 1970.

: *Systematische Theologie.* Stuttgart-Berlin-Köln 1992.

: *Friedrich Schleiermacher.* München 2001.

: Die Christologie als Mitte des Systems. In: *Paul Tillich. Studien zu einer Theologie der Moderne.*

Frankfurt am Main 1989. S.207-229.

Garff, Joakim: *Den Søvenløse.* København 1995.

Gerdes, Hayo: *Das Christusbild Sören Kierkegaards.* Düsseldorf-Köln 1960.

: *Das Christusverständnis des jungen Kierkegaard.* Itzehoe 1962.

: *Sören Kierkegaards >Einübung im Christentum<.* Darmstadt 1982.

: Geschichtliche Einleitung. In: Sören Kierkegaard: *Der Corsarenstreit.* GW2 26. (GTB 625). S.VII-XI.

Glenthøj, Jørgen: Dietrich Bonhoeffers Weg vom Pazifismus zum politischen Widerstand. In: *Dietrich Bonhoeffer aktuell.* Gießen 2001. S.37-53.

: Der unbegreiflich hohe Gedanke der Stellvertretung. In: *Dietrich Bonhoeffer aktuell.* Gießen 2001. S.258-271.

Glöckner, Dorothea: *Kierkegaards Begriff der Wiederholung.* Berlin-New York 1998.

Gouwens, David J.: *Kierkegaard as Religious Thinker.* Cambridge-New York 1996.

Gremmels, Christian: Rechtfertigung und Nachfolge. In: *Dietrich Bonhoeffer aktuell.*

Gießen 2001. S.97-115.

Habermas, Jürgen: Begründete Enthaltsamkeit. In: *Die Zukunft der menschlichen Natur.* Frankfurt am Main 2001 4-2002. S.11-34.

Hachiya, Toshihisa: *Paradox, Vorbild und Versöhner-S. Kierkegaards Christologie und deren Rezeption in der deutschen Theologie des* 20. *Jahrhunderts.* Frankfurt am Main 2006.

Härle, Wilfried: *Sein und Gnade.* Berlin-New York 1975.

    : Dialektische Theologie. In, TRE. 8. Berlin-New York 1981. S.683-696.

    : *Dogmatik.* Berlin-New York 1995 2-2000.

Harbsmeier, Eberhard: Kierkegaard og Bultmann. In: *Kierkegaard inspiration-En antologi.* København 1991. S.96-105.

Hartshorne, Charles: *The Divine Relativity.* New Haven 1948.

Hermann, Wilheim: *Die Wirklichkeit Gottes.* Tübingen *1914.*

Himmelstrup, Jens: Paradox. In: SV3 20. København 1964. S.152-156.

    : Øieblikket. In: SV3 20. København 1964. S.257f.

Hirsch, Emanuel: *Jesus Christus der Herr.* Göttingen 1929.

    : *Kierkegaard-Studien* I-II. Gütersloh 1930, 1933.

    : Geschichtliche Einleitung. In: Sören Kierkegaard: *Philosophische Brocken.* GW2 8. (GTB 607). S.VIII-XII.

    : Geschichtliche Einleitung. In: Sören Kierkegaard: *Christliche Reden* 1848. GW2 19. (GTB 618). S.VII-IX.

Höffe, Otfried: *Aristoteles.* München 1999.

Holm, Søren: *Søren Kierkegaards Geschichtsphilosophie.* Stuttgart 1956.

Hong, Howard V. and Enda H.: Historical Introduction. In: *The Sickness unto Death.* Princeton 1983. p.ix-xxiii.

Hübner, Eberhard: *Evangelische Theologie in unserer Zeit.* Bremen 1966.

Jüngel, Eberhard: *Paulus und Jesus.* Tübingen 1964.

    : *Gottes Sein ist im Werden.* Tübingen 1965.

    : *Unterweg zur Sache.* München 1972.

    : *Gott als Geheimnis der Welt.* Tübingen 1977.

    : *Barth-Studien.* Zürich-Köln-Gütersloh 1982.

Kelly, Gaffrey B.: The Influence of Kierkegaard on Bonhoeffer's Concept of Discipleship. In: *Irish Theological Quarterly* 41-2. Maynooth 1974. p.148-154.

Kelly, Gaffrey B. and Godsey, John D.: Editor' Introduction to the English Edition. In: *Discipleship.* Dietrich Bonhoeffer Works 4. Minneapolis 2001. p.1-33.

Kloeden, Wolfdietrich von: Einfluß und Bedeutung im deutsch-sprächigen Denken. In: *Bibliotheca Kierkegaardiana* 8. København 1981. S.54-101.

参考文献 323

: Kierkegaard Research. Die deutschsprachige Forschung. In: *Bibliotheca Kierkegaardiana* 15. København 1987. S.37-108.

: Das Kierkegaard-Bild Karl Barths in seinen Briefen der „Zwanziger Jahre". Streiflichter aus der Karl-Barth-Gesamtausgabe. In: *Kierkegaardiana* 12. København 1982. S.93-102.

: Der Begriff Gleichzeitigkeit in den Philosophischen Brocken. In: *Liber Academiæ Kierkegaardiensis* VI. København 1986. S.23-42.

Kodalle, Klaus-M: Auf der Grenze? Paul Tillichs Verhältnis zum Existentialismus. In: *Paul Tillich. Studien zu einer Theologie der Moderne.* Frankfurt am Main 1989. S.301-334.

Koktanek, Anton Mirko: *Schellings Seinslehre und Kierkegaard.* München 1962.

Kreck, Walter: Die Frage nach dem historischen Jesus als dogmatisches Problem. In: *Evangelische Theologie* 22. München 1962. S.460-478.

: Grundentscheidungen in Karl Barths Dogmatik. Neukirchen-Vluyn 1978.

Krötke, Wolf: Der begegnende Gott und der Glaube. In: *Bonhoeffer-Studien.* Berlin 1985.

Lessing, G.E.: Über den Beweis des Geistes und der Kraft. In: *Lessing Werke* 8. München 1979. S.9-14.

Link, Hans-Georg: Gegenwärtige Probleme einer Kreuztheologie. In: *Evangelische Theologie* 33. München 1973. S.337-345.

Lögstrup, K.E.: *Auseinandersetzung mit Kierkegaard. Kontroverse um Kierkegaard und Grundtvig* II. München 1968.

: *Opgør med Kierkegaard.* København 1994.

Lohfink, Gerhard: Erzählung als Theologe. In: *Stimme der Zeit* 192. Berlin 1974. S.521-532.

Lohmeyer, Ernst: Rezension zu Bultmann, Rudolf: Jesus. In: *Theologische Literaturzeitung* 52. Leipzig 1927. S.433-439.

Luther, Martin: Heidelberger Disputation. In: *Ausgewählte Werke* 1. München 1960. S.125-139.

: Von Adbent bis Epiphanias. Evangelienpredigten der Kirchenpostille. In: *Ausgewählte Werke* 4. München 1960.

Malantschuk, Gregor: *Indførelse i Søren Kierkegaards Forfatterskab.* København 1952 2-1979.

: *Dialektik og Eksistens hos Søren Kierkegaard.* København 1968.

: *Frihedens problem i Kierkegaards Begrebet Angest.* København 1971 2-1995.

: *Frau Individ til den Enkelte.* København 1978.

: *Frihed og Eksistens.* København 1980.

: *Søren Kierkegaards Modifikationer af det kristelige*. In: *Frihed og Eksistens*. S.83-100.

: *Søren Kierkegaard og den kollaterale Tænkning*. In: *Frihed og Eksistens*. S.162-176.

: *Løgstrups Opgør med Kierkegaard*. In: *Frihed og Eksistens*. S.177-195.

: *Nøglebegreber i Søren Kierkegaards tænkning*. København 1992.

Mechels, Eberhard: *Analogie bei Erich Przywara und Karl Barth*. Neukirchen-Vluyn 1974.

Metz, Johann Baptist: Erlösung und Emanzipation. In: *Stimme der Zeit* 191. Berlin 1974. S.171-184.

Nordentoft, Kresten: *Kierkegaards Psykologi*. København 1972 21995.

: *Hvad siger Brand-Majoren?* København 1973.

Hans Pfeifer: *Theologie und Biographie. Zum Beispiel Dietrich Bonhoeffers*. München 1983.

Pöhlmann, Horst Georg: *Abriß der Dogmatik*. Gütersloh 1973 31980.

Ratschow, Carl Heinz: *Jesus Christus*. Gütersloh 1982.

Riches, John K.: Nachfolge Jesu. In: TRE. 23. Berlin-New York 1994. S.691-701.

Ringleben, Joachim: *Die Krankheit zum Tode von Sören Kierkegaard*. Göttingen 1995.

: Paradox und Dialektik. Bemerkungen zu Kierkegaards Christologie. In: *Kierkegaardiana* 19. København 1998. S.29-42.

Ruddies, Hartmut: Christologie und Versöhnungslehre bei Karl Barth. In: *Zeitschrift für dialektische Theologie* 18. Kampen 2002. S.174-189.

Sauter, Gerhard: Die „Dialektische Theologie" und das Problem der Dialektik in der Theologie. In: *Erwartung und Erfahrung*. München 1972. S.108-146.

Schäfer, Klaus: *Hermeneutische Ontologie in den Climacus-Schriften Sören Kierkegaards*. München 1968.

Schelling, F.W.J.: *Philosophie der Offenbarung* 1841/42. Frankfurt am Main 1977 21993.

Schleiermacher, D. E. Friedrich: *Über die Religion*. Stuttgart 1997.

: *Der christliche Glaube* II (1830/31). Schleiermacher Kritische Gesamtausgabe I. 13,2. Berlin-New York 2003.

Schmithals, Walter: 75 Jahre: Bultmanns Jesus-Buch. In: *Zeitschrift für Theologie und Kirche* 98. Tübingen 2001. S.25-58.

: Bultmann. In: TRE. 7. S.392.

Schröer, Henning: *Die Denkform der Paradoxalität als theologisches Problem*. Göttingen 1960.

: Erzählung. In: TRE. 10. Berlin-New York 1982. S.227-232.

: Gleichzeitigkeit in Einübung im Christentum. In: *Liber Academiæ Kierke-*

参考文献

gaardiensis VI. København 1986. S.87-107.

: Kierkegaard und Luther. In: *Kerygma und Dogma* 30. S.240.

Schulz, Heiko: Jenseits von Apologie und Polemik. In: *Der eine Gott und die Welt der Religionen.* Würzburg 2003. S.45-67.

: Rezeptionsgeschichtliche Brocken oder Brocken in der deutschen Rezeption. In: *Kierkegaard Studies. Year Book* 2004. Berlin-New York 2004. S.375-451.

Schwanz, Peter: Das für Tillichs „Methode der Korrelation" grundlegende Problem der Vermittlung. In: *Neue Zeitschrift für Systematische Theologie* 15. Berlin-New York 1973. S.254-271.

Slenczka, Reinhard: *Geschichtlichkeit und Personsein Jesu Christi.* Göttingen 1967.

Sløk, Johannes: Das Verhältnis des Menschen zu seiner Zukunft. In: *Materialien zur Philosophie Søren Kierkegaards.* Frankfurt am Main 1979. S.241-260.

Steinacker, Peter: Die Bedeutung der Philosophie Schellings für die Theologie Paul Tillichs. In: *Paul Tillich. Studie zu einer Theologie der Moderne.* Frankfurt am Main 1987. S.37-61.

Stuhlmacher, Peter: *Vom Verstehen des Neuen Testaments-Eine Hermeneutik.* Göttingen 1979.

Søe, N.H.: Karl Barth. In: *Bibliotheca Kierkegaardiana* 8. København 1981. p.224-237.

: Nachfolge Christi. In: RGG. 3.Auf. IV. Tübingen 1960. S.1292-1293.

Thomas von Aquin: *Über Seiendes und Wesenheit.* hg. von H. Seidl. Hamburg 1988.

Thulstrup, Marie Mikulová: Kierkegaard's Dialectic of Imitation. transl. by H.R. Harcourt. In: *A Kierkegaard Critique.* New York 1962. p.266-285.

: Suffering. In: *Bibliotheca Kierkegaardiana* 7. København 1980. p.135-162.

: The Single Individual. In: *Bibliotheca Kierkegaardiana* 16. København 1988. p.9-25.

: The Concept of the World. In: *Bibliotheca Kierkegaardiana* 16. København 1988. p.138-153.

Thulstrup, Niels: *Kierkegaards Verhältnis zu Hegel und zum spekulativen Idealismus.* Stuttgart-Berlin-Köln-Mainz 1972.

: The Background and Origin of Kierkegaard's Concept of Contemporaneity. In: *Liber Academiœ Kierkegaardiensis* 4. København 1986. p.9-22.

: Kommentar zu Sören Kierkegaard: *Philosophische Brosamen.* Köln 1959.

Tödt, Ilse: Anmerkung 29. In, Dietrich Bonhoeffer: *Ethik.* DBW. 6.

Track, Joachim: Analogie. In: TRE. 2. Berlin-New York 1978. S.625-650.

: Paul Tillich und Dialektische Theologie. In, *Paul Tillich. Studien zu einer Theologie der Moderne.* Frankfurt am Main 1987. S.138-166.

Weber, Otto: *Karl Barths Kirchliche Dogmatik.* Neukirchen 1950 4-1958.

Wendland, Heinz=Dietirch: *Die Brief an die Korinther*. NTD. Bd.7. Göttingen 1980.

Wenz, Gunther: *Geschichte der Versöhnungslehre in der evangelischen Theologie der Neuzeit* 2. München 1986.

: Die reformatorische Perspektive: Der Einfluß Martin Kählers auf Tillich. In: *Paul Tillich. Studien zu einer Theologie der Moderne*. Frankfurt am Main 1987. S.62-89.

Zahrnt, Heinz: *Die Sache mit Gott*. München 1966 3-1996.

: Religiöse Aspekt gegenwärtiger Welt- und Lebenserfahrung. In: *Zeitschrift für Theologie und Kirche* 71. Tübingen 1974. S.94-122.

Zimmerling, Peter: Dietrich Bonhoeffer-Leben und Werk. In: *Dietrich Bonhoeffer aktuell*. Gießen 2001. S.9-36.

H. 邦語文献

ボンヘッファー、ディートリッヒ（岸千年　徳善義和訳）『主に従う』（上・下）　聖文舎　1963 年

同　（森平太訳）『キリストに従う』　新教出版社　1966 年

八谷俊久　「「逆説」から「物語」へ──キェルケゴールにおけるキリスト論的思惟の変貌について」『新キェルケゴール研究』第 5 号 1 − 20 頁　キェルケゴール協会　2007 年

同　「生成する神──『哲学的断片』（1844 年）におけるキェルケゴールの「啓示」概念の構想」『新キェルケゴール研究』第 6 号 1 − 21 頁　キェルケゴール協会　2008 年

同　「『不安の概念』（1844 年）におけるキェルケゴールの「第二の倫理学」の構想──新しいキリスト教倫理学のためのプロレゴメナ（序説）」『倫理学研究』第 39 号 91 − 101 頁　関西倫理学会　2009 年

同　「「まねびの類比（Analogia Imitationis）」の提唱──キェルケゴールの『キリスト教への修練』（1850 年）における「神 - 人」の類比（アナロギア）」『新キェルケゴール研究』第 7 号 37 − 58 頁　キェルケゴール協会　2009 年

同　「キェルケゴールにおける「真理」概念の構想──キリスト教社会倫理学の基礎付けのために」『新キェルケゴール研究』第 8 号 100 − 123 頁　キェルケゴール協会　2010 年

同　「他者のためのキリスト──ボンヘッファーにおけるキリスト論的な思惟の構造と意義」『ボンヘッファー研究』第 25 号 15 − 26 頁　日本ボンヘッファー研究会　2009 年

同　「他者のためのキリスト者──ボンヘッファーにおける「まねびの神学」の構造と

意義」『ボンヘッファー研究』第 26 号 45 - 62 頁　日本ボンヘッファー研究会
2010 年

同　「20 世紀のプロテスタント神学における『神』概念の転換──ボンヘッファー─バ
ルトの線を辿って」『ボンヘッファー研究』第 29 号 5 - 20 頁　日本ボンヘッフ
ァー研究会　2013 年

同　「『聖書的な諸概念の非宗教的な解釈』の構想──ボンヘッファーにおける「新し
い神学」のための序説（プロレゴメナ）」「福音と世界」2015 年 10 月号 18 - 23
頁　2015 年

同　『逆説から歴史へ ─ バルトにおけるキリスト論的な思惟の変貌』　新教出版社
2015 年

松木治三郎　『ローマ人への手紙・翻訳と解釈』　日本キリスト教団出版局　1966 年
1973 年（第 4 版）

関田寛雄　『聖書解釈と説教』　日本キリスト教団出版局　1980 年

鈴木正三　『キリストの現実に生きて』　新教出版社　2006 年

『日本国語大辞典』18　小学館　1975 年

あとがき

　私は2017年10月29日、宗教改革記念礼拝の説教で次のように語った。
　　　　　　　　　　　　　　　　＊
　1943年10月31日の宗教改革記念日を迎え、ボンヘッファーは、裁判のために収監されたベルリン・テーゲルの国防軍未決拘置所から、残された両親へ向けて一通の手紙を送った。

> 「……今日は宗教改革祭である。まさしく現在でも再び深く思いを巡らせる一日である。何故にルターの行ないからは、彼が願ったものとは真逆のこと（das Gegenteil）であるところの結果が生じなければならなかたのだろうかと問われる。……ルターが当時に語ったことと真逆のことを、彼は今日に語るであろうと、キェルケゴールはすでに百年も前に言った。……」（Dietrich Bonhoeffer: *Widerstand und Ergebung*. DBW. 8. S.178f. 本書240頁注406を参照）。

　功徳や善行をキリスト教信仰への道として理解し免罪符（贖宥状）を蔓延らせた中世カトリック教会に対して、16世紀のルターは――パウロに倣って――ただイエス・キリストへの信仰における罪のゆるしの恩恵を強調する、いわゆる「信仰義認論」の旗幟を掲げた。そしてキェルケゴールは宗教改革の伝統の下で微温的に安住した19世紀のデンマーク・ルター派国教会の内情を剔抉する。そこでキェルケゴールには、「安価な恩恵」に埋没したパウロ＝宗教改革的な「信仰義認論」こそが、デンマークのキリスト教界を内攻しヨーロッパ近代社会の市民生活の倫理性の破綻をもたらす無精神の蒙昧な錯誤の温床であると確信された。はたしてキェルケゴ

あとがき

ールにおいては、中世カトリック教会における行為義認論的に理解された
キリスト教信仰への条件としての功徳や善行とは全く無縁の、イエス・キ
リストへの信仰における罪のゆるしの恩恵についての証しが「まねび＝モ
チーフ」の構想に直結したのである。

　さて1943年の宗教改革記念日に、ボンヘッファーは獄中からヒトラー
が政権を樹立した1933年1月以降のドイツのキリスト教界の状況に思い
を巡らした。するとボンヘッファーの眼前には、ナチ独裁政権下にあって
差別と迫害の苛酷な境遇に晒されていた人々に助けの手を差し伸べるどこ
ろか一瞥もくれずに見捨てたままで、かえって「信仰義認論」の輝く旗印
の陰でドイツ第三帝国の非民主的・独裁的な国家の支配形態に加担したド
イツ・ルター派教会の暗闇の凶暴性が浮かび上がって来た。20世紀のド
イツ・ルター派教会の宗教改革のためには、「ルターが当時に語ったこと
とは真逆のこと」がここで発掘されることによって、キリスト教信仰が回
復されなければならない。それゆえにボンヘッファーにおいて「まねび＝
モチーフ」は、16世紀のカトリック教会に向ったルターとは全く反対に
──しかし19世紀のデンマーク・ルター派国教会に果敢に対峙するキェ
ルケゴールを見習って──「恩恵」の誤用に対する攻撃のための闘争の武
器としての役割を担っていたのである。

　そして2017年がやって来た。本年は宗教改革500年記念の一年である。
来る10月31日には、宗教改革の運動も華やかな盛装を纏った記念祭を迎
えるのだろうか。けれどもそこでは、1943年の宗教改革記念日にボンヘ
ッファーが獄中で思い巡らした、「ルターが当時に語ったこととは真逆の
こと」などに誰も目を向けようとはしない。はたして人は500年の歳月の
前で多色の彩りの祝宴に酔い痴れるだけであろう。

　神聖ローマ帝国の一隅から中世カトリック教会に対して上げた16世紀
のルターの宗教改革の狼煙は、19世紀の北端ではデンマーク・ルター派
国教会に向けてのキェルケゴールの攻撃の口火となり、さらに20世紀に
はヒトラー独裁政権の眷属と堕した「ドイツ・キリスト者」の運動に立ち
向かうボンヘッファーの、獄中からの怒号を呼び起こした。それは今とな

330

っては誰も聞かぬ片隅の声かもしれない。けれどもそこに私はいつも真摯に耳を傾けてみたいと思う。それは「ルター＝キェルケゴール＝ボンヘッファー」の線の彼方に広がるプロテスタント神学の世界に、21世紀の日本のキリスト教界の未来を切り拓くことの希望があるように思うからである。……

*

　前著『逆説から歴史へ──バルト神学におけるキリスト論的思惟の変貌』（2015年　新教出版社）では、バルト神学全体をキリスト教真理へと向かって絶えず途上にある「旅人の神学（theologia viatorum）」として位置付け、初期の代表的な著作である『ロマ書』第二版（1921/22年）の「逆説のキリスト論」から起筆して、晩年の主著『教会教義学』IV「和解論」（1953年－）における新しいキリスト論の構想に至るまでのキリスト論的な思惟の変貌の諸相を「逆説から歴史へ」の聖軌として辿った。そしてバルト神学におけるキリスト論的な思惟の変貌とは、キリスト教真理についてより適切に語るために、バルトの著作活動の中で絶えず繰り返された神学的な思索の「自己修正」の作業であり、そこにバルト神学における認識対象に即事的に相応することの本源が見出された。それゆえに前著は、この半世紀近い歳月の間に横たわる、「新しく始めから始めること」の繰り返し（反復）によって錬成されたバルト独自の強靭な神学的な思惟世界への憧憬をもって綴られている。

　続く本書は、2005年2月9日にドイツ・フランクフルト大学06学部（プロテスタント神学）で取得済みの神学博士資格（Dr. theol.）請求論文 Toshihisa Hachiya: *Paradox, Vorbild und Versöhner ― S. Kierkegaards Christologie und deren Rezeption in der deutschen Theologie des 20. Jahrhunderts.*（2006年9月出版）の中の、ブルトマンやティリッヒ、ボンヘッファー、モルトマンのキリスト論に論及した箇所を独立させて、新しく20世紀プロテスタント神学史研究の視点から再構成したものである（詳しくは本書の「はじめに」を参照）。それゆえに本書は──前著『逆説から歴史へ』の主題の射程をさらに伸長しながら──新しく「歴史から世界へ」の軌跡に沿っ

あとがき

て20世紀のプロテスタント神学におけるキリスト論の諸問題について論究した。即ちここでは、「逆説から歴史へ」そして「歴史から世界へ」と、いわば点（逆説）から線（歴史）へ、さらに線から面（世界）へと広がる思想の展開の諸相として、20世紀のプロテスタント神学におけるキリスト論の諸問題が集約して考察されることとなった。

ところでボンヘッファーのキリスト論を主題として取り扱った付論と第8章の冒頭では、2011年3月11日に東北地方を襲った大地震について重ねて言及した。東日本大震災による被害を受けた方々にお見舞いを申し上げると共に、特に今もなおその復興に携わっておられる方々を覚えて祈りたい。そしてそれは、今回の東日本大震災の際にも――先の阪神・淡路大震災の時と同じように――キリスト教界に流布された錯誤の「神議論」に対する論駁と新しいキリスト教倫理学を「ボンヘッファー＝バルト＝モルトマン」の線上で構築することをこれからの課題としたいからである。

ドイツでの神学博士論文の中では、キェルケゴールのキリスト論の受容の関心から20世紀プロテスタント神学に論及したに過ぎなかった。もとより20世紀プロテスタント神学を専攻する者ではないが、斯界へ貢献することを願って本書を上梓することを決意した。ただご笑読とご寛恕を請いたい。

また神学博士論文の主題を構成したキェルケゴールのキリスト論については、キェルケゴール研究の3部作（第1部・人間論、第2部・キリスト論、第3部・キリスト教倫理学）の一環として他日に別稿を準備したい。

ドイツでの神学博士論文を取得するにあたり、同学の研究者たちからの学恩を覚える。特にフランクフルト大学での指導教授であったヘルマン・ドイザー氏と、バルト研究の手解きをして下さったミュンスター大学のミハエル・バイントカー氏（いずれも現在は引退教授）のお名前を重ねて挙げて、お二人にお礼を申し上げる。

本書の構想の発端は、関田寛雄氏（日本基督教団神奈川教区巡回教師・元青山学院大学教授）のブルトマン理解（批判）とバルト解釈に示唆を受けてい

る（関田寛雄　『聖書解釈と説教』1980 年　日本キリスト教団出版局）。ただ本書の主題の展開とは直接的に関連せず本文や脚注の中で紹介することもできなかったので、ここでお名前を挙げて関田氏の業績に敬意を表する。

　加えて敬愛する日本ボンヘッファー研究会の会員の方々、特に森野善右衛門氏や鈴木正三氏、南吉衛氏のお名前を挙げなければならない。また本書に収録したボンヘッファーに関する論文の 3 篇は、すでに同会の機関誌『ボンヘッファー研究』に掲載されたものである（本書の「はじめに」を参照）。この拙い研究の成果を機関誌に公表することを推薦して下さった、同誌の歴代の編集担当の方々にお礼を申し上げる。

　さて私は――前著『逆説から歴史へ』の「あとがき」でも記したように――アメリカ・セントオラフ大学のキェルケゴール研究所での客員研究員としての滞在を終えて、2010 年に岡山市中区の東山にある日本キリスト教団の教会に赴任した。ここはかつて石井十次が設立した「岡山孤児院」があった端である。すでに一帯は瀟洒な住宅街となり、散在する石井十次の記念碑がその面影を残すのみである。それでも石井十次の高志を継受しながら、いつも小さな命が尊ばれる「社会的養護」の働きの一翼を担って行きたいと思う。

　ボンヘッファーが 1939 年 7 月に滞在先のアメリカから緊急帰国したのも――ナチ独裁政権下にあって差別と迫害の苛酷な境遇に晒されていた人々に加えて――さらに「来るべき世代」も絶えず念頭に置きながら、ドイツの同胞たちと時代の困難な試練を共に分かち合うという、「キリストのまねび」を証しするためであったことを忘れないでいたい。ここにキリスト者は、新しい平和と正義の世界の建設のために未来を切り拓くことの希望を見出すからである。

　今冬は記録的な寒波が全国を覆った。「晴れの国」岡山でも厳寒の日々が続いている。それでも当教会に集って来る YMCA せとうち幼児教室の子供たちはいつも一緒に園庭を駆け回り、その遊び声は牧師館にも高く響いている。生きる命は絶えず翼を広げて空へ飛び立つのか。この厳冬の中でも季節が廻ればすでに花は蕾を宿し、切り株にもいつしか蘗（ひこばえ）

あとがき   333

が吹き出して来る。光溢れ花咲き乱れる春の日は近い。

　この岡山での私の新しい生活をより豊かにして下さった方々を覚えて感謝しなければならない。まず岡山大学名誉教授の稲村秀一氏（ドイツ哲学）と山口信夫氏（フランス哲学）に敬意を表したい。そして岡山に転居して以来、絶えず刺激的な会話と行動をもって私を鼓舞して下さる畏友の太田直宏氏（YMCA せとうち総主事）と板野靖雄氏（学 Y シニア・岡山協立病院内科部長）に深謝する。

　さらに福岡県大牟田市在住の従兄弟である榎本充さん（日本基督教団大牟田正山町教会会員）と、いつもお世話になっている平野優・久美子さん夫妻のお名前を挙げてお礼を申し上げる。またこの不出来な牧師をいつも暖かく見守り支えて下さる日本基督教団岡山信愛教会の信徒の方々にも感謝している。なお本書を上梓するにあたり、新教出版社社長の小林望氏よりご高配を頂戴した。合わせてお礼を申し上げたい。

　　　　　　　　　　　　2018 年 1 月 13 日　岡山市中区の東山の教会にて

　　　　　　　　　　　　　　　　　　　　　　　　　著　　者

八谷俊久（はちや・としひさ）

1959年生まれ。1984年関西学院大学神学部にて修士課程を修了。2005年ドイツ・フランクフルト大学第06学部（プロテスタント神学）にて神学博士（Dr.theol）を取得。アメリカ・セントオラフ大学客員研究員を経て、2010年より日本基督教団岡山信愛教会の牧師。

著書：*Paradox, Vorbild und Versöhner – S. Kierkegaards Christologie und deren Rezeption in der deutschen Theologie des 20. Jahrhunderts*. 『逆説から歴史へ——バルト神学におけるキリスト論的思惟の変貌』。

論文：キェルケゴールやボンヘッファーに関するもの多数。

学会：日本ボンヘッファー研究会、岡山大学哲学会。

歴史から世界へ

20世紀のプロテスタント神学におけるキリスト論の諸問題

2018年3月24日　第1版第1刷発行

著　者……八谷俊久

発行者……小林　望
発行所……株式会社新教出版社
〒162-0814 東京都新宿区新小川町9-1
電話（代表）03 (3260) 6148
振替 00180-1-9991
印刷・製本……株式会社カシヨ

ISBN 978-4-400-31083-9　C1016
2018 © Toshihisa Hachiya

カール・バルトの著作から

【バルト・セレクション】
1	聖書と説教	天野　有編訳	1900 円
4	教会と国家Ⅰ	天野　有編訳	1800 円
5	教会と国家Ⅱ	天野　有編訳	1900 円
6	教会と国家Ⅲ	天野　有編訳	1800 円

【カール・バルト著作集】
2	教義学論文集　中	蓮見和男他訳	4500 円
3	教義学論文集　下	小川圭治他訳	6700 円
14	ローマ書	吉村善夫訳	7600 円

*

キリスト教的生Ⅰ	天野　有訳	8800 円
キリスト教的生Ⅱ	天野　有訳	7200 円

ルドルフ・ブルトマンの著作から

【ブルトマン著作集】
8	聖書学論文集Ⅱ	杉原　助訳	3800 円
9	聖書学論文集Ⅲ	青野太潮／天野有訳	3800 円
11	神学論文集Ⅰ	土屋　博訳	6000 円
15	神学論文集Ⅳ	山形孝夫／一柳やすか訳	6000 円

ディートリヒ・ボンヘッファーの著作から

キリスト論　ボンヘッファー選集7	村上　伸訳	3800 円
現代キリスト教倫理	森野善右衛門訳	4000 円
キリストに従う	森　平太訳	3200 円
共に生きる生活　ハンディ版	森野善右衛門訳	1600 円
教会の本質	森野善右衛門訳	1800 円

ユルゲン・モルトマンの著作から

わが足を広きところに　モルトマン自伝	蓮見和男訳	5700 円
希望の倫理	福嶋　揚訳	4000 円

【組織神学論叢】
1	三位一体と神の国　神論	土屋　清訳	4500 円
5	神の到来　キリスト教的終末論	蓮見和男訳	6600 円
6	神学的思考の諸経験　キリスト教神学の道と形	沖野政弘訳	6400 円

表示の価格は本体価格です。